教育部人文社会科学研究项目（编号：17YJC630097）资助

云服务企业的共生演进、合作创新与风险应对

鲁馨蔓　著

图书在版编目（CIP）数据

云服务企业的共生演进、合作创新与风险应对 / 鲁馨蔓著．—北京：企业管理出版社，2020.6

ISBN 978-7-5164-2137-6

Ⅰ.①云…　Ⅱ.①鲁…　Ⅲ.①云计算－科技服务－信息产业－产业发展－研究－中国　Ⅳ.①F492.3

中国版本图书馆 CIP 数据核字（2020）第 077012 号

书　　名：云服务企业的共生演进、合作创新与风险应对
作　　者：鲁馨蔓
责任编辑：寇俊玲　宋可力
书　　号：ISBN 978-7-5164-2137-6
出版发行：企业管理出版社
地　　址：北京市海淀区紫竹院南路 17 号　　　　邮编：100048
网　　址：http://www.emph.cn
电　　话：编辑部（010）68701638　发行部（010）68701816
电子信箱：qyglcbs@emph.cn
印　　刷：北京七彩京通数码快印有限公司
经　　销：新华书店
规　　格：170 毫米×240 毫米　16 开本　15.5 印张　262 千字
版　　次：2020 年 6 月第 1 版　　2020 年 6 月第 1 次印刷
定　　价：68.00 元

前 言
PREFACE

云计算自提出以来，以其可定制的服务、强大的处理能力和相对低廉的价格吸引了众多企业的眼球。据 Gartner（2019）报告指出，2019 年全球公有云服务市场规模将达到 2143 亿美元，同比增长 17.5%；在公有云服务市场，增长速度最快的细分市场是基础设施即服务，2019 年将从 2018 年的 305 亿美元增长 27.5%。平台即服务获得了第二高的增长速度，将达到 21.8%；预计到 2022 年，云服务行业的增长速度将是整体 IT 服务增速的 3 倍。

快速发展的互联网也成为促进中国经济增长的新引擎，云计算作为新一代信息技术的重点发展方向，在帮助企业实施“互联网 +”战略上起到了重要的推动作用。国务院印发的《关于促进云计算创新发展培育信息产业新业态的意见》明确指出，到 2020 年，云计算将成为我国信息化重要形态和建设网络强国的重要支撑。发展云计算，有利于分享信息知识和创新资源，降低全社会的创业成本，培育形成新产业和新消费热点，对稳增长、调结构、促改革、惠民生以及建设创新型国家具有重要意义。

对于云生态系统来说，深入理解云服务行业的演进机理和各渠道角色间的绩效关系将进一步提升 IT 系统效能，发挥云服务在信息技术产业中的引领和支撑作用，为经济和社会持续、健康的发展注入新的动力；对于云服务供应链来说，成员之间需要通过合理、有效的契约设计，提出满足客户个性化需求的高质量产品与服务，并通过一系列有效的技术创新和风险转移手段，寻求与供应链链上及链下成员间的合作；对于用户来说，揭示用户的感知威胁、应对策略，以及信任破损与修复的发生规律及内在机理，有助于云服务提供商从用户心理安全感知层面设计更精准化的服务，进而实现云服务产业的健康、可持续发展。基于以上分析，本书以云服务企业的创新发展为立足点，从宏观、中观、微观 3 个层面考虑云服务企业的共生演进、合作创新与风险应对问题。

全书共分十章，主要内容为：第一章和第二章介绍云服务市场的发展概况、云服务企业的创新发展趋势及云服务领域的相关研究现状，该部分是后续研究的基础；第三章和第四章是在宏观层面上从系统的角度研究云计算服务业演进机理和云生态系统渠道角色的共生关系；第五章至第七章是在中观层面上从供应链管理的角度考虑基于竞合博弈的云服务供应链合作与技术创新，基于动态定价和技术创新的云服务供应链成员决策以及基于保险机制的云服务供应链的风险转移研究；第八章和第九章是在微观层面上从用户的角度出发探讨个人云存储用户的感知威胁、应对策略、个人云存储用户的信任破损与修复。第十章总结了本书的主要研究工作与研究结论，提出对云服务提供商的管理建议，并指出未来的研究方向。

本书聚焦于云服务企业的共生演进、合作创新与风险应对问题，研究内容充分体现了 IT 行业的发展趋势，以及 IT 服务领域研究的前沿课题，将为后人进一步深入研究基于互联网经济和新兴技术产业的管理问题提供更高的起点和学术参考价值。

本书的完成得益于严建援教授和于宝琴教授的悉心指导及在各个方面的支持和帮助，在此谨致谢意。

本书在写作过程中参考了国内外很多的著作和文献资料，主要参考文献已列于书后。学者们的前期工作为本书的完成提供了丰富的资源，限于篇幅，不再一一列出致谢，在此一并表示诚挚的感谢！

IT 服务是一个发展迅速、与时俱进的领域，随着云服务技术和商业模式创新的不断出现，新的研究成果逐年递增。尽管我投入了很长时间进行研究，付出了大量的努力，但书中难免存在疏漏，敬请专家和读者批评指正。

鲁馨蔓

2020 年 2 月

目　录

CONTENTS

第一章　导论

第一节　云服务市场与企业的创新发展趋势 ······ 1
第二节　本书主要内容及逻辑结构 ······ 6
第三节　研究创新与价值 ······ 17
本章小结 ······ 18

第二章　文献综述与基础理论

第一节　云计算服务业相关研究 ······ 20
第二节　云服务产业的演进及云生态系统相关研究 ······ 27
第三节　云服务供应链及企业合作创新的相关研究 ······ 33
第四节　云计算风险管理的相关研究 ······ 39
第五节　基础理论 ······ 47
本章小结 ······ 54

第三章　云计算服务业的演进机理研究

第一节　云计算服务业演进的动因分析 ······ 57
第二节　云计算服务业系统演进的因果关系分析 ······ 64
第三节　云计算服务业演进的流图模型构建 ······ 73
第四节　云计算服务业演进的仿真结果与分析 ······ 83
本章小结 ······ 93

第四章 云生态系统渠道角色共生关系研究

第一节 云生态系统的构成及渠道角色 …… 94
第二节 共生理论模型 …… 98
第三节 云生态系统渠道角色共生关系分析——站在阿里云的视角 …… 102
本章小结 …… 108

第五章 基于竞合博弈的云服务供应链合作与技术创新决策研究

第一节 成分贴标签博弈基本模型 …… 112
第二节 竞合博弈模型 …… 115
第三节 考虑技术创新投入时的竞合博弈模型 …… 117
第四节 数值算例 …… 123
本章小结 …… 126

第六章 基于动态定价及技术创新的云服务供应链成员决策研究

第一节 问题描述与模型假设 …… 128
第二节 创新成本分担契约模型 …… 130
第三节 收益共享契约模型 …… 133
第四节 策略比较及行为选择 …… 137
本章小结 …… 142

第七章 基于保险机制的云服务供应链风险转移研究

第一节 问题描述和基本假设 …… 144
第二节 模型的构建与求解 …… 148
第三节 数值仿真与分析 …… 160
本章小结 …… 183

第八章 个人云存储用户的感知威胁及应对策略研究

第一节 问题提出与研究假设 …… 187
第二节 研究设计 …… 192

第三节 数据结果与分析 …… 195
本章小结 …… 198

第九章 个人云存储用户的信任破损与修复研究

第一节 问题提出与研究假设 …… 200
第二节 实验设计与实施 …… 205
第三节 数据结果与分析 …… 209
本章小结 …… 211

第十章 研究结论与展望

第一节 研究工作与结论 …… 213
第二节 未来研究与展望 …… 219
本章小结 …… 220

参考文献 …… 221

第一章

导　　论

第一节　云服务市场与企业的创新发展趋势

一、云服务市场的发展概况

云计算在IT市场上的雏形正在逐步形成，它为IT服务商提供了全新的机遇，并催生了传统IT产品的转变。根据美国国家标准与技术研究院（NIST）的定义（Linthicum，2011）：云计算是一种按使用量付费的模式，这种模式提供可用的、便捷的、按需的网络访问，可以进入可配置的计算资源共享池（如网络、服务器、存储、应用和服务等），这些资源只需投入少量的管理工作或与服务供应商进行很少的交互就能够快速地被获取。亚马逊、谷歌、IBM、SUN等IT巨头均已推出相关服务。

目前，云服务正在逐步突破互联网市场的范畴，政府、公共管理部门和行业企业都开始接受云服务的理念，并逐步将传统的自建IT方式转为使用公共云或混合云等云服务方式，云服务已开始步入产业成熟期。全球云计算发展历程如图1-1所示。

据Gartner咨询公司（2019）的报告，全球云服务的市场规模持续呈现出高速发展态势，如图1-2所示，2018年全球云计算市场的规模达到3088.6亿美元，同比增长17.5%，伴随着企业逐渐倾向于追求数字化商业战略，传统的IT服务向云端服务转变，全球的市场规模将进一步增长。

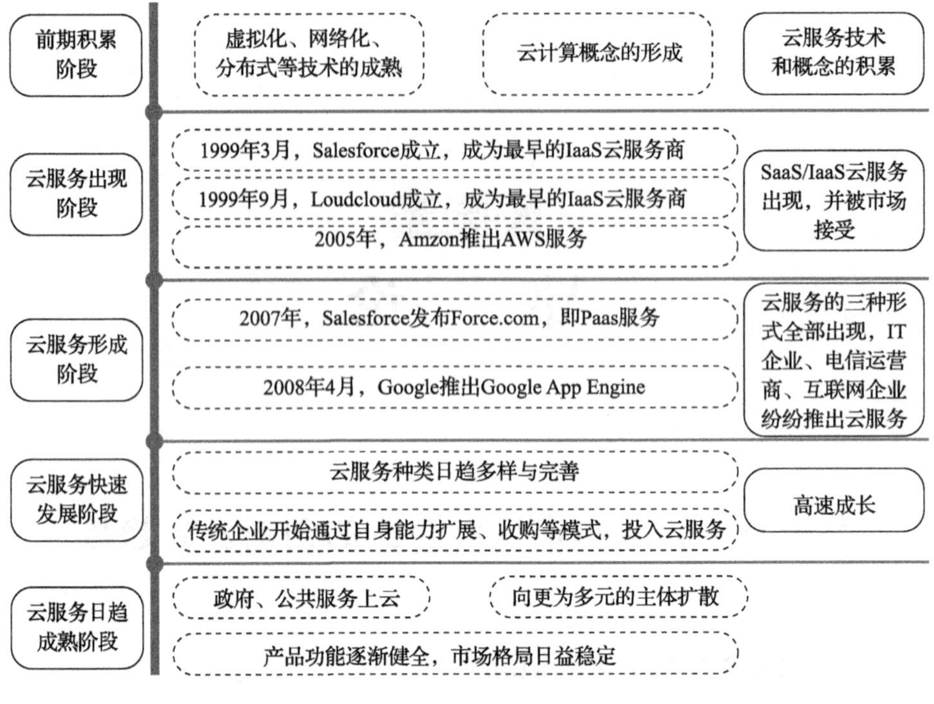

图 1-1　全球云计算发展历程图

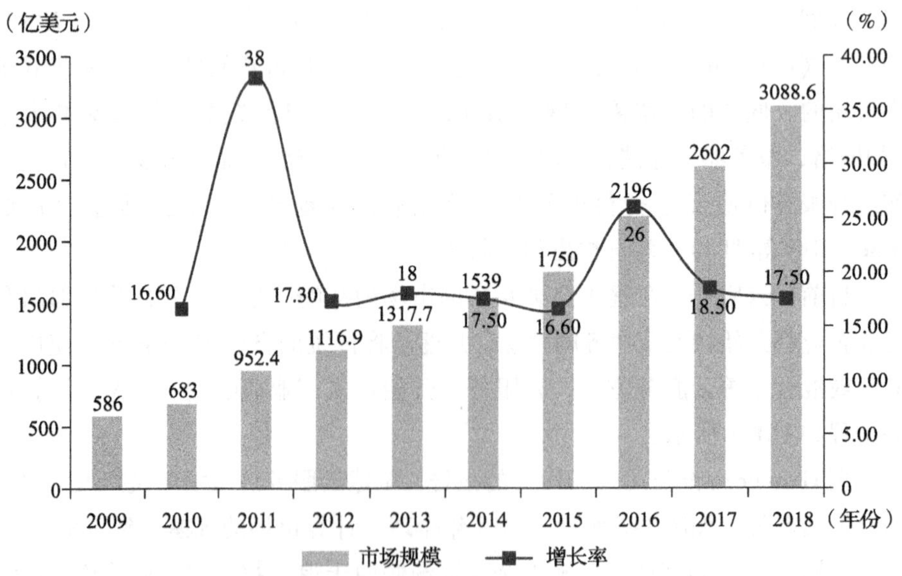

图 1-2　2009—2018 年全球云计算服务市场规模

资料来源：Gartner 咨询公司（2019）报告。

Gartner 咨询公司在报告中曾指出，2019 年全球公有云服务市场规模达到 2143 亿美元，同比增长 17.5%。在公有云服务市场，增长速度最快的细分市场是基础设施即服务（Infrastructure as a Service，IaaS）。平台即服务（Platform as a Service，PaaS）获得了第二高的增长速度，将达到 21.8%。Gartner 咨询公司曾预计，截至 2019 年年底，超过 30% 的技术提供商的新软件投资战略将从“云优先”转向“只打造云服务”。而到 2022 年，云服务行业的增长速度约是整体 IT 服务增速的 3 倍。

据国际数据公司 IDC 发布的《中国公有云服务市场（2019 上半年）跟踪》报告显示，2019 上半年中国公有云服务整体市场规模（IaaS/PaaS/SaaS）达到 54.2 亿美元。其中，IaaS 市场增速稳健，同比增长 72.2%；PaaS 市场增速有所回落，同比增长 92.6%。从 2019 年上半年整体来看，中国公有云市场发展迅速，除了阿里云、腾讯云、中国电信天翼云、金山云等先进入者的大步践行，还涌现出华为云、百度云、浪潮云、京东云等后发力者的高歌猛进。报告还显示，我国公有云市场集中度进一步加强，无论是 IaaS 市场，还是 IaaS + PaaS 市场，排名前十的厂商目前已占据了超过 90% 的市场份额。其中排名前十的企业大致可分为 4 大类：一是互联网企业推出的阿里云、腾讯云、金山云、百度云、京东云；二是传统设备厂商推出的华为云、浪潮云；三是国外企业推出的亚马逊云服务（Amazon Web Service，AWS）和微软云；四是国内运营商推出的中国电信天翼云。2019 年上半年中国公有云 IaaS 厂商市场份额占比如图 1-3 所示。

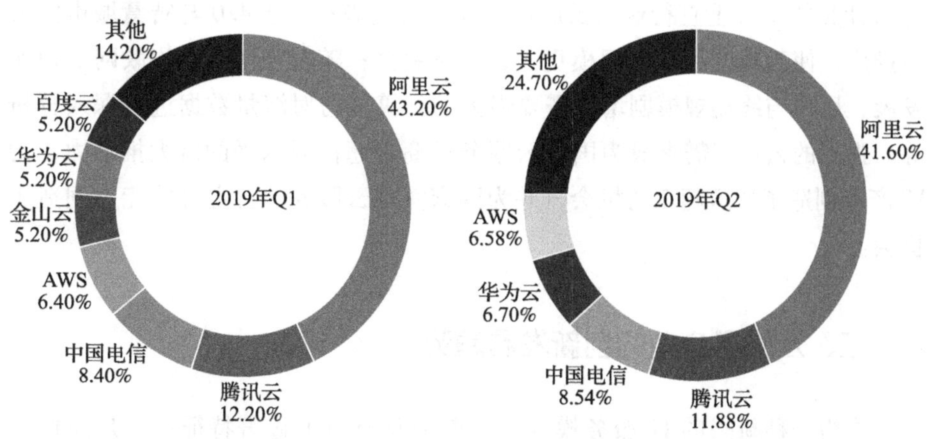

图 1-3 2019 年上半年中国公有云 IaaS 厂商市场份额占比

资料来源：IDC《中国共有云服务市场（2019）上半年跟踪报告》。

此外，在《中国云计算产业发展白皮书》发布会上，据国家发改委数据显示，从2010年开始，中国政府每年投入资金超过10亿元用于推动云计算产业发展，目前已累计投入资金超过100亿元。我国2018年云计算产业规模达到962.8亿元人民币，仅相当于美国云计算产业的8%左右，这与中国的经济发展水平还不匹配。据预测，到2020年，云计算产业规模预计超过1600亿元；到2021年，云计算产业规模将突破2000亿元。

快速发展的互联网成为促进中国经济增长的新引擎，云计算作为新一代信息技术的重点发展方向，在帮助企业实施“互联网+”战略上起到了重要的推动作用。国务院印发的《关于促进云计算创新发展培育信息产业新业态的意见》明确指出，到2020年，云计算将成为我国信息化重要形态和建设网络强国的重要支撑。发展云计算，有利于分享信息知识和创新资源，降低全社会创业成本，培育形成新产业和新消费热点，对稳增长、调结构、促改革、惠民生以及建设创新型国家具有重要意义。根据2019年国际数据公司的一项关于新兴信息技术的调研显示，到2021年，云计算和人工智能将助力中国企业的创新能力提升2.6倍，并将员工的生产力提高2.3倍。此外，78%的中国企业领导者相信，云计算和人工智能将大大增强企业竞争力。2021年，积极应用云计算和人工智能技术的企业，其竞争力将提高2.4倍。

目前我国云计算市场呈现出旺盛的生命力，具体体现在：社会信息化发展下企业客户对低成本、高效率的信息化应用的需求越来越强烈；智能家居与云计算的结合垂直行业的云应用正在取得突破；工业4.0与智慧城市的大力推广，使云数据的中心规模更大，数量更多；随着互联网和物联网的快速发展，用户与终端规模剧增，需要强大的计算能力对海量数据进行深入分析等。强烈的云计算需求成为国内云服务厂商赶超世界水平的巨大推动力，为IT产业创造了弯道超车的机会，并为国家实现云服务的自主可控能力创造了机会。

二、云服务企业的创新发展趋势

作为一种新兴的IT服务模式，云服务具有以下显著特征：一是规模经济。云端的服务和资源代替了本地安装配置，可为客户提供更加便宜、可靠的应用（Marston等，2011）。二是多租户特性。订阅模式取代了资产购买，意味着更少的前期投资和更可预知的业务费用流（Katzan，2008）。三是弹性服务。瞬时、动态的资源调配改变了有限的服务整合，解决了资源分配的时滞问题，实现了资源集约化。因此，云服务代表了传统 IT 服务迅速向集约化、规模化和专业化道路发展的趋势。云计算的产生和发展与许多不断涌现的新技术名词相互交织，如大数据、企业资源计划（ERP）、云基础设施、云桌面、云开发工具、云备份、容器化等，这些技术的发展都符合开放、高效、易管理的云服务特征。表 1-1 给出了云服务系统与传统 IT 服务系统之间的对比。

表 1-1　云服务系统与传统 IT 服务系统的差别

差异项目	云服务系统	传统 IT 服务系统
营销目标	以服务为核心	以产品为核心
依托载体	互联网	硬件、软件
规模	超大	一般
虚拟化程度	高	低
服务提供方式	一对多	一对一
购买方式	按需购买	资产购买
收费方式	根据使用量和订阅量收取费用	一次性收取购置费用
灵活性	瞬时、动态地调配资源	有限的服务整合
安全性	客户对云托管资产的控制减弱	客户对本地资产的控制力强

目前云服务企业的创新发展呈现以下趋势：

（1）云服务企业的界定已经由专门的服务衍生为整个生态的概念，云生态的竞争是未来云服务商的必然发展趋势。

云生态系统开辟了云计算产业的新局面，建立有价值的云生态系统，为用户提供更满意的服务，已经成为目前云计算发展的新趋势。各种类型企业相互合作的云生态系统，重塑了信息和通信技术（Information and Communicaiton Technology，ICT）生态链，云企业之间的竞争逐渐演变为云生态系统的竞争。

（2）云服务企业越来越注重提供多元化智能云服务，通过提出不同的创新云产品和服务获取更多的市场份额。

在客户越来越注重定制化和差异化服务的趋势下，起步较晚的云计算厂商和市场份额相对落后的厂商想要获取市场份额，还需要依托各自背后的资源寻求差异化的竞争力，在服务和产品的独特性上进行创新。

（3）云服务的安全性要求越来越高。

云服务的风险问题逐渐凸显，风险应对成为云服务企业拉开竞争实力的分界点。云服务赖以维持下去的基础是企业和客户的信任，好口碑需要数年良好的服务质量来维系，但也有可能毁于一旦。消除客户对云服务的安全顾虑不仅需要精湛的技术保障，更需要运用一定的商业手段来保障客户利益。

新的科技对云计算和云生态行业本身的推动将会比其他的行业更为强烈。云服务企业将在“以客户为中心”的创新生态体系建设进程上持续加速，垂直细分领域能改善云服务企业的服务质量和水平，提高产业竞争力。对以上三大趋势问题的深入研究，不仅可使企业在激烈的竞争中获得新的生长，加速云计算的应用深度并进行重点突破，还能够提升全社会的综合效率，实现数字经济的高质量和可持续发展。

第二节　本书主要内容及逻辑结构

一、核心概念与研究对象的界定

（一）核心概念的界定

1. 云服务相关概念

顾名思义，云这个术语传达了一种模糊的特性。这个术语最早起源于对电话网络的描述，后来也用于描述 Internet，近年来似乎应用于有着无尽范围的产品、服务、技术和基础设施，这对人们理解云计算造成了困难。因此，本书参照 Winkler（2012）编写的《云计算安全：架构、战略、标准与运营》，进一步完善并细化了这种广义的描述，具体定义如下。

云计算，是一种 IT 模式或技术环境，由 IT 组件（硬件、软件、网络以及服务）以及围绕这些元素部署的流程构成，使用户可以通过 Internet 或私有网络开发和交付云服务。

云服务，通过云传递的服务，并通过 Internet 或私有网络交付。服务包括基础设施即服务（Infrastructure as a Service，IaaS），平台即服务（Platform as a

Service，PaaS），以及软件即服务（Software as a Service，SaaS），还包括位于这些基础服务模式之上的其他服务。Mell 和 Grance（2009）对三种基本云计算服务模式给出了定义，并得到业界广泛认可。

IaaS，提供给客户的功能是不仅可以租用处理、存储、网络和其他基本的计算资源，还能够在上面部署和运行任意软件，包括操作系统和应用程序。客户虽然不管理或控制底层的云计算基础设施，但可以控制操作系统、存储、部署的应用。这一类型的服务提供商主要有亚马逊的 EC2（Elastic Compute Cloud）、S3（Simple Storage Service）和阿里云等。

PaaS，提供给客户的功能是将其创建或获取的应用程序，利用提供者指定的编程语言和工具部署到云的基础设施上。客户虽然不直接管理或控制包括网络服务器、存储、运行系统，甚至单个应用的功能在内的底层云基础设施，但可以控制部署的应用程序，也可配置应用的托管环境。这种类型的服务是一个开发与管理网络应用的平台，主要的服务提供商有 Google App Engine 和 Windows Azure 等。

SaaS，提供给客户的功能是使用在云基础设施上运行的、由提供者提供的应用程序。这些应用程序可以被各种不同的客户端设备访问，通过向 Web 浏览器这样的客户端界面访问，客户不直接管理或控制底层云基础设施。这种类型服务的供应商主要有 Salesforce 和八百客等。表 1-2 列出了典型的云服务代表。

表 1-2　具有代表性的云服务

类型	IaaS	PaaS	SaaS
典型代表	亚马逊 EC2	Google App Engine	Salesforce
服务内容	存储、计算和应用服务	程序运行 API 和开发、部署系统平台	Web 应用及服务
特征	提供客户虚拟化的存储、计算和处理服务	提供云环境下的应用开发测试平台	在线提供多种应用

本书将这三种服务模式称为 SPI 模式，指位于云物理基础设施上广泛使用的三类功能，如图 1-4 所示。这三种模式既可以是分层结构的，IaaS 是 PaaS 的基础，PaaS 是 SaaS 的基础，也可以是独立的。服务如何实施取决于提供商。

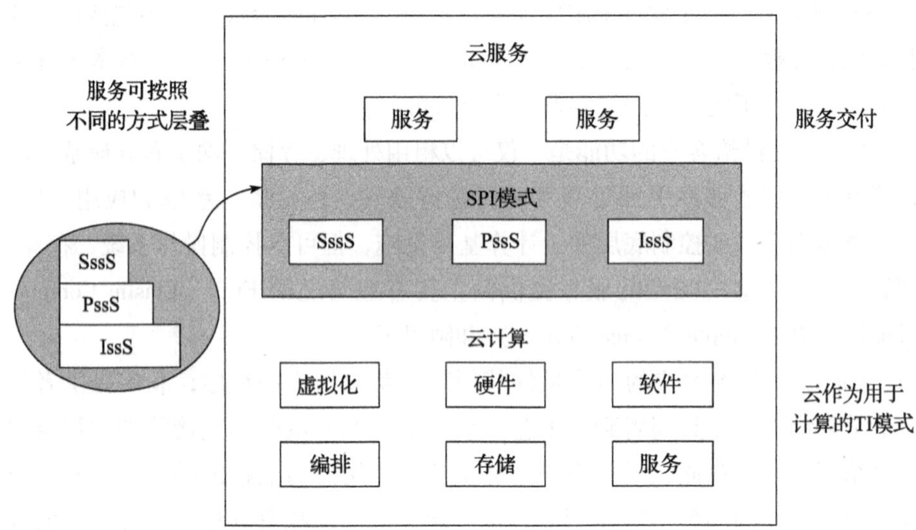

图 1-4　SPI 模式：SaaS、PaaS、IaaS

资料来源：Vic Winkler. 云计算安全：架构、战略、标准与运营［M］. 刘戈舟，杨泽明，徐俊峰，译. 北京：机械工业出版社，2012。

2. 云生态系统

借鉴对自然生态系统的理解，参考前人的研究成果，结合云计算产业的特点，本书定义云生态系统：是以云计算技术为基础，核心企业为主导，与云计算产业链上各方利益相关企业共同参与形成的平台，以价值共创为核心，基于网络环境通过物质流、能量流、信息流的联结传导，形成的一种共生竞合、开放、复杂、动态演化的生态系统。

该定义强调了 3 个方面：一是以云计算技术为基础，以虚拟网络为联结介质，这是云生态系统的基础环境，没有此条件，各主体之间是孤立的，无法形成联结。此外，各主体之间的联结，与传统商业生态系统不同，并非有形产品联结，而是通过服务联结，具有无形性、实时性、异质性、易逝性等特性。二是云生态系统是由各相关主体组成的，各主体间是一种共生竞合的关系。强调了各主体对云生态系统构成的重要性，与自然生态系统中食物链的相互依赖、互利共生关系不同，各主体之间未必是你死我亡的零和博弈关系，各主体间以交换服务为基础实现共赢或价值共创。三是开放、复杂、动态演化的生态系统。与自然生态系统不同，自然生态系统是有边界的，受地理、区域等限制，而云生态系统的边界较为模糊与淡化。此外，云生态系统是由大量独立法人企业构成，潜在存在各种复杂性问题及不确定性的动态变化，任何云企业可随时加入或脱离云生态系统。

3. 云服务供应链

借鉴前人关于服务供应链的研究成果，结合云服务参与者的类型特点，本书定义云服务供应链：是由云应用开发商、云服务运营商和云客户三者组成，通过互联网交付的按需使用的、灵活的、便利的软硬件服务，云服务供应链的基本结构，具体如图 1-5 所示。

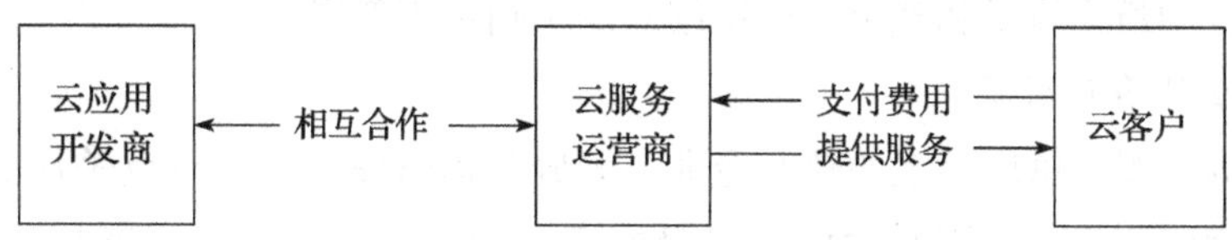

图 1-5　云服务供应链基本结构

其中，云应用开发商专注于实现基本服务单元的功能，然后将实现的基本服务单元发布到云服务运营商的服务库中。而云服务运营商主要负责云服务平台的建设，一方面可将云应用开发商发布的基本服务单元注册到服务库中，另一方面根据客户的服务请求在服务库中查找到合适的基本服务单元，然后将基本服务单元整合为能够满足客户需求的业务系统出租给客户使用。此外，云服务运营商还需负责云基础设施管理、数据安全管理以及客户管理等业务。云客户即指使用云服务的终端客户。

云服务供应链除了具有一般服务供应链的特征外，还受到云服务特征的影响，展露出一些新的特性，本书将其主要特征总结如下：

（1）动态性。由于云服务具有资源弹性的特征，客户可以根据需要调节其对资源的使用。因此，云服务的设计和交付过程会因客户需求的不断变化而不断重构，资源分配也会因客户数量和位置的变化而做出实时调整，进而引起云服务供应链上成员的动态更新。动态性体现在当一项云服务的生命周期结束后，相应云服务供应链的生命周期也完结了。此时根据需求，可能又会组成新的云服务供应链。如何保持链上成员间的长期合作，增强彼此间的信任，防止客户转移行为的产生，值得云服务运营商思索。

（2）开放性。云服务供应链处于一个完全开放的服务环境之中，与其相关的体系结构、软件服务、系统平台等都是开放的，而开放性影响了云服务质量的管理，同时也引起了人们对其安全方面的顾虑。在这种开放的市场环境中，非垄断性势必带来企业间的剧烈竞争，提供更优质、更有保障的服务来吸引客户才是王者之道。

(3) 客户导向性。在云服务供应链中，客户导向性包含两层含义：一是面向需求；二是用户参与。云服务供应链的形成、发展与演变都是基于客户需求的驱动，提供满足终端客户需求的云服务是链上所有成员的共同目标，也是提升各参与方效益的关键。而客户不仅充当云服务的接受者，同时还是云服务的供应商，其在云服务的设计和传递过程中投入一定的信息和资源，对云服务的最终质量和整个供应链绩效的影响不容忽视。

4. *云服务运营商*

作为云服务供应链上的核心企业，云服务运营商是本书重点关注的对象。云服务运营商将云应用开发商和自身的资源和能力进行集成，将其转化为云服务直接提供给客户。按照云服务的 3 种类型可以将云服务运营商细分为基础设施云服务运营商、平台云服务运营商和应用云服务运营商。

由于企业自身资源的差异以及市场定位不同，一般来说，在实施云服务的初期企业会专注于提供单一类型的云服务。例如，IBM、浪潮等公司因具有强大的基础设施架构和比较完整的软硬件产业链，主攻 IaaS 层；而 Amazon、Google 这类由互联网企业转型到云的云服务运营商，因具有庞大的客户群和较为成熟的技术研发能力，在 PaaS 层的优势更为凸显；而一些软件厂商，典型代表如 Salesforce 和金蝶等，则通过改变原有软件产品的开发和部署方式，为 SaaS 的发展助力。

本书不再对云服务运营商进行类型区分，将直面客户的这一级统称为云服务运营商。

5. *云应用开发商*

这里的云应用开发商是指在云服务供应链上直接向云服务运营商供应产品或服务的实体，包括关键技术提供者、独立软件开发商（Independent Software Vendors，ISV）等。云应用开发商通过与云服务运营商的合作，将自己的产品推广至云服务市场中，从而锁定更多的客户。

以用友为例，他们会选择与专业的云服务运营商阿里云实施全面合作来铺设云服务渠道。这种合作伙伴关系更加强调直接而长期的合作，力求达到整个供应链系统的最优。

（二）研究对象的界定

本书的研究分为三个层次，第一是宏观层次，以系统角度关注云服务业的演进机理以及云生态系统的渠道角色共生关系；第二是中观层次，站在供应链的角度，考虑云服务供应链成员的合作与技术创新以及寻求链下成员——云保险机构帮助的风险转移研究；第三是微观层次，从用户的视角出发，研究用户的感知威胁、应对策略以及信任的破损与修复。

二、本书的主要内容

对于云生态系统来说，深入理解云服务行业的演进机理和各渠道角色间的绩效关系将进一步提升 IT 系统效能，发挥云服务在信息技术产业中的引领和支撑作用，为经济和社会持续、健康地发展注入新的动力；对于云服务供应链来说，成员之间需要通过合理、有效的契约设计，提出满足客户个性化需求的高质量产品与服务，并通过一系列有效的技术创新和风险转移手段，寻求与供应链链上及链下成员间的合作；对于用户来说，揭示用户的感知威胁、应对策略以及信任破损与修复的发生规律及内在机理，有助于云服务提供商从用户心理安全感知层面设计更精准化的服务，进而实现云服务产业的健康、可持续发展。基于以上分析，本书以云服务企业的创新发展为立足点，从宏观、中观、微观三个层面考虑云服务企业的共生演进、合作创新与风险应对，概况起来主要包括以下内容。

（一）云计算服务业的演进机理研究

如何促进云计算服务业健康、快速地发展是现阶段的核心问题。对其产业演进机理的研究，有助于促进其发展和升级。本书立足于系统的观点，从系统的角度找出影响云计算服务发展的关键因素，将为我国云计算服务业的发展和落地起到一定的指导作用。

（二）云生态系统渠道角色共生关系研究

云生态系统研究是一个热点问题，本书从渠道成员关系视角切入，为分析云生态系统的演进与发展提供了全新的视角。此外，本书将生态学中的共生理论引入云生态系统，契合云生态系统强调的协同发展理念，且进一步扩展了共生理论的应用范畴。因此，本研究的尝试对加深云生态系统的认识以及指导云生态的健康发展和实践合作具有一定的意义。

（三）基于竞合博弈的云服务供应链合作与技术创新决策研究

对核心能力的关注、服务质量的提升及最新软件的获取是客户选择云应用服务的主要动因。与合作伙伴共享技术产品和解决方案，贡献创新成果，共同开拓云服务领域的巨大市场已成为一种最佳决策。云服务企业如何有效利用资源、催化创新？在存在竞争关系的市场中，如何选择合作伙伴？如何进行利益分配？这些问题都将在此部分得到解答。

（四）基于动态定价及技术创新的云服务供应链成员决策研究

大多数研究是在静态框架下分析企业的研发合作。静态分析模式隐含的假设条件是：企业提供的产品是耐用品，即能多次使用且寿命较长的商品，客户一旦购买该产品便不会二次购买。在这种模式下，企业的技术创新行为仅需要考虑一个固定时期，而不需考虑时间因素对企业投资行为的影响。然而，云计算作为一种服务，会面临客户重复购买的行为。因此，其技术创新投资不是一劳永逸的，必须进行连续的技术创新。而云服务供应链企业之间的合作关系也往往呈现出长期性和动态性的特点。所以，本书将动态定价与技术创新、供应链契约进行了整合研究，在动态框架下研究企业技术创新更符合实际情况，也便于分析不同契约在供应链中的性能和协调能力。

（五）基于保险机制的云服务供应链风险转移研究

针对一些敏感型、重要级的客户，云服务运营商需要为其量身订制云服务水平协议，而补偿金额也应充分考虑带给客户的实际损失。云保险（Cloud Insurance）作为风险管理的一种方法，是云服务运营商在遇到部分特定的潜在故障时经济补偿的承诺。它既可以作为云服务运营商服务水平协议的一部分，也可以通过第三方保险公司单独购买。因此，引入保险为云服务运营商和客户免受潜在损失提供了新的解决方案。是否选择投保，以及如何选择投保等问题，对云服务运营商来说意义深远。

（六）个人云存储用户的感知威胁及应对策略研究

作为个性化信息管理的新型服务模式，云存储已经成为未来存储发展的一种趋势，但随之而来的安全风险问题一直备受关注。云存储失败事件的发生不仅使得用户面临着巨大的风险威胁，也让企业陷入用户流失的困境。因此，如何降低用户的感知威胁，解析大数据时代下用户复杂的信息保护行为——应对策略，已经成为个人云存储领域亟待解决的难题。本书从乐观偏差以及应对理论出发，旨在揭示个人云存储下，用户的感知威胁与应对策略的发生规律及内在机理，并为云服务提供商从用户心理安全感知层面设计并提供有效的经验推广措施及沟通渠道等给予些许建议。

（七）个人云存储用户的信任破损与修复研究

数据泄露给用户的隐私安全带来极大的风险，降低数据泄露风险不仅要做好数据保护工作，还要考虑如何修复数据泄露造成的用户信任破损。本部分内容着眼于数据泄露事件，对事件发生后云存储服务提供商所采取的修复策略及修复效果进行分析，以此帮助云存储服务提供商最大限度地降低云计算环境下由于数据泄露所造成的信任破损风险。

三、本书的逻辑结构

本书首先以近年来的云服务市场与创新发展概况为线索，收集相关新闻报道、案例类文献并采用调研和访谈等形式，梳理并分析云服务企业创新发展的趋势，主要包括共生演进、合作创新以及风险应对等。其次，以云服务系统、云服务合作创新、云计算安全风险等为关键词，搜集和整理相关文献，以此为基础，对相关文献进行了系统的归纳总结，并在此基础上，提出本书的主要研究内容。这些研究问题共分为宏观、中观和微观三个层面，层级递进。宏观层面上，是从系统的角度研究第三章云服务行业演进机理和第四章云生态系统渠道角色共生关系；中观层面上，是从供应链管理的角度考虑第五章基于竞合博弈的云服务供应链合作与技术创新、第六章基于动态定价和技术创新的云服务供应链成员决策以及第七章基于保险机制的云服务供应链风险转移研究；微观层面上，则是从用户的角度出发探讨第八章个人云存储用户的感知威胁及应对策略和第九章个人云存储用户的信任破损与修复。最后是第十章研究总结与展望。本书内容逻辑关系如图 1-6 所示。

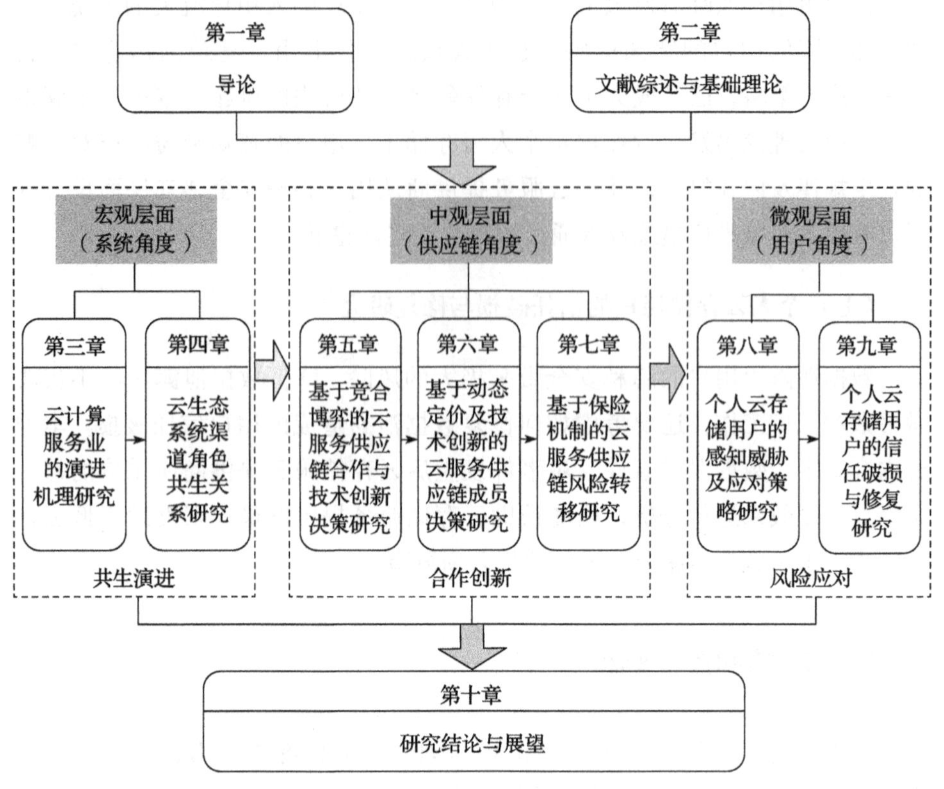

图 1-6　本书内容逻辑关系图

四、本书的研究方法

（一）文献研究方法

文献研究是对前人研究成果进行归纳总结的基础上，提炼相关研究结论，从而更为全面、准确地了解所要研究的问题。本书通过对国内外相关文献的回顾与分析，运用产业结构理论、共生理论、优化理论、契约理论以及供应链管理相关理论等，对云计算服务业、云服务产业演进及云生态系统、云服务供应链及企业合作创新和云计算风险管理等问题进行了较为深入的分析和研究。

（二）系统动力学方法

系统动力学利用反馈、调节、控制原理，强调系统行为与内在机制间相互紧密的依赖关系，借助于计算机建立仿真模型，并通过定量的方法挖掘出产生变化形态的因果关系。云计算服务业演进是个动态、复杂的问题，因此适合选用系统动力学方法。

（三）共生理论方法

Logistic 模型作为一种动态的发展演化模型，在研究共生单元的动态演化中具有相对的优越性，在进行模型分析时，通常用来描绘单个企业的增长或者两共生单元之间共生模式的研究。而云生态属于一个系统范畴概念，需要整体考虑各渠道角色之间的协调发展，与共生理论的指导思想非常相似。因此，生态学中的解决方案可为研究生态系统的成员关系演进与发展提供新的视角。

（四）数学建模方法

数学建模是将定量分析方法应用于实际问题中，进而得出供人们进行分析和决策的定量结果，为解决实际问题提供帮助。本书在云生态系统渠道角色共生、云服务供应链合作与技术创新、云服务供应链风险转移等核心章节中均用不同的模型抽象刻画了研究问题，在对模型进行求解的基础上，进一步通过数学分析对模型结果进行讨论，得到了一些管理启示。

（五）数值仿真方法

数值仿真是通过实际算例，对模型变量间的关系进行可视化呈现。本研究使用软件 Matlab，在数学分析的基础上，通过数值仿真更加直观地对模型进行了比较分析和结果解释，并从中得出了一些有价值的管理启示。

（六）问卷调查方法

本书采用问卷调查法进行模型的实证研究，将模型中的变量操作化定义，对已有成熟量表进行修改，建立调查问卷，采用李克特五分量表法，经过问卷预测试和信效度检验，选择调查样本，发放调查问卷，然后收集数据和分析数据。

（七）统计分析方法

本书采用 SPSS 21.0 进行样本数据的描述性统计分析、信度检验、效度检验、探索性因子分析以及单因素方差分析；使用 SmartPLS 3.0 进行测量模型和结构模型分析，综合运用各种统计方法，获得模型的解释力和假设检验。

（八）实验研究方法

本书规划合理可行的实验设计，开发实验用问卷量表及软件进行数据收集。在理论检验阶段，采用聚类分析、相关分析、因子分析、T 检验、回归分析等统计分析手段，验证研究假设并明确、简练地概括研究结论。

以上方法与本书内容的具体关系，即本书的技术路线图如图 1-7 所示。

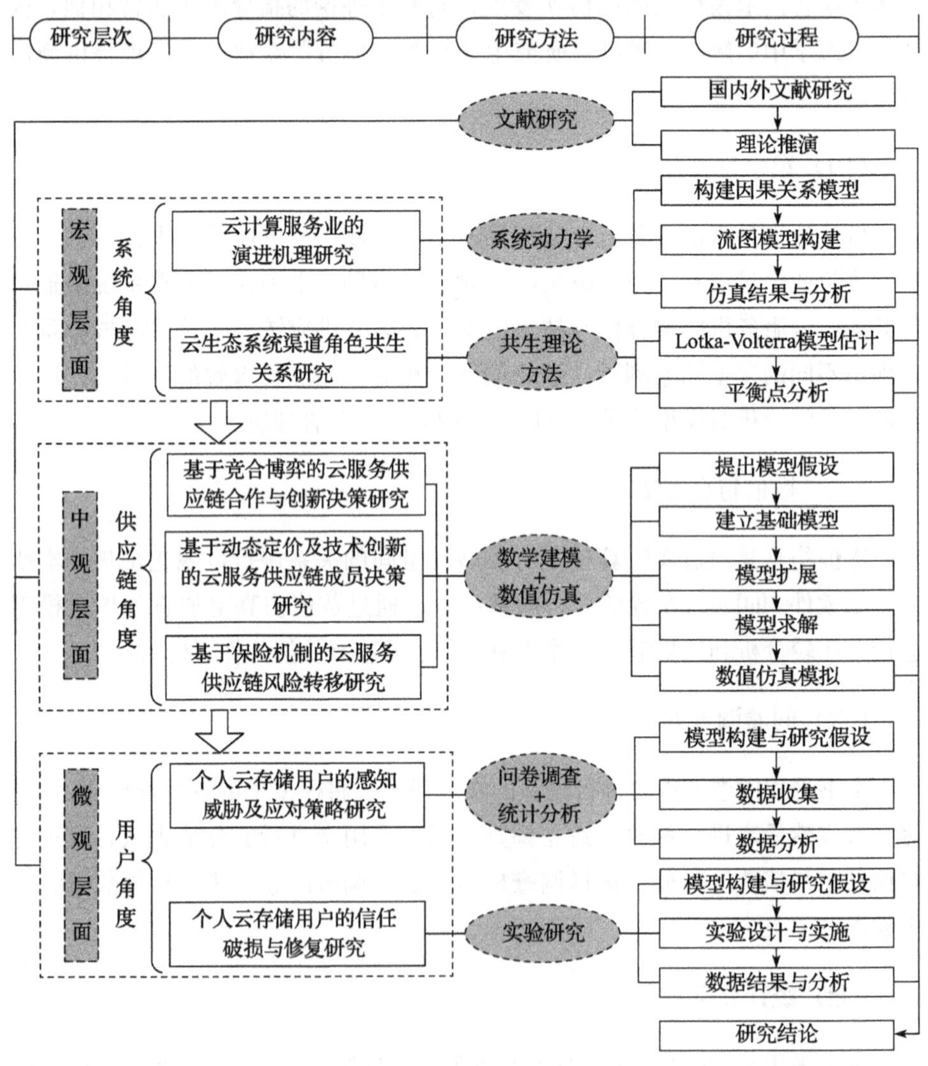

图 1-7　本书技术路线图

第三节 研究创新与价值

一、研究创新

本书的创新之处主要体现在以下几个方面：

（1）首次针对云服务企业的创新发展问题，从宏观、中观、微观三个层面对云服务企业的共生演进、合作创新与风险应对问题进行了系统化研究，该研究充实、完善了云生态系统和云服务供应链管理理论，丰富并拓展了共生理论和供应链契约的应用范畴。

（2）创新性地采用供应链视角来进行云服务中的契约设计，分别探讨了寻求供应链链上成员——云应用开发商帮助的合作创新研究和寻求供应链链下成员——云保险机构帮助的风险转移研究，得出了一系列理论结论和管理启示。在考虑寻求链上成员帮助时，拓展了一对多的合作情境并考虑了时间因素对产品技术先进度的影响。而在考虑寻求链下成员的帮助时，探索云保险机构引入前后对云服务供应链契约设计和决策变化的影响，是一个具有理论和实践意义的创新性问题。

（3）本书结合个人云存储情景，首次聚焦于威胁评估视角，同时考虑了问题应对和情绪应对两种策略，并验证了感知威胁对两种应对策略的不同影响，这是对云存储情境下应对理论的补充和扩展。此外，通过实验方法验证在不同的信任破损情境下不同的修复策略带来的修复效果的差异，对云存储服务提供商精确定位目标客户，展开有目的性的差异化管理，具有重要的理论意义和价值。

二、研究价值

本书从云服务企业的创新发展趋势出发，考虑云服务企业的共生演进、创新合作与风险控制问题，为云服务企业在产业演进、共生共赢、合作创新、风险转移以及用户风险控制等方面的决策提供科学支持，具体的学术价值及应用价值如下。

（一）学术价值

首先，云计算作为一种新兴的计算模式，区别于传统制造业、服务业。本书聚焦于云服务企业的创新发展问题，从宏观、中观、微观三个层面对云服务企业的共生演进、创新合作与风险控制问题进行了系统化研究，该研究充实、完善了云生态系统和云服务供应链管理理论，丰富并拓展了共生理论和供应链契约的应用范畴。其次，本书的内容充分体现了 IT 行业的发展趋势，以及 IT 服务领域研究的前沿课题。将为后人进一步深入研究基于互联网经济和新兴技术产业的管理问题提供更高的起点和学术参考价值。最后，在当前云服务风险逐渐凸显、客户对云服务的信心受挫的环境下，本书对云服务提供商消除客户的顾虑、提高应对技能提供了一剂良药，为云服务提供商解决风险相关问题提供了理论指导和决策参考，对引导云服务步入良性循环轨道具有引导作用。

（二）应用价值

云计算让我们看到了 IT 服务成为公共服务的曙光，但是，云服务企业在云技术逐步成熟的过程中，只有不断创新才可以推动整个产业的不断完善。本书研究的云服务共生演进、创新合作与风险应对问题对现实中云服务企业具有决策指导意义和参考价值，既可有效促进云服务提供商合理构建云生态，积极探索共生共赢，又可帮忙云服务企业探索创新合作，与用户建立起有效的沟通渠道。而将云保险机制引入云服务供应链中，一方面提高了云服务集成提供商的抗风险能力，将风险转移至第三方保险机构；另一方面也降低了客户对云服务采纳的心理壁垒，可作为提高云服务采纳率的有效途径。

本章小结

本章首先梳理了云服务市场的发展概况，指出云服务企业创新发展的三大趋势：一是云服务企业的界定已经由专门的服务衍生为整个生态的概念，云生态的竞争是未来云服务商的必然发展；二是云服务企业越来越注重提供多元化的智能云服务，通过提出不同的创新云产品和服务获取更多的市场份额；三是云服务的安全性要求越来越高。其次，针对以上三大趋势问题，本章提出了本书的主要研究内容及逻辑结构。本书以云服务企业的创新发展为立足点，从宏观、中观、微观三个层面考虑云服务企业的共生演进、合作创新与风险应对。本书共分三个层次：第一是宏观层面，以系统角度关注云服务行业的演进机理以及云生态系统渠道角色的共生关系；第二是中观层面，站在供应链的角度，考虑云服务供应链成员的合作与技术创新以及寻求链下成员——云保险机构帮助的风险转移研究；第三是微观层面，从用户的视角出发，研究用户的感知威胁、应对策略以及信任的破损与修复。不同层次之间逐级递进，环环相扣。最后，对本书的创新点和研究价值进行了详细阐述。

第二章

文献综述与基础理论

本章主要从云计算服务业、云服务产业的演进及云生态系统、云服务供应链及企业的合作创新和云计算的风险管理四个方面对国内外相关研究进行了梳理，做出研究述评，并对后续章节涉及的一些基础理论进行了阐述。通过对相关文献的梳理，可以找出学术界主要研究的内容和空白点，为后续研究的顺利开展提供一定的借鉴和参考。

第一节　云计算服务业相关研究

一、云计算产业的概念

产业是介于宏观经济和微观经济之间的中观经济，它是从事同类物质生产或相同服务的经济群体，一个产业总有一种核心产品或服务，如 PC 产业。我国常用三次产业分类法来划分产业，若用此概念来类比划分云计算产业，则云计算的第一产业为其他产业提供基本资源（主要是提供计算和存储），即云资源服务提供商，提供的基础设施主要包括云计算软件系统提供商、云计算硬件设备提供商。其中云计算硬件设备提供商包括网络带宽提供商、通信设备提供商、服务器提供商。此产业的提供商主要是传统上领先的软硬件生产商，如浪潮、IBM。云计算的第二产业包括任何通过云计算平台提供的服务业，主要包括基础设施即服务（IaaS）、平台即服务（PaaS）和软件即服务（SaaS）。XaaS——一切皆为服务逐渐成为云计算第二产业的核心力量。云计算第二产业的提供商包括 Salesforce. com、八百客等。与云计算相关的其他行业则被划分为云计算的第三产业，主要指云计算延伸出来的非技术性产业，如云计算技术的咨询，云计算的普及和传播，还有一些对云计算产业链的增值性的服务。云计算的三次产业环环相扣，相互协作，共同形成了完整的云计算产业链。

工信部电信研究院颁布的《云计算白皮书 2012》将云计算产业分为云计算制造业、云计算服务业、基础设施服务业、支持产业四部分，如图 2-1 所示。

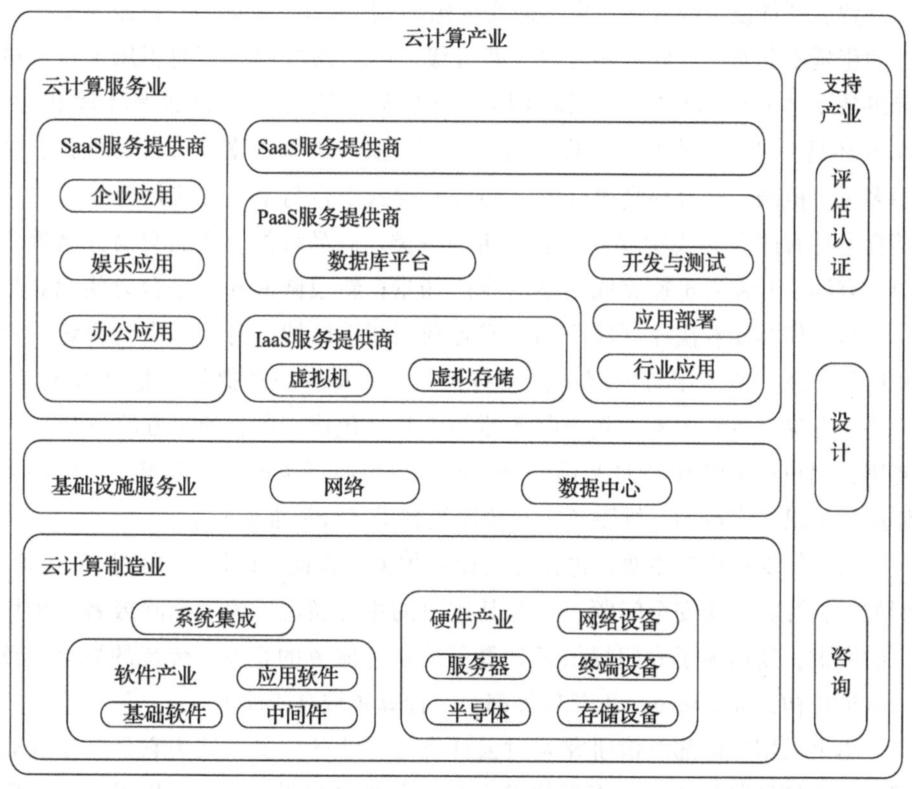

图 2-1　云计算产业体系构成

云计算制造业包括与云计算相关的软件产业、硬件产业和系统集成产业。云计算的软件提供商主要提供操作系统等基础软件以及云计算解决方案，思科、微软、浪潮等国内外知名企业都成功为政府、企业提供了解决方案。云计算的硬件产业主要提供服务器、终端设备、存储设备、网络设备、半导体等硬件设备，主要的提供商包括惠普、英特尔、思科等。云计算的系统集成商主要由硬件提供商和软件提供商通过并购形成。

云计算服务业简单来说主要包括三个方面：SaaS 服务提供商、PaaS 服务提供商和 IaaS 服务提供商。SaaS 是知名度最好，也是发展最成熟的云计算服务，包括在线的企业应用、娱乐应用、办公应用。SaaS 服务提供商将应用软件统一部署在自己的服务器上，通过互联网为用户提供基于云基础架构的在线应用软件服务，用户根据自己的需求订购服务。SaaS 服务提供商根据用户的数量、用户所选的服务类型、数据存储容量、使用时间长短等因素的不同组合收取费用。在这种模式下，用户既不需要支付软件许可费用、软件项目开发费、硬件设备购置费，也不需要承担 IT 维护部门的费用，只需要支出一定的租赁服务费用，软件还可以免费升级。PaaS 服务提供商向租用平台人员提供数据库平台、开发与测试环境，与基于本地的开发和部署环境相比，PaaS 还具有开发环境友好、管理监控精细、服务类型丰富、可扩展性强、采用多租户机制、整合率高等优点。淘宝开放云平台与第三方应用开发者共享其自身拥有的商品买卖双方信息、店铺种类、商品种类、商品交易详情等资源，有助于开发者迅速完成丰富的应用场景；新浪微博开发平台为使用者提供接口，使其能看快速创建应用，或者利用新浪微博本身所拥有的海量信息和粉丝关系，使使用者的网站社交特性更强。IaaS 服务提供商把计算资源、网络、存储、负载均衡、冗余服务器等工具打包成服务，通过互联网供用户使用，用户只需要 IP 地址和访问服务器的口令便可实现弹性需求，后期还为使用者提供了专业的运维服务，有效地控制了运行和维护成本。

云计算支持产业主要是进行与云计算相关的咨询、设计、评估认证机构。例如，云计算中的安全问题一直是其用户的主要顾虑，为了消除或者减少用户的顾虑，新出现了专门提供云计算风险审计服务的企业。传统的咨询、评估认证机构，如 Breeam、LEED 等都对云计算领域有所涉足。

本书采用工信部电信研究院对云计算服务业的定义，认为它是基于互联网的一种信息服务业，属于高技术产业，主要包括提供 IaaS、PaaS、SaaS 服务的服务提供商。

二、云计算服务的应用领域

云计算服务应用广泛，最贴近大众生活的是在搜索引擎中的运用，任何一个搜索引擎都有一个数据中心支撑，而用户在检索关键词时不会思考这个数据中心的结构和其中数据的统计和运算方式；云计算也渐渐被应用于地图服务，现在很多旅行者通过一个地图手机应用程序，便可享受全方位的服务，如天气状况、交通路况等，而获取这些信息的 GPS 便在云中（欧阳俊林，2013）。

图书馆是现阶段云计算应用较多的领域，2009 年计算机联网图书馆中心（Online Computer Library Center，OCLC）推出的 Web 级协作性图书馆管理服务是云计算服务在图书馆中广泛应用的开始。图书馆可以从不同服务提供商的服务中混搭出最佳服务，云计算环境提高了图书馆的数据存储能力、资源共享能力，并为用户提供了全方位的交互服务（张红叶，2010），但同时也面临着知识产权问题、数据安全和保密问题等挑战，云计算中产生的知识产权问题超出了传统知识产权法的范畴，因此，迫切需要完善补充现有的知识产权法（胡小菁和范并思，2009）。无论是 OCLC 的“Web 级合作性图书馆管理服务”，还是美国国会图书馆与 DuraSpace 公司的 DuraCloud 项目，都是将云服务应用到图书馆的建设与服务的先例（孙坦和黄国彬，2009）。

云计算服务也被应用于教学科研中。随着问题集的扩大，科学计算需要越来越多的资源发布结果，之前会采用购买很多服务器解决高峰时期的计算问题，近年来部分科学计算采用了云计算服务。Ostermann 等（2010）分析了 Amazon EC2 的绩效。在信息技术教学中存在一个主要问题：课后学生不能在相同的环境中进行操作，也没有合适的空间保存他们的文件，Wu（2013）采用私有云服务建立信息技术环境解决了这一问题。为了解决教育云平台之间难以互联互通以及数据和服务共享困难的状况，吴砥、彭娴等（2015）根据云计算的应用标准及实际情况、国家教育信息化发展战略对教育云服务的需求以及教育云各类用户群体的实际需求，构建了一个较为完善的教育云服务标准体系。

电信行业业务种类繁多，需建立的平台规模较大，云计算一方面通过规模效应提高了运营商的资源利用率；另一方面降低了为防范小概率具有严重破坏性事件而建立的灾备系统的成本。潘文宇和段勇（2010）还探讨了将云计算用于新 IT 系统开发测试环境和数据分析中带来的优势。物流信息准确是现代物流的一大特征，云计算被用于物流信息平台的建设。杨俭（2012）研究了基于云计算的信息平台为现代物流带来的改进；余勇等（2011）阐述了云计算服务被用于智能电网时所带来的安全风险，并提出了解决措施。

在企业运营和公共服务方面，周龙涛（2016）以云计算超强的处理能力很大程度地提高了企业的工作效率为基准，探讨了基于云计算的企业财务管理信息化建设的具体方案，并为企业具体应用云计算技术提出了若干建议。吕进（2014）以云计算与银行结合的典型案例——阿里金融和汇丰银行为引，讨论了在云计算发展下的商业银行的机遇。杨乐等（2015）在研究现有云计算应用产品的基础上，提出以云计算为核心技术的中国地震台网中心数据中心私有云平台设计设想。云计算在卫生监督领域也达到了超乎想象的效果（孟令淼，2016）。

三、云安全问题

据 IDC（International Data Corporation）（2009）对 263 个 IT 经理及行业同事的调研报告显示，在云服务使用过程中，安全性在所有挑战因素中排名第一。Popović 和 Hocenski（2010）提出了在云计算这种新的范式下，需要关注和讨论的十个安全问题。而 Winkler（2012）在《云计算安全：架构、战略、标准与运营》一书中也明确指出了云计算的 8 个安全顾虑：网络可用性、云提供商的生存能力、灾难恢复和业务联系性、安全事件、透明度、物理控制缺失、新风险新漏洞、法律和监管合规等。明晰安全顾虑既有利于我们据此认识问题，也有助于采取有目标性的应对措施。

虽然云安全对于云计算的顺利推行具有重要意义，但在第四届中国云计算大会上李德毅院士的主题报告明确指出：安全不是云计算的特殊问题，一些信息系统，特别是重要信息系统，安全一定是第一位。由于云计算实现了资源的高度整合，如果云计算系统出现问题，其影响远远超过传统信息系统，所以安全应放在首位，服务方与被服务方之间的信任以及如何建立服务信誉成为重中之重（李满意，2012）。

针对云服务的安全风险问题，学者给出了多种解决方案。冯登国等（2011）提出云计算的安全并不仅是技术问题，还涉及标准化、监管模式、法律法规等诸多方面。因此，仅从技术的角度出发探索解决云计算的安全问题是不够的，需要信息安全学术界、产业界以及政府相关部门的共同努力才能实现。牛铁等（2011）从超级计算集群的特点出发，在分析其可能面临的安全风险的基础上，从技术和管理两个角度给出了一套内外兼顾的纵深防御方法。张艳和胡新和（2012）提出从法治的角度积极构建我国云计算的信息安全风险防范机制不仅是必要的，而且是迫切的。目前有关云安全问题的研究主要集中在数据安全、服务安全、服务监管和法律法规等方面。程风刚（2014）立足于制度、技术、设施、监控和评价等方面，提出要建立科学、合理的云服务制度、可信的云基础设施、可控的云安全监控体系以及可行的云安全评价体系，从而实现云计算的安全管理。姜茸、马自飞等（2015）从云计算本身出发提出应建立云计算安全技术体系，并完善相应法律法规来应对安全风险。祝洁（2017）认为为了防范风险，企业应合理选择云服务提供商，且平台应该对用户进行访问控制管理。刘彬芳、刘越男和钟端洋（2018）通过介绍并对比美国和欧盟的云服务安全管理框架，强调了政府在安全方面的重要角色，并且应以开放的态度建立健全云服务安全框架。

我国学术界主要从数据存储、数据传输和数据访问三方面来研究数据安全问题。在数据存储方面，张亚红等（2010）认为数据存储安全非常重要，而与之相对应的安全机制有数据加密、数据隔离、数据校验、数据备份、灾难恢复。马晓亭和陈臣（2011）则认为数据安全还应包含数据删除和数据存储位置。其他学者也针对数据存储位置的安全问题进行了详细阐述（刘猛，2010；叶加龙和张公让，2011；蒋建春和立伟平，2009）。由于云服务中的数据传输高度依赖于网络设备，所以，关于数据传输方面的研究将云计算网络信息安全的致命因素归结于黑客、病毒等（孙铁，2011；刘楷华和李雄，2011；金志敏，2011）。在数据访问方面，学术界主要讨论了身份管理、访问控制、用户权限等问题。由于云端数据处于共享环境，如果缺乏用户访问控制和信息操作权限的有效管理，则用户的数据存在被非法访问的风险。张亚红等（2010）的观点针对这一问题的研究较有代表性，他们不仅指出企业可将信息和客户从低到高划分为若干个等级，严格控制客户对信息的访问权限，还概括了客户身份认证的重要性，并提出了企业应结合单点登录的统一身份认证和权限控制技术，严格控制客户对信息资源的访问。

Ali 等（2015）从数据保密及完整性、数据恢复脆弱性、不恰当的媒介处理以及数据备份四个方面对数据安全问题进行了探讨和总结。Wang 等（2012）指出，相对于传统计算模型，云中的数据在保密性、完整性和可用性方面更易受到威胁，日益增多的客户和应用不断加大其安全风险。一个企业受到攻击可能会导致所有的客户都被非法入侵。可以获取信息的 SaaS 提供商的雇员或许也成为一种潜在的风险。如果数据备份过程由云服务提供商外包给第三方，风险的边界将进一步扩大（Hashizume 等，2013）。除了静止的数据，正在处理的数据也可能遭遇风险（Sookhak 等，2014）。由于虚拟物理资源在多个租户之间是共享的，这就给了恶意客户可乘之机，使其在处理数据过程中向其他客户发起攻击（Hashinzume 等，2013；Liu 等，2014）。此外，云计算模式的密钥生成和管理还没有被标准化，由于缺乏安全和标准的密钥管理技术，进一步加大了云计算的潜在风险（Jason，2011）。

在服务安全方面，学者主要讨论了服务的可靠性、服务的延续性及服务协议的合法性。例如，刘猛（2010）认为由于云计算服务是通过各种软件模块及网络服务集成实现，一旦这些软件出现安全事件，势必会产生巨大的影响。此外，服务安全还包括服务水平协议的合法性。蒋建春和文伟平（2009）指出，在云计算模式下，一些恶意的服务提供商所提供的服务内容不一定能够满足服务水平协议。Rahman 和 Choo（2015）指出，事故处理策略是降低风险，保障组织资源保密性、完整性、可用性以及最小化损失（包括财政、声誉和法律等方面）的关键策略，对客户是否迁入云起重要作用。为此，作者提出了一个云事故处理的概念模型。

近年来，随着云安全事件频发，云计算服务的监管问题也逐渐显现出来，成为制约云计算应用和发展的一个重要问题。在监管方面，我国学者的研究主要集中于第三方认证问题。中立机构须具备很好的公信力，且不会被任何一方所左右，在安全领域有丰富的经验和技术能力（刘波，2011）。艾铜青（2011）强调了第三方监管的重要性，他指出政府应通过立法及监督的方式从另一个角度保障云计算商业模式的稳定运行。冯登国等（2011）指出，实现云计算监管必须解决以下几个问题：实现基于云计算的安全攻击的快速识别、预警与防护；实现云计算内容监控；识别并防护基于云计算的密码类犯罪活动。国际方面，众多学者列举了云服务中断的案例，同时指出尽管无法判断这些中断是否由于攻击产生，但激发了业界对云安全攻击监测及防御的广泛关注（Rimal 等，2009；Dahbur 等，2011）。Patel（2013）和 Khorshed 等（2012）均给出了云计算的监测模型，弥补了传统侵入监测和防御系统在云计算应用领域的不足。

云计算的法律法规问题主要包含两个方面，分别为信息安全技术标准和信息安全立法。目前，我国缺乏相关的云计算技术标准和立法，这成为云计算产业发展的瓶颈。周昕（2011）指出我国现行立法的弊端主要表现在：现行立法尚未对网络信息安全的概念做出明确界定，缺乏系统性和权威性；现行立法对信息安全的监管手段单一，缺乏有效的事后监管机制和长效监管机制；现行立法内容重复较多，对信息技术的发展趋势估计不足；现行立法对信息安全主管部门的职权界定模糊。他还提出了相应的解决对策。国外学者Hay等（2011）指出，由于云服务提供商的资源存在地理差异和一些法律管辖地冲突，云计算中的法律问题也日益凸显。有时，存储于多个地理位置的数据在安全方面的法律各不相同。如果客户的数据迁移到执行不同法律的另一个区域，这将为其适应新的法律管辖造成困扰。魏依（2016）以百度云存储服务为例，研究云时代下数字资源的开放、存取等相关法律问题，认为云存储服务除了民法问题，同时也应当受制于现行的行政法律规范。

第二节　云服务产业的演进及云生态系统相关研究

一、云服务产业演进的相关研究

20世纪50年代末，产业演进在经济研究中受到关注。西蒙等提出的随机增长模型对美国制造业的产业分布做了很好的模拟，后来，有学者从产业结构、产业生命周期等角度，利用自组织理论、模型等方法对产业演进进行了深入研究。

（一）产业结构演进研究

俞金国（2006）认为产业结构是生产要素在各部门间的比例和相互依存、制约关系。蒋昭侠（2005）在《产业结构问题研究》一书中提到产业结构从狭义上来看主要包括产业的类型，各产业的组合方式及发展程度，各产业之间的本质联系和在国民经济中的地位。广义的产业结构除了狭义中所包括的内容之外，还涵盖了产业之间在数量上的比例关系。配第—克拉克定理、库兹涅茨产业结构定理阐述了引起产业结构演进的国民收入变动、技术进步、需求变化等内在动因，雁阵结构理论诠释了在开放经济条件下拉动产业结构演进的外生因素。

产业演进是指产业在结构和内容上不断变化的过程，在时间上表现为产业结构逐渐合理化和高度化的过程，在空间上表现为各产业在地域上的分布状态、横向扩张等。产业结构高度化的过程即产业从低级不断向高级转换的过程。在高度化过程中，还要注重合理化。合理化就是要促进产业结构的动态均衡，不合理的高度化产业对经济增长有害无益。产业结构是否合理主要从以下两个方面进行判断。首先，产业结构与各用户（政府用户、企业用户及个人用户）的需求结构是否适应，是否能够满足有效需求。两者的适应度越高，则产业结构越合理，否则，产业结构不合理。其次，能否充分、有效地运用社会的物力、人才、技术等资源，也是产业结构是否合理的一个标准。能够充分利用社会的各种资源，是生产力发展的客观要求。

（二）产业生命周期理论

产业生命周期指一个产业从萌芽、成长、成熟再到衰亡的过程，与产品生命周期相类似。最早 Williamson 认为产业生命周期包括三个阶段：探索阶段、快速发展阶段和成熟阶段。探索阶段以一系列的新技术为特征，市场规模非常小，商业特征不确定。在发展阶段，制造技术更加完善，市场定义更加清晰，为了满足日益增长的需求，产出快速增加。在成熟阶段，管理、制造和市场技术都达到相对完善的水平，需求依然增长，但是有一定规律并且可以预测。Klepper 在此基础上引入了衰退阶段，他指出产业生命周期最显著的特点是企业数量的变化，并通过实证研究发现在经济衰退阶段，一个产业企业数量大约会减少一半。

产业生命周期理论主要是以案例研究和数量分析的方法对产业生命周期进行的研究，它强调产业随时间变化的动态性。产业生命周期理论的基础包括生物进化论和需求—技术生命周期理论，其主要被用于在 SCP 分析范式①下，不同阶段对产业结构、产业内企业的共同行为、绩效的影响，是产业演进理论的重要组成部分。Fujimoto（2000）探讨了如何从产品架构动力学的角度重新解释产业生命周期理论。邬爱其（2003）等从生命周期的角度研究产业演进，认为在初创、起飞、发展、成熟、衰退的过程中，产业演进表现为产业容量、产业布局、产业政策、产业组织的变化，并影响企业成长模式。

（三）基于系统理论的产业演进研究

自组织理论是系统理论的一种，从自组织理论来看产业的演进过程，产

---

① SCP 分析范式：由 Joe S. Bain、Scherer 等人提出，即从结构（Structure）、行为（Conduct）、绩效（Performance）三个角度来研究问题。

业系统的成长演化主要通过市场需求的驱动、技术的创新、各要素的投入和政策的扶持，主要包括三个阶段：①产业系统稳定，频繁发生微涨落；②产业系统失稳，发生临界涨落；③产业结构演进，产业的演进是一个循环往复的过程，产业系统的非线性、非平衡性和开放性使产业经济现象呈现出复杂性和多样性。陈银法和叶金国（2003）基于自组织理论，研究了产业结构演化的动因，阐明了产业系统从失稳结构到建立有序新结构的机制。朱永达（2001）运用实证分析的方法，利用哈肯模型，建立了产业系统演化的方程，探寻了产业结构演化的内在机制。

陆国庆（2002）用系统分析的方法提出产业演进是需求、供给、分工、技术四种因素互动循环驱动的结构，产业的衰退则是由需求下降诱发的。郑声安（2006）在此基础上对产业演进的动力机制、创新机制、供求机制等内生机制和竞争机制、决策与协调机制等外生机制进行了探讨。黄茂生（2005）认为产业系统包括技术要素、人员要素、市场要素、生产要素、资源要素、信息要素和管理要素，并将之应用于产业关联度问题的分析中。

系统理论是系统动力学方法的理论基础之一，很多学者采用系统动力学的方法对具体行业的发展演进问题进行了分析。龚国华和田圣海（2001）以彩电行业为例，建立了市场的系统动力学模型，研究了消费者的嗜好、收入、商品价格、生产技术等要素对市场发展趋势的影响。邓永翔和贾仁安（2007）建立了人员、技术创新能力、资金、市场需求、GDP、销售额等要素对江西软件产业影响的流图模型，为政策的制定提供了定量的理论依据。佟贺丰等（2010）建立了我国水泥行业的系统动力学的模型，仿真了 1990 年至 2030 年间水泥的产量、二氧化碳排放量、能源消耗量，通过不同发展情景的设置，分析了不同技术和政策对二氧化碳排放的影响。曹晓明和邓少灵（2012）从系统动力学的角度出发研究了云计算产业链的发展情况，并对完善我国云计算产业链提出了一些建议。李盛竹和马建龙（2016）基于 2006—2014 年间中国科技活动的相关数据，将系统动力学应用于国家科技创新研究，通过构建模型与仿真模拟分析了不同关键要素对国家科技创新能力的影响作用。同样是在创新领域，杨洪涛和左舒文（2017）以系统动力学视阈建立天津市区域创新系统模型，并通过仿真证实不同创新投入形式和途径对提升该区域创新能力的效果不同。李洪波等（2017）通过对 2000 年后发表在主流期刊上的论文进行系统综述，总结了系统动力学在信息管理领域的研究成果和应用前景，反映了系统动力学在该领域的广泛适用性。耿成轩等（2019）利用系统动力学的动力机制深入挖掘产业创新能力与融资生态的耦合演进阶段，总结出中国人工智能产业的创新能力与融资环境长期协调的状态。

（四）基于结构化模型的产业演进研究

通过纵向企业数据，产业演进规律的实证研究已经比较成熟了，很多学者开始通过建立结构化模型来定量解释产业演进规律。Klette 和 Kortum（2004）提出的产业演进方程模型适用于单一且处在稳定状态的产业，它假设有固定数量的产品，生产者通过提高已有产品的质量进入新的市场，考虑了企业的 R&D 投资政策、知识资本、技术创新率、专利数、企业成长率、规模、产业生命周期等要素，它解释了企业 R&D 集中的原因，并说明了 R&D 和专利的关系。Lentz 和 Mortensen（2008）在此基础上通过选择不同质量公司的步骤引入了异质性，Luttmer（2011）又引入了新的变量创新，且假设经济中创新数量增长的速率等于人口增长率。Seker（2012）在前人研究的基础上，通过扩展模型分别探讨了企业寿命、规模和退出冒险率的关系，企业成长率差异和规模的关系，并解释了新进入企业的不同准退出行为。这些模型中所研究的要素为本书的系统动力学模型变量的选取提供了一定的理论依据。

二、云生态系统的相关研究

（一）生态系统研究

生态系统的思想源于 1935 年英国科学家 Tansley AG 第一次提出生态系统（Ecosystem）的概念，认为生态系统是“在一个特定地点，由生物或者与之相关联的物理环境所组成的社区或集合”。随后，生态系统的思想逐渐超出了生物学研究领域，相关学者开始借鉴其理论思想。在组织领域，Hannan 和 Freeman（1977）将生态系统应用于组织研究，他们基于组织种群生态的视角研究了组织环境，使用生态模式分析环境变异对组织结构的影响，为研究组织提出了生态视角的研究范式。Carroll 和 Singh（1984，1990）进一步将组织生态系统分为三个演化分析层面：组织层面、种群层面、群体（Community）层面，并借鉴生态系统思想研究了组织的建立、死亡、更换等过程，从而增加了组织生态在商业和组织中的分析。在战略领域，Moore（1993）在《哈佛商业评论》上首次提出商业生态系统的概念，他借用自然生态系统的概念描述市场中的企业活动，与自然生态系统相比，商业生态系统是一个更有结构化的经济联合体，企业之间有合作、有竞争地研发新产品，满足客户的需求，围绕创新变革共同进化。商业生态系统是一个包括生产者、供应商、经销商、中介机构、消费者以及其他利益相关者等资源互补的集合体，往往呈现更高的性能，使互补企业可以获得更有价值的功能（Jay 和 Mike，2001）。Iansiti 和 Levien（2002，2004）进一步采用了生态系统模式研究了商业生态系统的业务关系和战略决策。

以上各位学者将自然生态系统理论分别应用到了不同的研究领域，有的将种群生态理论应用于组织理论，从生态视角强调应将组织群落和外部环境综合起来分析问题；有的扩展了战略理论，借用自然生态系统的进化规律，分析了商业生态系统的进化，将其分为建立、扩展、领导、更新或死亡四个阶段（Moore，1993），探讨了在竞争生态改变的情况下如何保持领导力，管理者如何适应持续不断的创新及变化，以及动态的商业生态系统对战略创新和可持续发展的影响等问题。可见，不同学者均使用了自然生态系统理论探讨了各自研究领域的问题，各位学者的研究为本书提供了坚实的理论基础，本书将生态系统理论应用于云计算领域，探讨和分析云生态系统。

（二）云生态系统的研究

为了更好地把握云生态系统，本书对已有研究进行了系统分析。首先，回顾一下各位学者对云生态系统的含义理解。FG Cloud（2012）基于商业生态系统视角，提出云生态系统是指由相互作用的组织组成的一个商业生态系统，活动参与者提供云服务、使用云服务。Castejón 等（2013）指出云生态系统为不同生态位的企业，通过合作为终端用户提供增值服务。王伟军等（2014）将云生态系统的内涵进一步具体化，即以云计算技术为基础，以商业价值创造为核心，由云计算产业链上各方利益相关者共同参与形成的共生平台。云生态系统的主要参与成员，包括云提供商（IaaS 提供商、PaaS 提供商、SaaS 提供商）、网络提供商（网络服务、网络基础设施）、设备提供商（操作系统和硬件）、云服务用户（个体、企业、政府/公共机构等）等（Kushida 等，2012）。云生态系统的出现使计算资源开始变得丰富、便宜，彻底加速了服务的商品化（Kushida 等，2015）。随着我国云计算逐步成熟和云服务愈加完善，用户更倾向于采用混合生态系统这一中间模式（胡水晶，2014）。此外，许多学者从技术视角对云生态系统进行了研究。Felici 等（2013）根据云生态系统汇聚大量数据，数据的安全性、隐私性令人担忧，因此，提出了问责制模型，探讨云生态系统的数据治理。Castejón 等（2011）根据云生态系统的资源优化，提出 SOA（Service-Oriented Architecture）体系结构的服务模式。而 Paya（2014）基于同样问题，从能源消耗的视角，探讨了资源优化，根据云生态系统的计算和信息系统的能源消耗是一种非线性关系，提出大的数据中心优化调度工作的能源消耗，达到负载平衡，满足服务质量、响应时间等要求。从管理的视角分析，云生态系统更具有成本战略优势，更简单的产业结构、新的商业模式等特点（如产品定制化更灵活，时间响应成本等都远远低于传统 IT 生态系统）（Gentzoglanis，2012）。

各位学者分别从不同角度对云生态系统进行了研究，但大多基于技术视角分析云生态系统，如资源优化调度等问题。基于管理视角研究云生态系统的内涵、特征及其形成却鲜为少见，且已有的研究较少关注云生态系统内部各角色之间的关系，而关系研究恰好是分析云生态系统演化过程最好的切入点。不同的渠道角色有不同的市场定位与发展目标，它们的结构和功能也存在差异。因此，要保持一个云生态系统健康、稳定的发展，需要对生态圈内各渠道角色以及他们之间的关系进行深入探讨。

在云生态系统中各个渠道角色之间存在着不同的、不确定的、多变的相互作用关系，这些关系体现为竞争、合作、共生、互惠等多种模式（Wei 和 Jasmine，2017）。随着时间的推移，相互作用的关系也将发生动态变化，因此，共生理论中的多模式框架可以将生态学的关系引入云生态系统，即通过已有的研究理论基础和现实数据来评估两个或多个渠道角色之间的相互作用。共生理论解释了两个或多个不同物种的生物群落的演化机制（Morin，1999）。其不仅适用于生物界，还被广泛应用到社会、经济、管理等多个领域（王庆金和田善武，2016），例如王笃鹏等（2010）探讨了在供应链运作中物流金融对共生单元能量的影响；冯峰等（2013）运用共生理论深入分析了产学研合作共生现象，结合网络视角对产学研合作进行研究；王丽莎和赵建东（2018）探讨了在共生理论下捕食—被捕食模型的平衡点与稳定性。而云生态属于一个系统范畴概念，需要整体考虑各渠道角色之间的协调发展，与共生理论的指导思想非常相似。因此，生态学中的解决方案可为研究生态系统的成员关系演进与发展提供新的视角。

虽然多模式框架很少应用于云服务领域，但它很早就被应用于研究其他生态系统不同角色之间的相互作用关系，例如 Wei 和 Jasmine（2017）在海事集群生态系统中曾经证实港口与其他部门角色之间的多种模式关系（如竞争、互惠、促进等）；Sandén 和 Hillman（2011）、Lee 等（2005）将多模式框架分别应用于经济、技术领域。与只有有限状态的单模式框架相比，多模式框架提供了在动态环境中综合的相互作用模式（如限制、促进、共栖等）。此外，多模式框架还考虑了过渡效应（Pistorius 等，1997）。目前云生态系统处在发展完善时期，各渠道角色之间的模式关系会发生动态变化，因此，共生理论适用于描述这一动态关系。

基于以上分析，云生态系统研究是一个热点问题，而现阶段的研究多集中于云生态系统的理论与技术实现，缺乏基于实证的云生态系统分析，亦鲜有文献从系统内部成员关系的视角对云生态系统的演化进行定量研究。

第三节　云服务供应链及企业合作创新的相关研究

一、云服务供应链的相关研究

（一）云服务系统引入供应链思想

随着服务在经济社会中扮演着越来越重要的角色，服务科学与服务管理已成为管理科学领域的研究热点。Wang 等（2015）从运作模型视角对服务供应链的相关研究进行了综述，认为服务在供应链领域发挥了关键性作用，他们将服务供应链划分为两类：纯服务供应链（Service Only Supply Chain，SOSC）和产品服务供应链（Product Service Supply Chain，PSSC）。在 SOSC 领域，众多学者给出了服务供应链的定义：Sampson（2000）将服务供应链描述为由一个客户、一个服务提供商和一个初始的服务制造商组成的双向作用的系统；与之类似，Demirkan 和 Cheng（2008）将应用服务供应链定义为由三方构成的系统，这三方分别为基础设施服务制造商、零售服务提供商和客户。在实践中，金融、电子通信、网络服务、移动 APP 领域都不难发现服务供应链的存在。

随着技术的发展和 IT 外包的愈加频繁，越来越多的学者认识到软件产品服务化的趋势。Lynne 和 John（2003）正式提出了软件供应链的概念（Software Supply Chain），软件供应链是 IT 服务供应链的一种。

Armbrust 等（2010）提出了一个基于云服务的 SaaS 供应链框架，如图 2-2 所示。在这个框架内，云服务商向云客户（也就是 SaaS 服务商）提供效用计算等基础设施和服务，而 SaaS 服务商通过因特网向 SaaS 客户提供基于网络的应用程序。

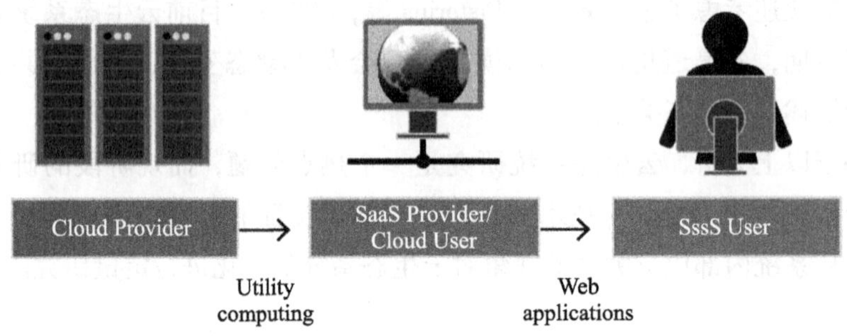

图 2-2　基于云服务的 SaaS 供应链框架

资料来源：Armbrust, et al. A View of Cloud Computing［J］. Communications of the ACM, 2010, 53（4）：50-58。

张丽和严建援（2010）结合 SaaS 服务供应链的特点和对现实 SaaS 供应链的观察，参考 Ellram 的服务供应链模型，提出了基于 SaaS 模式的 IT 服务供应链框架，如图 2-3 所示。

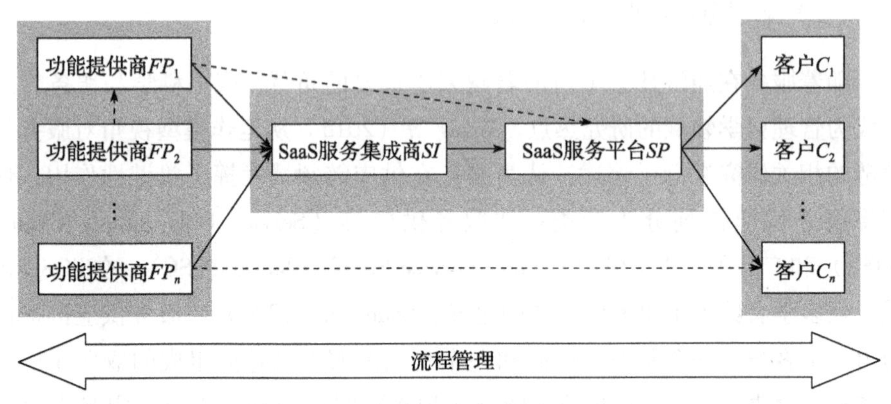

图 2-3　基于 SaaS 的 IT 服务供应链框架

资料来源：张丽，严建援．基于 SaaS 模式的 IT 服务供应链框架研究［J］．信息系统工程，2010（12）：37-40。

在上述研究的基础上，我们发现云服务系统与供应链理论在管理理念、管理目标以及组织结构等方面都具有高度的相关性。

（1）管理理念。根据 Christopher（2005）的解读，供应链是一个组织网络，通过组织从上游到下游不同的流程与活动，对交付到终端客户的服务和产品产生价值。由此可见，供应链是一个有机联系的整体，强调从系统角度来考虑其协调性和最优化。而云服务系统也是通过集成计算资源以满足客户特定的服务需求，并在不断控制和协调整个服务过程的动态优化。两者都是在变化的市场环境中，为解决需求的动态灵活性和企业间协调等问题应运而生，均围绕有机整体和价值实现为主线展开研究，只是前者探讨的对象较为广泛，后者只关注云服务市场。

（2）管理目标。供应链管理的目标是以客户为中心，为其创造价值并提高满意度（Ellram 和 Cooper，1990）。同时围绕核心企业，形成战略联盟，保障链上企业间的合作性博弈，最终达到共赢（马士华，2008）。而云服务的目标也是为开发者和使用者带来前所未有的价值体验，包括灵活性、经济性、和更优质的可操作性、可扩展性等。而目前云服务市场所暴露出的诸多问题，如信任、安全、服务质量等也是由云服务系统发展运作不够成熟，缺乏相应的管控机制所致。所以，云服务系统的研究也是以客户为核心，重点关注参与主体的竞争合作机制以实现系统的良性运转。

（3）组织结构。学术界普遍接受供应链是一个网链的概念，Mentzer 等（2011）描述了一个三层结构（分别为直接供应链、拓展供应链和最终供应链），由此表明供应链网络复杂的特性。而云服务系统也是一个复杂的网络结构，同样有终端供应商、供应商、集成商、客户等不同主体的参与，且这些主体的角色也在动态变化之中。

综上所述，正如 Fischer 和 Turner（2009）提出的“云计算即是一个供应链”的思想，可将云服务实现过程视为一个供应链。例如，Salesforce 公司通过网络为企业客户提供 CRM 方案，则 Salesforce 与企业客户之间构成了一个最简单的两级供应链；而 Salesforce 在提供 SaaS 服务时，需要上游有一个基础设施服务提供商为其提供物理资源的支撑，此时它作为一个中间节点，而供应链则演化为一个三级供应链。因为使用的是云服务，将其称之为云服务供应链。

（二）云服务供应链协调的相关研究

从服务供应链的角度，Demirkan 和 Cheng（2008）首次提出了包含一个应用服务提供商（Application Service Provider，ASP）和一个基础设施提供商（Application Infrastructure Provider，AIP）的应用服务供应链，研究了 ASP 和 AIP 之间信息共享、风险分担协调的条件。研究结论表明，由更靠近客户端的

ASP来协调供应链会比AIP协调取得更好的绩效，且任何一方协调供应链都可以获得比对方协调更大的利润；竞争联盟协调策略可以达到最大化整条供应链绩效的目的。这为后续从服务供应链视角研究新型IT服务模式中的关系提供了很好的借鉴。在此基础上，Demirkan等（2010）又引入了排队模型约束，研究了SaaS供应链的时间成本、服务能力的协调策略。

关于ASP模式的协调研究，林建宗（2009）对ASP与客户之间外包关系的建立与协调进行了系统分析，从定性角度研究了ASP外包关系的建立，以及关系中的机会主义、相互依赖、信任和关系协调等问题。但斌等（2010）针对ASP供应链中市场需求不确定性的风险问题，研究了链上成员身份差异对风险分担效果的影响。仁怀飞和张旭梅（2012）针对ASP提供商的能力构建和激励问题，通过建立多任务委托代理模型，研究了共建联盟式、存量独立式和新建独立式三类模式下执行系统运营服务和业务咨询服务两项任务的激励契约。李明新等（2011）研究了由网络服务提供商（Network Service Provider，NSP）和ASP组成的应用服务供应链，考虑了ASP服务能力建设过量或不足的风险，将风险共担加入收入共享契约来研究应用服务供应链的协调问题，提出了一种协调ASP和功能提供商之间行为和利益的新方法。

随着云计算理论和技术的发展，以云计算、物联网和大数据等价值载体为主导的服务型平台成为新的商业发展模式，云服务供应链也成为新兴供应关系的研究热点（Jula等，2014；Dha，2012）。其中，软件即服务（Software as a Service，SaaS）作为云服务交付的营销前沿，得到了学者和实业界的广泛关注。在国内，SaaS服务供应链的协调研究多集中于SaaS功能提供商、SaaS服务提供商和SaaS服务代理商之间的供—零、制—零等二级服务供应链的协调。例如，严建援领导的团队在前期研究成果的基础上，进行了大量的开拓性工作，提出了以SaaS服务提供商为立足点，涵盖上游企业SaaS功能提供商、下游渠道SaaS服务分销商的SaaS服务供应链基础结构。从上游视角，将研究焦点定位于两阶段模型中的独立软件开发商（Independent Software Vendors，ISV）与SaaS平台运营商之间的利益分配问题。针对SaaS服务供应链的结构特性，建立了三种适用于解决SaaS服务供应链收益分配协调问题的模型，分别为收益共享契约模型、补偿契约模型和能力期权契约模型；并分别在服务能力无限制、服务能力有限、考虑服务延迟成本及服务能力过剩等情境下，深入分析了不同契约对SaaS服务供应链的协调作用，以及实现有效协调的条件（郭彦丽和严建援，2012；郭彦丽，2011）。从下游视角，以 SaaS 服务提供商与 SaaS 分销商形成的混合渠道供应链为对象，重点研究了 SaaS 混合渠道服务提供商服务模式的选择、实体渠道自制度和不同服务模式下 SaaS 混合渠道契约协调（严建援等，2014）。廖貅武领导的团队，以 SaaS 模式中的免费试用为研究切入点，探讨了 SaaS 服务供应链上下游之间的收益与风险的协调问题，还针对现实中存在的信息不对称问题，讨论了能力合作中的机会主义（李新明等，2013）。

二、云服务中的合作创新研究

云服务中的合作与创新由来已久。基于云技术带来的技术和管理框架变革，Dha（2012）分析了云服务和传统服务的融合和各自的适应与创新环境。李泉林等（2014）通过数值算例说明了云资源提供商合作博弈的非凸性，为云资源提供商设计了合理的收益分配机制。Dorsch 和 Hcke（2014）研究了信息技术的创新对业务、管理和服务的影响机制。余江等（2015）深入探讨了云计算技术与运维平台体系的重要性对相关产业发展的推动作用，指出只有将技术创新与商业模式创新相结合，才能不断提升云计算业务的支持能力。后来一些学者以云服务供应链为研究对象，对其技术创新问题进行了深入探讨，如 Yan 和 Lu（2013）讨论了 SaaS 服务供应链在平台端进行产品合作创新的模型，并将该模型扩展到了双寡头竞争情境。鲁馨蔓等（2018）讨论了由一个云应用开发商和两个云服务运营商组成的供应链，如何进行供应合作选择以及技术创新决策等。

Ernst 指出，技术创新成功的标志之一是专利认证（2001）。企业的关键技术申请并维持专利能够为其带来竞争优势，比如电子产品销售中的“贴标签”策略（Brandenburger，2007）。对于云服务而言，专利认证类似于“贴标签”。曹勇和赵莉（2013）指出专利在企业生产经营中的作用已从防御性手段转变成战略性工具，专利商业化与技术创新绩效存在显著的正向关系。此外，学者们对合作创新中的伙伴及技术创新模式的选择也进行了深入研究（周贵川和张黎明，2014；于斌斌和余雷，2015；王发明和刘丹，2016）。

随着 Brandenburger 和 Stuart（2007）提出竞合博弈（Biform Game）的理论，巧妙地把竞争与合作策略整合在一起，很多学者利用该理论研究了供应链中竞争与合作同时存在的问题（龙跃，2013）。如许丽霞等（2016）针对由一个占优零售商和两个互相竞争的制造商构成的供应链，采用竞合博弈理论研究了供应链系统的协调问题。姜力文等（2016）研究了 O2O 品牌创造制造商定价与订货联合策略，对比了竞合博弈与合作博弈下的系统总利润情况。与此同时，合作的利益分配问题也引发学者的探讨。在供应链中，某个企业进行诸如技术创新、广告、流程优化等投资会提高供应链的整体效益，从而对其他企业产生正的外部效应。因此，从合作博弈的角度出发，利用 Shapley Value 分配某个企业投资带来的超额利润，是一个比较合理的分配方案（Kemahlioglu 等，2011；张学龙，2015）。张瑜等（2016）提出基于优化 Shapley 值的产学研网络型合作利益协调机制，可以使创新主体的利益分配更公平、更合理。Feess 等（2014）指出，通过 Shapley Value 分配超额利润存在投资不足的问题，进而又提出了一种补贴方案来提高投资额。

然而，大多数文献是在静态框架下分析企业的研发合作（王玮和陈丽华，2015；范波等，2015）。静态分析模式隐含的假设条件是：企业提供的产品是耐用品，即能多次使用且寿命较长的商品，客户一旦购买该产品便不会购买第二次。在这种模式下，企业的技术创新行为仅需要考虑一个固定时期，而不需考虑时间因素对企业投资行为的影响。然而，云计算作为一种服务，会面临客户重复购买的行为。因此，其技术创新投资不是一劳永逸的，必须进行连续的技术创新。而云服务供应链企业之间的合作关系也往往呈现出长期性和动态性的特点。所以，在动态框架下研究企业的技术创新更符合实际情况（马如飞和王嘉，2011）。Cellini 和 Lambertini（2009）将研发合作从静态环境拓展到了动态环境中，并利用微分博弈方法分析了企业的战略投资行为及收益。马如飞和王嘉（2011）通过双寡头微分博弈模型，分析了企业动态研发与合作问题，并考虑研发过程中技术溢出效应的影响。刘和东等（2018）研究了基于演化博弈视角的云服务商与制造商合作创新的信任度受技术、资金等因素的影响。

在动态环境下分析云服务市场，势必会对云产品的定价产生影响。在当前的云服务市场上，大部分创新型云服务企业仍处于摸索状态，产品的定价策略还不够完善，对定价策略的选择仍存在争议。Berry 和 Resiman（2012）认为很多云服务商采用的是固定价格策略，这种策略简单、直观。而 Li（2012）、Saure 等（2010）则认为动态定价能够根据顾客对产品或服务的认知、供需状况等因素动态调整商品价格，允许同样的产品或服务因为时间、用户、空间、供需状况的不同而制定不同的价格，因而动态定价策略更具灵活性。动态定价问题越来越受到学者的关注，如 Genaro 和 He（2011）基于 Bass 扩散模型和微分博弈方法，研究了由一个制造商和一个零售商组成的供应链中的产品价格促销策略。Fouad 和 Steffen（2013）在由一个制造商和两个竞争性零售商的供应链中，对比研究了批发价合同和收益共享合同下制造商以及零售商的最优决策。Pietro（2014）则分析了供应链上下游环境合作问题。

综上所述，云服务供应链的合作与技术创新是一个热点问题，而现阶段云服务供应链的协调研究多集中于供应链企业的协调策略选择及协调契约设计，从竞合博弈的角度分析云服务供应链供应合作选择以及技术创新决策的研究还极为少见，且传统模型往往采用一对一的博弈模型假设，未考虑时间因素。

第四节　云计算风险管理的相关研究

一、云计算风险管理

云服务既是一种外包行为，又是一种重要的技术革新，它共享了外包行为和技术革新采纳的风险（Clemons 和 Chen，2011）。Gartner 报告指出，客户在采纳云计算之前需识别云计算的七大风险，其中服务提供商的故障恢复能力尤为重要。Paquette 等（2010）将在政府背景下的云计算风险分为两大类：有形风险和无形风险。其中，有形风险包括接入、可得性、基础设施、完整性四类；无形风险是指在引入新技术时一些不可预知的因素。Tanimoto（2011）根据云服务集成提供商端风险发生的频率及其造成的损失程度将云服务风险划分为可转移、可减缓、可接受和可避免四种类型。云服务集成提供商必须要处理好云服务特定脆弱性所带来的风险（海然，2012），解决云计算的可靠性、持续性和锁定效应等问题，否则会影响到客户对云服务的采纳（Armbrust 等，2010）。我们可将目前已有研究大致划分为两类：一类是客户视角的风险及风险管理相关研究；另一类是云服务提供商视角的风险及风险管理。

在云服务风险研究初期，学者主要是站在客户的立场，考虑云计算采纳的风险，Clemons 等（1992），Aubert 等（1999），Han 等（2004）和 Walden 等（2005）学者从 IT 外包决策的视角，分析了将云服务作为 IT 外包时存在的风险，即云服务的采纳可能面临着任何一项外包决策都具有任何形式的可能风险。因此，很多学者将一些经典的 IT 外包决策理论应用于云服务采纳决策中，包括产品企业资源基础观、成本经济理论、制度理论、产权理论和 IT 治理理论。Mather 等（2009）和国际云计算安全协会 Cloud Security Alliance 也将云服务风险作为 IT 外包风险的一种特殊情形看待。Clemons 等（2004）和 Naohiko（2009）总结了客户视角的云服务风险与业务流程的外包风险大致相同，主要包括战略风险和运营风险。

对于客户在使用云服务过程中可能遭遇的风险，不少学者给出了解决办法。Djemame 等（2012）提出客户可以与云服务集成提供商签订 SLA 协议以确定服务等级，明确出现风险损失后双方需承担的责任；Martens 和 Teuteberg（2012）在考虑 IT 服务成本和服务风险的条件下开发了一个决策模型，帮助客户在多方外包时选择合适的服务提供商。赵雅琴（2012）指出终端客户在使用云服务过程中，因为间接涉及多个提供商，因此，客户一定要对多层转包可能带来的风险有所防范。张显龙（2013）分析了云计算环境下 IT 外包的特殊风险，主要包括服务的可用性、数据安全及泄露风险、审计风险和应用服务的安全，并强调了企业与提供商签订一份完整、有效的服务水平协议（SLA）的重要性。

从云服务提供商立场探讨云服务风险及风险管理也引起了学者的广泛关注，且起步于技术层面的研究。Gupta（2008）和 Talukder 等（2010）在研究云风险时强调了技术安全，包括可用性风险带来的系统宕机，完整性风险带来的数据丢失，以及保密性风险引发的数据泄漏等问题。一些学者还将项目管理的风险管理研究框架引入了云计算服务风险分析中，并给出了对策和建议。Shigeaki（2011）运用风险分解矩阵（RBS）对不同类型的云服务风险进行了评估，并提出了基本的应对措施，即风险接受、风险转移、减轻和规避，客户在具体实践中可以采取与服务提供商商议、要求服务提供商担保以及引入第三方监管等方法。近年来国内多次召开了云计算安全大会、计算机网络安全会议等，来自各大企业的 CIO 高管和专家学者们从服务提供商的视角，对如何构建安全的云服务环境进行了探讨，对云服务的安全问题给予了充分重视。

一般来说，个体或组织应对风险及相关损害时有四种选择措施：①规避风险；②接受风险以及风险发生时产生的损失；③自我保护并且降低风险；④转移风险给第三方（Bolot 和 Lelarge，2008）。目前大多数企业更多地是选择②和③的混合措施，这样就促成了大量的探测威胁和异常的系统开发和部署，保护网络基础设施及其客户免受这些异常现象的负面影响。在学术界也与之类似，大多数学者也多集中关注措施③的相关研究，提供了一系列算法和解决方案，用以进行安全威胁和异常现象的探测、识别和减轻。但不幸的是，应对风险的自我保护及减轻风险并不能够完全消除风险，尽管在网络安全领域投入了大量的时间、精力和金钱，但仍会存在剩余风险，如何来处理这些剩余风险就成了关键问题。可以处理这些剩余风险的一种方式是借助于第三方转移风险的措施④，但其并没有引起足够重视。

综上所述，云服务风险管理的相关研究已成为云计算产业研究的重点问题，以外包决策的研究框架对云风险及风险管理进行探索比较常见，已有研究分析并概括了使用前和使用后客户可能面临的风险类型，且明确强调了云服务提供商与客户制定相关风险补偿契约的必要性。学者多停留在技术层面提出应对风险的方法，且鲜有学者给出服务提供商与客户签订补偿协议的解决方案，这为本书提供了潜在的研究空间。

二、云保险的相关研究

转移风险最常见的方式就是保险。通过缴纳保险费用，个人或企业可以将风险转移至保险公司。保险将不确定的事件（与安全风险相关的损失成本）变成了可以预测的周期性的费用。在英美发达国家，基于新兴 IT 技术的信息安全保险业务已初见端倪，eBay、Yahoo 等知名 IT 企业均已参保了相关“黑客保险”（吕文豪和高雷，2011）。但这些新兴的风险转移机制并没有纳入云计算的风险管理中。

鲜有文献从保险的角度提出应对云服务安全风险的办法，本书所探讨的云保险是对云服务提供商因突发事故导致的营业中断进行投保，与传统营业中断保险较为类似。营业中断保险，又称业务中断保险，是指被保险人因自然灾害或意外事故等原因，在一段时间内被迫停产、停业或营业受到影响而遭受损失，保险机构对被保险人的经济损失、必要的费用支出提供保障的保险（徐常梅，2007；Dionne，2000）。营业中断带给企业的损失往往是巨大的，通过投保营业中断保险，可以在一定程度上帮助企业在遭受突发事件后，避免出现由于营业中断带来的资金链断裂等后续损失（赵锦晓，2013）。Tierney（1997）、Hartwig（2002）、Rose（2007）、Durukal和Erdik（2008）等学者均结合具体案例，探讨了营业中断保险的作用。Stecke和Kumar（2009）的研究表明，在保险费较高的情况下，通过投保营业中断保险不能够弥补被保险企业市场份额的下滑，因此，对于规模较小、实力相对较弱的企业来讲，通过投保保险进行风险的转移并不合适。杨宝华（2011）分析了营业中断保险、业务持续管理与保险产品创新之间的内在联系。他指出业务持续管理是企业风险防范的必要手段，营业中断保险是业务持续管理的有力工具。

由于云计算依托于互联网，因此云服务保险也具有网络保险的基本属性。企业在做是否进行网络安全保险投资的决策之前，首先需要对其内部的IT风险进行有效评估。Gordon等（2003）将企业网络风险保险决策的计划过程总结为四阶段：第一阶段是进行信息安全风险审计，包括风险识别和风险量化；第二阶段是评估企业已经投保的保险；第三阶段是评估可选择的保险产品；最后一阶段是选择一个合适的保险产品。Bolot和Lelarge（2008）强调信息世界需要充分考虑网络的外部性，即网络中的各结点风险是相互依赖的，单个企业的安全投资回报取决于其所在网络的整体安全水平。在云保险机构与云服务集成提供商达成合作前，需要根据云服务集成提供商的风险评估结果进行风险损失的量化，进而设置合理的保险费。Rabai等（2013）在云计算环境下提出了一种基于矩阵相乘的安全评估定量化模型，以便云服务提供商和客户有效评估其内部风险。Mukhopadhyaya等（2013）建立了基于连接函数贝叶斯置信网络的风险评估模型，充分考虑了网络风险的相关性，并基于经典保险理论中的聚合风险模型，对网络中各节点的风险损失进行量化，构建了基于期望效用的保险定价模型。

以上研究在一定程度上为本书提供了有价值的参考，如营业中断保险中保险标的、保费率和保险赔付率的设置等。但上述研究均未直接涉及针对云服务中断风险的保险解决方案，且未有研究从供应链的角度来探讨云保险机制的引入问题。从供应链协调的角度出发，保险机构不仅扮演着风险转移接收方的角色，也在一定程度上充当着云服务集成提供商与客户之间的润滑剂。合理的保险机制设计有利于增强客户的采纳意愿，提高客户的满意度和忠诚度，进而提高整个供应链的效率和效益。综上所述，从保险的视角应对云服务中断风险，探讨引入保险前后对云服务供应链契约设计及链上成员策略选择的影响，是一个具有理论和实践意义的研究方向。

三、云存储用户风险管理的相关研究

在互联网时代，个人的信息安全一直都是人们争论较多的热点话题，而在云计算环境下，用户的个人信息保护将面临更多、更特殊的挑战。Gartner在2012《个人云时代到来》的报告中提到云是一种无处不在的计算，个人用户可以随时随地存取云主机上的资源和服务（Bhattacharyya 等，2012；Choi 等，2013），此外，它将个人信息虚拟化，使信息更容易和家人、朋友分享（Anders 和 Karlsen，2014）。以往关于云存储服务的研究多聚焦于云存储的相关技术问题及云存储在移动互联网、医疗等不同领域的应用。多数学者是从用户采纳的角度研究个人云存储服务（曹越，2014；王建亚，2017；程慧平，2017）。此外，云存储的服务质量一直是终端用户和服务提供商所共同关注的问题（袁斌，2016；程慧平，2017；Gracia 等，2013；Bocchi 等，2015）。但关于云存储风险的研究多是概念性的介绍以及描述性的理论分析，关于云存储风险的实证研究并不多见。

（一）感知威胁下的乐观偏差理论

用户在使用云存储服务时，会面临来自内外部的各种风险与威胁。Vlek 和 Stallen（1981）曾将风险归纳为一种发生损失的概率。Marakas 和 Hornik（1996）提出感知威胁即用户对危险情况的觉察，是风险事件可能发生的程度。

在感知威胁的过程中，一些个体会认为自己更可能经历积极事件而他人更可能遭遇消极事件，这种现象被称为乐观偏差。最早提出这一理念并加以证实的是 Weinstein（1996），他将这种现象称为“不切实际的乐观”，即人们在感知威胁时，在心理上产生的一种非实际的感知偏差。感知威胁具有主观性、情景化的特点，这就使人们在感知威胁时，倾向于将自己感知到的个人威胁与群体的目标威胁相比较。如果在比较的过程中，低估自己的风险，就会产生乐观偏差（Bake 等，2014）。在 Weinstein 的基础上，学者们在许多领域对该现象进行了广泛研究，尤其是在数据安全、信息决策、IT/IS 审计等领域。本书将不同领域下的乐观偏差研究归纳为表 2-1 所示。

表 2-1 不同领域下的乐观偏差研究概况

领域	事件	研究方法	研究结果	来源
信息决策	安全意识程序	托根理论	乐观偏差会影响用户遵守安全政策的意愿	Tsohou A 等（2015）
财务管理	审计	实证研究	乐观偏差管理者与审计费用之间存在负相关关系	Duellman S、Hurwitz H 和 Sun Y（2015）
	收益预测	实证研究	管理佣金共享协议使分析师的乐观偏差明显下降	Sébastien Galantia 和 Anne Gaël Vaubourgb（2017）
数据安全风险	网络隐私	实证研究	网络隐私警告不会降低云用户自身的乐观偏差	Hichang 等（2010）
	信息安全脆弱	实证研究	主管人员存在功能性乐观偏差和防御性乐观偏差	Baek 等（2014）

从表 2-1 可以看出，乐观偏差在许多领域内普遍存在。已有研究证明在云服务中存在着不同程度的乐观偏差。现有文献多从云数据的整体安全性出发，考察乐观偏差对用户采纳云计算行为的影响。也有学者从机密性、完整性和可用性三方面证明了在云数据安全风险感知中乐观偏差的存在，并分析了其对用户安全管理决策的影响（王志英等，2016）。但乐观偏差对用户感知威胁及其应对策略会产生怎样的后续影响还没有学者进行相关验证。

（二）应对理论的相关研究

应对是一个复杂的概念，在心理学文献中，有两种不同的应对观点——过程观与风格观。过程观认为，当个体面对恐惧、压力和威胁等困难情景时，应对是解决困境的过程（Lazarus，1993）。正如 Lazarus 提到的，“从一个过程的角度，应对被定义为正在进行的认知和行为努力，以用来管理特定的外部或内部需求”。与之相反，风格是一个人管理和维护面对恐惧、压力和威胁的心理完整性的个人风格。应对策略的过程观比风格观在局限性和静态性上更具有优势。Lazarus 认为，按照发生的情景，应对是一个动态过程。

应对理论从过程的角度提出了应对的两种策略，即问题应对和情绪应对（Liang 和 Xue，2009；Tanner 等，1991）。情绪应对是指一个人为了改变其面对威胁和危机的感觉和情绪所做的策略，目的是使个人对威胁变得不太敏感。而问题应对是指通过对个人或环境采取行动来解决问题，从而改变个人与环境之间的糟糕关系。在不同的情境中，学者们的聚焦点也有所不同。有些关注问题应对（Cho 等，2014；Chinaveh，2013），有些关注情绪应对（Delahaij，2017；Lai 等，2012）。

在信息服务环境下，这两种应对策略可能会同时存在。例如，一些理智的用户会采取一些实际行动来保护自己的数据信息，如采用定期更新安全密钥、安装安全防护软件等（王念新等，2018）；一些小心谨慎的用户则会多重备份、重复加密，甚至放弃使用该项信息服务；也有部分用户由于缺乏足够的隐私安全意识，对信息服务持有过于乐观的态度，对自身的数据信息采取不作为的态度。以情绪为中心的应对则包括一系列旨在恢复情绪稳定的内部过程（如心理回避、重新解释情境和合理化）（D'arcy，2019），具体表现在一些用户会对风险事故持续关注、担忧、产生情绪波动等。尽管信息服务研究者最近强调了用户的情绪在隐私行为研究中的重要作用，但这些文章很少解释用户认知、情绪与结果之间的关系（Jung，2018）。在隐私受到威胁的情况下，当服务失败事件发生时，对于服务提供商而言，合理引导用户采取正确的应对策略不仅有助于企业降低技术维护成本，更有利于帮助用户建立合理、健康的认知机制。目前在云存储服务领域，综合考虑两种应对策略以及二者差异性的研究还比较少。

在 Lazarus（1993）的压力应对研究的基础上，有一些新的理论和模型被提出，并被运用到多个领域。其中，保护动机理论最先被发展用来解释恐惧诉求。根据该理论，个体会以并行的方式参与两种认知过程——威胁评估和应对评估，然后达到保护自身免受威胁的目的。Tanner 等（1991）对保护动机理论进行了扩展，将两个新的变量——情绪、社会规范和价值引入模型当中。社会规范和价值观念带来了社会规范理论的应对理论，这表明个人对威胁和应对的评估以及应对策略的选择与社会环境是密切相关的。即个体的应对过程会受到来自社会层面的影响。如社会影响（Lai，2012）、社会归属感等。在技术威胁领域，基于早期应对研究文献、理论和模型，Liang 和 Xue（2009）提出了技术威胁规避理论。他们认为个体的技术威胁应对同样包含威胁评估与应对评估，并阐述了两种评估及应对策略之间的关系。云存储风险也属于一种技术威胁，因此，他们的研究理论适用于我们的研究。

（三）信任的相关研究

信任是一个多元化的概念（Fulmer 和 Gelfand，2012；Castaldo，2010；McKnight 等，2002）。Moorman、Deshpande、Zaltman（1993）和 Rousseau 等

（1998）将信任定义为一种愿意依赖信心交换伙伴的意愿。Morgan 和 Hunt（1994）将信任定义为委托方对交换伙伴可靠性与能力的信心。在组织研究的背景下，Mayer（1995）等人将信任定义为："委托人愿意对另一方展现出脆弱性的意愿。前提是，不管委托人是否有能力监控另一方，另一方都会对委托人做出重要的特定行为。"在此基础上，Mayer（1995）将信任分为三个维度：能力、诚实和善意。同样的，Rosseau（1998）等人认为信任是一种心理状态，包括基于对他人意图或行为的积极预期而接受脆弱的意愿。

在诸多领域内，信任都被认为是促进合作达成的关键因素，事实上，如果没有足够的信任，合作甚至无法开始。对于一些不太知名的被信任方，要想建立起一定程度的初始信任是一个巨大的挑战（Hu 等，2010）。因此，信任被认为是动态和持续的（Ho 等，2003；Wang 和 Benbasat，2005）。在本书中，我们采用了 Mayer（1995）的观点，结合个人云存储的使用情景，我们认为，云存储用户在使用云存储产品时，会形成对云存储服务提供商的初始信任。此时的初始信任会受到云存储服务提供商声誉等因素的影响（M Koufaris 和 W Hampton-Sosa，2004）。而云存储用户将自己的私人信息展现在云存储平台上的前提是，他们认可了云存储服务提供商的可靠性与数据保护能力。

破损信任是指被信任方的行为未能满足信任方的正面期望（Tomlinson 等，2004），从而信任方会产生负面的情绪，在认知和情绪上对信任方有着消极的影响（Lewicki 等，1996）。根据破损信任产生的原因的不同，可以将信任破损分为两种类型：基于能力的能力型破损和基于道德的诚信型破损（Kim 等，2006）。能力型破损是指被信任方在其所提供服务的相关技术、知识、资源等方面的欠缺能力而导致的信任破损；诚信型破损是指被信任方在提供服务的过程中违反了诚信等道德准则而导致的信任破损。大量的研究表明，被信任方往往会因为信任关系的破损而在经济、情感等方面付出巨大的代价（Bottom 等，2002）。因此，基于破损信任的信任修复已成为研究的热点问题。

信任是一个动态化的过程。当信任破损发生时，组织就要修复信任。从本质上讲，信任修复意味着信任方的信任在受到破损后，违反信任的一方所采取的一系列策略以期修复信任的过程。关于信任修复的研究已经成为许多领域相关学科学者关注的焦点（Bachmann 等，2015；Kramer 和 Lewicki，2010）。

归因理论被认为是信任修复理论的主要理论机制。归因理论的目的是识别出事件发生的原因。Weiner（1985）指出，当个体遭遇消极事件时，低落的情绪会导致他们去寻找原因。因果归因主要有三个主要的、独立的、连续的维度：发生地（如对于信任方来说，破损源于内部还是外部）、可控性（被信任方或其他参与者对事件的控制程度）以及稳定性（破损程度是波动的还是稳定的）。在此基础上，Weiner（2008）提出在事件前后个体的感知是有区别的。对于信任破损而言，这一理论能很好地阐述信任的变化过程。

有些文献已经对信任修复提出了一系列具有实质性和象征性的信任修复策略。主要分为言语性修复策略（道歉补偿）以及实质性修复策略（经济补偿）。组织会选择单独或联合使用这些修复策略，这些都可以为利益相关者带来不同程度的信任修复（Bachmann 等，2015；Yu 等，2017）。道歉传达了一种声明：被信任方承认自己应当承担的责任，并对自己的行为表示遗憾，同时，也表达出一种意愿，希望能够与信任方延续合作关系（Kim 等，2004）。信任破损通常会引起一些负面情绪（如愤怒）。在个人云存储情境中，道歉可以被视为一个有效的情感修复策略，云存储服务提供商借以表示礼貌、关心、努力来转移用户的负面情绪，提高用户的评价（Smith 等，1999）。此外，道歉还向信任方传达了一种在违反规则后，希望能够恢复公平和减少不信任的愿望（Greenberg，1990）。经济体系中的信任，被认为是一种市场导向的价值计算。参与者建立信任的基础是获得具体的、有形的利益（Lewicki 等，2005）。因此，信任方所获得的利益将决定他们对被信任方建立的信任。在电子商务领域，最常见的是由于信任的破损而导致的经济损失，向信任方支付经济赔偿是一种常见的修复策略，可以有效地减少信任方的愤怒和不满（Bitner 等，1990）。研究表明，提供经济补偿能够对信任修复以及促进合作有积极的影响（Cremer，2010）。

第五节 基础理论

一、系统动力学理论

系统动力学（System Dynamics，SD），最早于 1956 年由美国麻省理工学院（MIT）的 J. W. Forrester 教授提出，是一门综合利用控制论、信息论、决策论、计算机模拟仿真与系统分析方法为理论根基，研究复杂信息反馈系统动态行为的应用学科。同时，系统动力学也是一门认识并解决系统问题的交叉综合性学科。由于系统动力学相关理论秉持系统性、整体性、连续性、发展性，学术界普遍认可该理论包含系统科学学科的特性；系统动力学模型通过刻画行为决策者的思考决策过程，能够模拟系统在不同决策下的行为结果，因此，该理论也具有管理学的学科理念。系统动力学的研究对象必须是具有非平衡的、有序的耗散结构的系统或复杂系统。系统结构由若干反馈回路共同组成，而反馈回路之间的交叉作用构成了系统的总功能。

自20世纪50年代起，系统动力学从产生到广泛应用，大致经历了三个阶段，如图2-4所示。如今，系统动力学作为全面地、动态地研究系统问题的科学理论，在分析和处理问题时具有许多鲜明的特点。

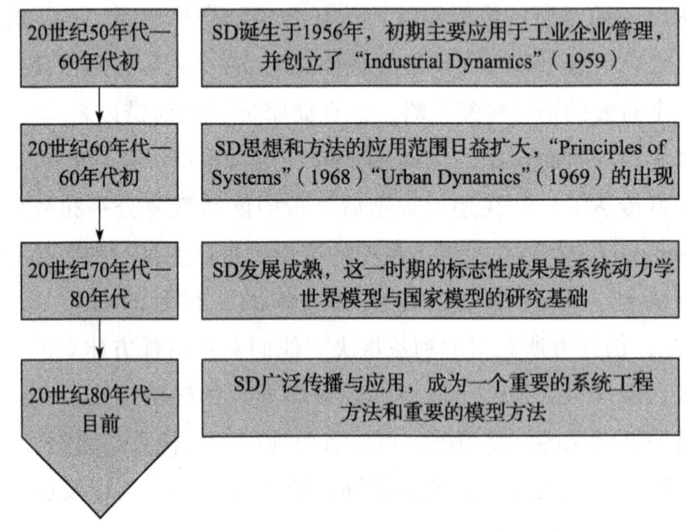

图2-4　系统动力学的发展历史

第一，系统动力学模型遵循系统思考，允许实时调整结构参数，以检测系统行为的变化趋势，从而实现全方面、多角度、综合性地研究系统问题。经过国内外学者对其理论、方法和工具的不断完善，目前系统动力学已在处理政府、经济、生态环境、工业、管理等问题发挥突出作用，创造性地解决了社会上各类难题。

第二，系统动力学模型蕴含因果关系，强调系统与外部环境相互联系、相互影响，但该模型考虑行为内生，所有行为结果均由系统内部结构和反馈机制决定，而与外界因素无关。由于模型所包含的变量可随时间变化，因此，系统动力学模型善于处理长期性、周期性的系统问题。

第三，系统动力学模型以定性与定量、宏观与微观相结合的方法进行问题求解。系统动力学在分析推理过程中，以定性分析为基础，以定量分析为支撑，二者相辅相成，尽可能实现系统结构优化。面对高阶次、非线性、时变性的系统问题时，系统动力学模型采用数字模拟技术，相比于传统方法，可以实现从宏观与微观层综合进行复杂的系统研究。

面对不同的问题，系统动力学通过界定系统边界，了解系统运作以及信息传递流程，考虑系统内在机制与外在行为的相互关系，在此基础上以系统性的思维建立数学模型。决策者可以设置不同的决策情景和行为策略，运用系统动力学模型并通过计算机仿真模拟得到不同的预测结果，从而不断挖掘系统动态行为的结构性原因，最后通过改变系统模型结构或相关变量参数，建立最优化的模拟方案。

由图 2-5 可知，系统动力学解决问题的基本步骤主要包括研究问题定义、系统界定及因果关系分析、模型构建、模拟仿真以及结果分析。

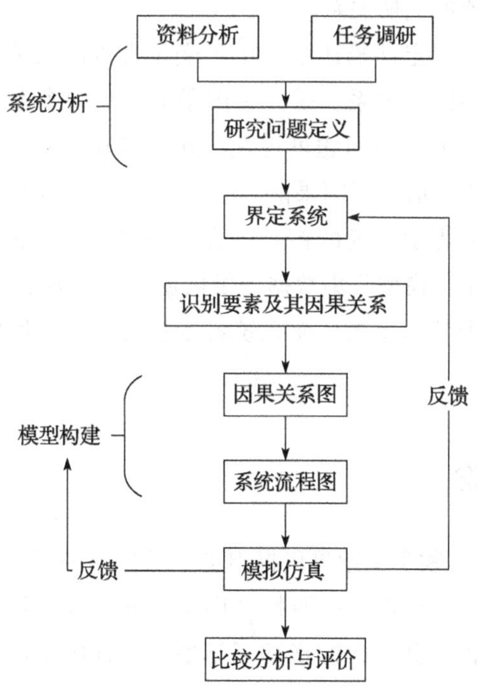

图 2-5　系统动力学解决问题的步骤

在最初明确研究问题时，要注重将海量资料和调研结果结合进行综合分析，充分了解所研究系统的现存内在矛盾以及相互联系，据此确立矛盾与问题。按照系统动力学的基本观点，虽然经济、环境、社会等众多系统都是开放系统，但在一定条件下可将某些系统近似简化为封闭系统。因此，在明确系统边界时，必须将系统中的反馈回路视为闭合回路，该闭合回路中应尽可能多地包含与研究问题相关的重要变量，且要识别出各变量之间的因果关系。通过以上系统分析，就可以画出因果关系图，然后按照一定的规则从因果逻辑关系图中逐步建立系统动力学流程图的结构模式，并对模型进行模拟仿真。根据模拟仿真的结果不断调整优化系统边界及结构，最后即可得到最优的解决方案。模型建立与模拟仿真作为系统动力学的重要环节，包含许多系统动力学的关键理论，它们能否有效执行直接决定了研究结果是否准确。

为了使研究问题更加清晰，通常会采取恰当的图形进行辅助表示。系统动力学常用的建模方法有三种，即系统结构框图、因果关系环路法和流程图法。

系统结构框图通常用方块或圆圈简明代表系统的主要子块，反映了各子块之间物质与信息流的交换关系。

因果关系图是一种定性描述系统中各变量直接因果关系的图示模型。系统动力学之所以重视因果关系，是因为因果关系反映了系统变量之间的相互关系，将社会系统中的抽象问题可视化，并且将较为复杂的问题简单化。因果关系图的基本要素一般包括因果箭、因果链、因果反馈回路三项。

流程图是系统动力学建模的核心内容，是结构模型的基本形式。通过采用流程图，可以为量化模型收集数据提供依据，并成为系统仿真实验的基础。流程图以反馈控制为基本思想，使系统各变量之间形成回路，共同作为一个整体发挥作用。

二、共生理论

自 1879 年德国生物学家德贝里提出了“共生”一词，便引起了生物学界广泛共鸣。在此思想基础上，范明特（Famintsim）等生物学家不断深化，提出了系统的共生理论。共生，即指不同类型或属性的个体共同生存，相辅相成。不可否认，自然界中不同物质之间存在着相互联系、彼此依存的关系，共生理论不仅帮助我们更好地了解生态系统，也同样适用于其他不同领域的运行机制。自 20 世纪中期，共生理论被不断归纳发展，很快延伸到经济、管理、社会科学等领域。

共生并不意味着完全合作。尽管合作是共生现象的本质特征之一，但共生的参与者之间仍然存在竞争和冲突。与一般竞争不同的是，共生的参与者不会在竞争中相互取代，而是在保留自身性质的前提下于竞争中发现合作机遇并保留。共生理论更多强调竞争双方在相互理解下以积极的态度共建创新型合作关系。

共生理论的三要素包括共生单元、共生模式和共生环境，这三要素结合不同的共生状态就称为共生系统。共生单元是指共生体内基本能量的生产和交换单位，是构成共生体最基本的物质条件。对于不同层面的共生分析或不同共生的研究对象，共生单元的性质和特征各不相同。共生模式反映了共生单元之间不同强度的信息、能量交换以及不同行为的相互作用机制，也称为共生关系。共生环境指不同共生模式生存发展的特定环境。所有共生体都产生并发展于一定环境中，而且不同的共生环境对共生的影响不同，才造就了不同的共生模式。

袁纯清（1998）对共生理论进行了一般性的推广研究，提出共生现象的存在需要满足四个前提条件：一是构成共生关系的不同共生单元之间必须存在一定联系，包括接触方式、作用机制、通道或载体等。这些联系的总和成为共生界面，不同的共生界面决定了共生单元的质量和生产方式。在特定的时间和空间下，共生单元之间应存在恰当的联系方式，即某种确定的共生界面，从而可以相互作用。二是在共生关系下有新物质产生，比如生物系统能提升繁殖能力，经济共生系统使边际效益提高，生产系统能够实现生产力增加等。换言之，共生在相互作用的过程中能够实现“1 +1 >2”的效果。三是共生单元间存在临界规模，如果共生单元的规模过小，建立共生关系可能不足以产生新能量；如果共生单元规模过大，可能很难寻找合适的共生机制；共生单元之间规模不匹配，会影响共生关系的最终形成及其稳定性。因此，共生单元之间的临界规模很大程度影响了共生关系的建立。四是共生关系是共生单元的选择结果。为了实现对自身有力的共生关系，共生单元需要选择能力强且具备兼容性的共生伙伴，还要考虑匹配成本和对方选择自己的可能性。并且随着时间的推移，共生关系会不断变化，因此，无论是形成还是维持共生关系都需要一定的时间。

共生可以理解为在复杂的社会、经济及生态背景下，共生单元寻求自身定位的过程。共生系统是一个动态演化的过程，演化是共生系统发展的总趋势和总方向，演化过程如图 2-6 所示。

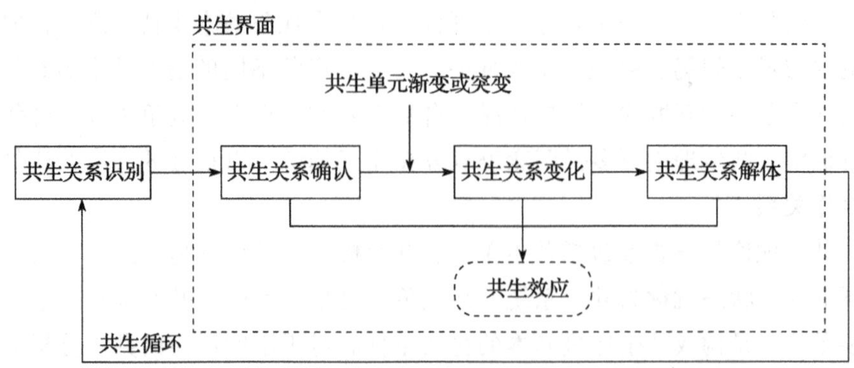

图 2-6　共生演化（共生循环）

共生系统强调在较长一段时间内所有共生单元不断调整优化，彼此耦合匹配，从而共同适应复杂多变的外部环境。在共生演化过程中可能产生新的共生形态和物质结构。在实际社会中，共生关系通常会经历共生识别、适应发展、解体和重建的循环过程。在共生关系不断变化的过程中，共生系统通过自适应与反自适应调节，并结合外部环境的作用机制，确保共生体的生存和发展。

基于行为方式的共生模式称为行为模式，包括寄生模式、偏利共生模式和互利共生模式。在寄生模式下共生单元未能产生共生效应，一方共生单元输出能量而另一方接收能量，即能量从寄主流向寄生者。由于在寄生模式下共生单元仅存在双边单向交流机制，因此，有利于寄生者进化而不利于寄主进化。偏利共生模式是指一方共生单元的某种属性或功能只有在与其他共生单元相结合时才能发挥作用，并且是在其他共生单元并没有受到不利影响的情况下。这种共生方式虽然存在双边双向交流，但是新能量单纯流向一方使其获利，而对于另一方在无补偿机制的情况下也属于不利状态。互利共生模式是最有效率且最稳定的共生模式。在互利共生模式下，不仅存在双边双向交流，还会有多边多向交流的情况。共生单元之间通过相互作用能够产生新的共生效应，且新效应在二者之间分配，对双方均有利。按照双方的获利情况，互利共生模式又可分为对称互惠共生模式和非对称互惠共生模式。与非对称互惠共生模式相比，在对称互惠共生模式下共生单元进化具有同步性。

三、博弈理论

博弈论（Game Theory），也就是运筹学中的对策论，是指在给定信息结构下，通过采用适当的数学模型解决冲突对抗条件下的最优决策问题，从而实现决策主体之间的均衡。在博弈论中，虽然决策者需要考虑如何在决策过程中实现自己效用的最大化，但它与优化理论有所区别。优化理论是一种单人决策，影响结果的多个变量均掌握在决策者自己手中，主要追求目标函数的优化。如企业管理成本最小化、运输、车间调度等问题。而博弈理论是多人决策理论，影响结果的变量由多个博弈者共同操控，强调最终实现策略组合的均衡状态。社会经济中的竞价、企业决策等大量问题都采用博弈理论来解决。与一般决策相比，博弈论在分析过程中将其他参与者的影响作为一个环境因素考虑在内，并视为外生变量来处理，而未研究该变量对自身效用的直接影响。

博弈可根据不同的标准进行不同的分类。一般认为，博弈根据其所采用的假设不同可以分为合作博弈和非合作博弈。合作博弈和非合作博弈的区别在于相互发生作用的参与者之间是否能够达成一个具有约束力的协议，如果能，就称为合作博弈，否则，称为非合作博弈。

以行为的时间序列性为标准，博弈论可进一步分为静态博弈和动态博弈两种类型。静态博弈是指在博弈中双方参与人同时选择策略，或虽然双方未同时选择，但后行动者并不知道先行动者采取了怎样的行动策略。动态博弈是指在博弈中参与人的行动有先后顺序，且后行动者能够知晓先行动者所选择的策略方案。因为静态博弈遵循自身利益最大化的原则，这可能会导致在重复博弈后期引起参与人的相互对抗、报复以及恶意竞争。因而在重复博弈中参与人考虑到长期利益，在决策时可能表现出一定的合作意向，以使其他参与人也能采取合作态度选择其策略，最终实现共同的长期利益。

按照参与人对其他参与人的了解程度，博弈可分为完全信息博弈和不完全信息博弈。完全信息博弈是指在博弈过程中，各博弈方对其他参与人的个人特征、策略集以及收益函数均有准确的信息掌控。不完全信息博弈是指参与人对其他参与人的个人特征、策略集及收益函数信息的了解不够准确，或者未对所有参与人的相关信息准确掌握，在这种情况下进行的博弈就是不完全信息博弈。

事实上，这些分类都是从博弈结构的某方面特征进行描述，相互交叉，并不存在严格的层次关系，但可以按照不同分类对博弈分析的影响程度大小排出大致的次序，博弈的交叉分类如图 2-7 所示。

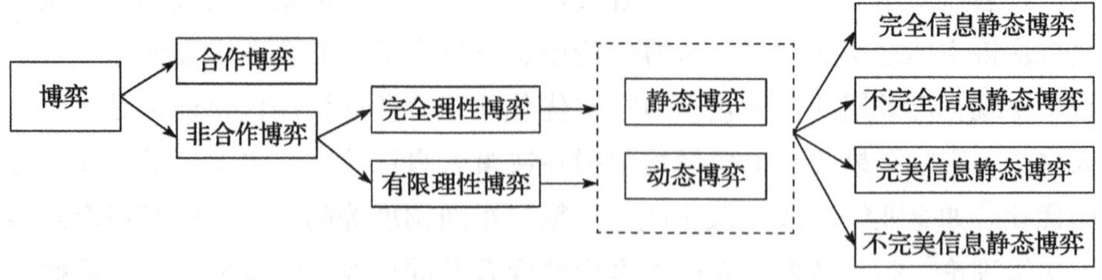

图 2-7　博弈的交叉分类

首先，博弈根据各参与方是否制定具有约束力的协议可以分为合作博弈与非合作博弈；其次，由于当前我们更多研究的是非合作博弈，将非合作型博弈按照参与人的理性程度分为完全理性博弈与有限理性博弈两种；在第三层次下，由于博弈过程中行为发生的机制不同，完全理性和有限理性博弈继续细分为静态与动态博弈。另外，可以根据参与人对其他参与人相关信息的掌握是否完全、完美继续细分，最终得到的博弈类型分别为：完全信息静态型、不完全信息静态型、完美信息动态型、不完美信息动态型、不完全信息动态型。随着对博弈问题的深入研究，在博弈理论充分发展后，分类方法也可能随之变化。

本章小结

本章主要从云计算服务业、云服务产业演进及云生态系统、云服务供应链及企业合作创新和云计算风险管理四个方面对国内外的相关研究进行了梳理，并对后续章节涉及的一些基础理论进行了阐述。通过对相关文献的梳理可以看出，云服务在创新发展过程中的诸多问题已然成了专家、学者讨论的热点，也在实践中不断地拓展、更新。但关于云服务企业的共生演进、合作创新以及风险应对等研究尚处于起步阶段，仍有大量的问题有待于进一步研究。通过对相关研究问题的综述，发现目前研究还存在以下局限。

(1) 云计算服务业的演进问题。

云计算服务业的演进可谓是云计算服务业在内容和结构上不断变化的过程，从内容上来讲主要是商业模式、定价方式、服务水平从低级到高级变化的过程，从结构上来讲是云服务提供商在地域分布和服务类别逐渐合理化的过程。从质和量两个角度衡量云计算服务业演进的过程，质的角度即云计算服务业在结构、布局和组织上的转换，在时间上表现为各生产要素在 SaaS、

PaaS 和 IaaS 等服务上投入的流动与消长，在空间上表现为各云计算服务提供商在地域间的聚集、流动或者转移；量的角度即云计算服务业在发展过程中服务提供商数量的变化，企业数量、规模的变化，就业人口以及产业效益的变化。学者对云计算的研究主要在于云计算技术的发展，用户对云计算服务的评价和采纳，应用云服务的优势以及挑战，很少立足于云计算服务业的视角，用定量方法对云计算服务业的演进进行相关研究，这为本书提供了潜在的研究空间。

（2）云生态系统问题。

云生态系统研究是一个热点问题，而现阶段的研究多集中于云生态系统的理论与技术实现，缺乏基于实证的云生态系统分析，亦鲜有文献从系统内部成员关系视角对云生态系统演化进行定量研究，而关系研究恰好是分析云生态系统演化过程最好的切入点。不同的渠道角色有不同的市场定位与发展目标，它们的结构和功能也存在差异。因此，如何保持一个云生态系统健康、稳定的发展，如何界定生态圈内各渠道角色以及它们之间的关系，这些都是需要进一步研究的问题。

（3）云服务供应链合作创新问题。

现阶段云服务供应链的协调研究多集中于供应链企业的协调策略选择及协调契约设计，从竞合博弈的角度分析云服务供应链供应合作选择以及技术创新决策的研究还极为少见。且传统模型往往采用一对一的博弈模型假设，而在现实中企业可能会面临一对多的选择。此外，目前大多数文献是在静态框架下分析企业的研发合作。静态分析模式隐含的假设条件是：企业提供的产品是耐用品，即能多次使用且寿命较长的商品，客户一旦购买该产品便不会购买第二次。在这种模式下，企业的技术创新行为仅需要考虑一个固定时期，而不需考虑时间因素对企业投资行为的影响。然而，云计算作为一种服务，会面临客户重复购买的行为。因此，其技术创新投资不是一劳永逸的，必须进行连续的技术创新。而云服务供应链企业之间的合作关系也往往呈现出长期性和动态性的特点。所以，在动态框架下研究企业技术创新更符合实际情况。综合上述分析，云服务供应链合作创新问题的深入研究亟待完善。

（4）基于保险机制的云服务供应链风险转移问题。

在英美发达国家，基于新兴 IT 技术的信息安全保险业务已初见端倪，但这些新兴的风险转移机制并没有纳入云计算的风险管理中，鲜有文献从保险的角度提出应对云服务安全风险的办法。我们通过对传统营业中断保险的文献回顾，发现了很多有价值的参考，如营业中断保险中保险标的、保费率和保险赔付率的设置等。但上述研究均未直接涉及针对云服务中断风险的保险解决方案，且未有研究从供应链的角度来探讨云保险机制的引入问题。而在云服务领域，客户效用及客户中断损失的测量等问题不同于传统供应链，电力和水资源服务领域对风险损失补偿问题的相关研究为云服务环境下的风险补偿契约研究提供了理论支撑。综上所述，从保险的视角应对云服务中断风险，探讨引入保险前后对云服务供应链契约设计及链上成员策略选择的影响，是一个具有理论和实践意义的研究方向。

(5) 个人云存储用户的感知威胁及应对问题。

目前有许多学者对云服务安全问题进行了大量研究，但仍有两个重要问题尚未得到解决。首先，尽管先前的研究已经从数据安全维度，即机密性、完整性以及可靠性提出了一些解决方案，但多数是从技术视角或企业角度出发，缺乏用户视角下对云存储风险感知威胁的相关研究。其次，对于用户在面对云存储风险时所采取的应对策略，鲜有学者涉及。虽然应对理论研究在很多领域取得进展，对于个体面对风险威胁时所采取的问题应对、情绪应对都有一定的研究成果。但学者们多从应对评估视角着手，在个人云存储领域，还较少有学者从威胁评估的角度开展对个体应对策略的研究，且缺乏同时研究包含问题应对与情绪应对两种应对策略的综合研究。工信部电信研究院测试评估的一项面向云计算服务的评估认证（官方认证），是我国唯一针对云计算信任体系的权威评估。显然，以第三方平台为代表的官方认证在云用户的感知威胁与应对策略中发挥了怎样的作用也值得我们进一步深入探讨。

(6) 个人云存储用户的信任破损与修复问题。

目前国内外学术界对于数据泄露的研究，多偏向于如何避免泄露事件的发生与如何改善相关保护技术，而缺乏对泄露事件发生后云存储服务提供商应采取的信任修复手段的研究。对修复策略及其修复效果的分析，可以帮助云存储服务提供商最大限度地降低在云计算环境下由于数据泄露所造成的信任破损风险，这方面的研究也亟待进一步完善。

第三章

云计算服务业的演进机理研究

云计算服务作为互联网技术、计算模式、新型商业模式的发展成果，对互联网的应用模式、应用程序的开发方式和方向、IT 产品的部署模式都产生了巨大影响，不仅是未来 IT 产业和新型产业的发展方向，而且降低了传统行业的经营成本，使其营销方式更加多样化，为人们的日常生活带来了便利。产业演进与经济发展有密切联系，从产业的生命周期来看，我国云计算服务业正处于起飞阶段，如何促进云计算服务业健康、快速地发展是现阶段的核心问题，因此，对云计算服务业的演进机理进行研究具有显著意义。

第一节　云计算服务业演进的动因分析

一、技术因素

先进的技术是第一生产力，是推动经济发展和社会进步的主要因素，技术创新是促进云计算服务业演进的根本动力。作为一种新型 IT 产业，云计算服务业发展的基础是技术的进步，信息技术的不断创新使云计算服务业的发展成为可能。随着平行计算、分布式计算、网格计算的发展，按需处理的云计算出现了。云服务是 Web 服务、虚拟化技术、网格计算、面向服务的体系结构（SOA，Service Oriented Architecture）、数据存储技术、安全性技术等技术的融合与发展。

（一）Web 技术

从 Web1.0 到 Web2.0，再至新出现的 Web3.0，Web 技术的发展引发了互联网应用一轮又一轮的热潮，Facebook、微博、博客为全世界的人建立了一个社交圈，百度百科体现了群体智慧的力量。随着网络的普及，计算机在人们工作、生活中发挥的越来越重要的作用为依靠互联网平台的云计算的萌芽带来了希望。

（二）虚拟化技术

按需计费和网络服务是云计算的两大主要特征，而实现这两项功能的最关键技术之一便是虚拟化。虚拟化技术是一种从逻辑角度出发，分配有限固定资源的技术，它能够扩大硬件的容量，用单 CPU 模拟多 CPU 并行，通过规划使资源利用率得到最大，提高服务水平。云计算中心的虚拟化架构使所有计算资源以虚拟化资源池的方式存在，可以根据用户资源的使用情况生成费用清单。虚拟化技术使云计算从概念走向实践成为可能。

（三）面向服务的体系结构（SOA）

SOA 是一种用户/服务器的软件设计方法，在计算机编程技术发展过程中，信息孤岛的问题困扰着信息系统的兼容性和互通性。不同阶段投入的不同信息系统，往往无法实现互联互通，因此，形成了信息孤岛，而 SOA 通过使异构系统互联互通，很好地解决了这个问题。因此，SOA 为云计算的发展带来了助力。

（四）数据存储技术

实现数据存储的一种主要技术是利用分布式文件系统，它用对象来模拟分布式文件系统组件，每个对象都有一个相互联系的路径名称和物理地址，能够提供有效的、可靠的数据存取路径。分布式文件系统优化核心数据存储和使用需求，会生成大量需要保留的数据，非常典型的案例是谷歌自主研发的 Google File System。

（五）安全性技术

在云服务的发展和使用过程中，安全性问题一直是客户和企业关注的重点。服务提供商首先要确保所提供服务的可靠性和连续性，其次要保证数据的安全，防止用户的数据被泄露和损坏。在服务可靠性方面需要的网络安全、防火墙等技术，在数据安全性方面需要的加密、数据容灾等技术，为云服务在用户中的普及和推广起着重要的作用。

二、需求因素

随着社会的发展和技术的进步，企业、政府、科研机构等对信息服务有了新要求，而云计算服务因为能够满足它们的效益性、创新性、简单性、扩展性需求，受到企业的青睐，需求的增长极大地驱动了云计算服务业的演进。

（一）效益性需求

效益性需求首先体现在大数据时代低的数据处理成本。据 IDC 公司估计，近年来数据以每年 50% 或者每两年翻倍的速度增长。大数据时代除了有更多的数据流，同时也出现许多全新的数据源。例如，在工业设备、汽车、电表、运输箱中，全世界有无数的数字传感器，它们可以测量和传输位置、运动、湿度、温度等。显然，处理由大数据造成的海量信息需要巨大的成本。而云服务不仅能够提供强大的数据分析能力，而且按需分配的计算方式为用户节约了大额的信息处理成本。其次，云服务中规模经济效益显著。据估计，数据中心大约 53% 的成本花费在电力和冷却上，而云服务的数据中心会在电力、带宽、运营、员工、软件、硬件等 5 ~ 7 个因素上形成规模经济，明显降低成本，而且对于同样的计算量，云服务对环境影响较小。效益是企业采用新技术、新服务模式的主要驱动力之一。

（二）创新性需求

除了能够降低企业的运营成本，提高企业的经济效益，云服务还能够通过降低改革的交易成本，扩展价值网络来促进创新和改革。云服务对创新的促进作用首先体现在减少了创新中的摩擦力。一方面，云服务初建成本低，且能够迅速地使用基础设施，因此采用云服务可以减少改革时间，迅速为市场带来新产品。在迅速变化的全球经济中，如果减少数个周期的循环或者减少至几天，不仅能节约成本，更能带来具有竞争优势的商业机会。另一方面，云服务的可扩展性使企业能够采用更灵活的方式进行试验，降低了其进行创新型服务的风险，增强了其进行创新的意愿。其次，云服务形成了新的价值网络。单纯地用云计算替代公司的资源，而不改变其他方面，必定会错过云计算这种新技术的优势。了解信息服务组合如何向客户提供服务支持，通过协调策略结合高多样性服务和低抽象性服务与低多样性服务和高抽象性的服务，可以形成创造性的服务。就像在物流网络的供应链中，最终用户从其供应商处获得服务，而供应商又依赖于供应商的供应商的服务，这种组合可以形成复杂的价值网络。在云计算市场中，多样的云计算资源被融合后提供给客户，所有的参与者通过多种方式相互影响和共同合作，最终实现不同的商业模式。

（三）简单性需求

在传统的IT外包中，组织需要了解承包方如何获得知识、如何保证按照合约提供服务，IT部门需要掌握外包的技术和知识（如配置和管理服务器），而在云服务中这些知识的交流简单，对管理者管理服务器和采购的要求低，对专业技术人员的需求少，因此，对IT服务使用便利的需求促使企业积极采用云服务。IT成本的复杂性和隐藏性一直是困扰企业进行IT预算的一大问题，也是阻碍企业实施IT项目的一大阻力，而云服务将IT成本透明化、简单化，更有助于CEO做出与IT相关的决策。

（四）可扩展性需求

企业需求的不确定性、IT服务需求随着时间不断变化，长期只需少量设备，而短期需要大量设备，这些不确定性使企业急需可扩展性的服务，以提高IT设备的利用率，降低运营成本，而云服务可以灵活扩展，将其服务与顾客需求进行匹配，并保证服务的可靠性，完全可以满足企业的这种需求。

三、供给因素

产业的演进不仅需要驱动力，还需要生产要素的支撑，一般认为产业演进的基础资源包括自然资源、劳动力和资本，结合云计算服务业知识密集型的特点，将其供给因素归纳为劳动力资源和资本。

（一）劳动力资源

劳动力是第一生产力，行业中劳动力的质量和数量影响着该行业的演进方向及速度。根据生产函数，该行业从业人员数量增加，产出也会增加。云计算服务业属于知识密集型行业，其从业人员普遍有着较高的素质，因此，他们可以较快地适应新技术，提高劳动生产率，进一步促进云计算服务业的发展。同时，高素质的劳动力能够提供云计算服务业的创新能力，通过市场价格机制，增加行业利润。劳动力从低效率业务向高效率业务流动，通过改变劳动力的就业结构，也会影响云计算服务业结构的变化。现阶段，全球云服务方面的劳动力资源还比较缺乏。

（二）资本

行业的形成与发展都离不开资本的支持，云计算服务业作为资金密集程度高、风险性大的高技术产业，资本市场的投资规模、投资结构对其演进起着至关重要的作用。投入的资本越多，技术创新速度越快，基础设施建设越快，市场规模越大，产业发展越迅速。云计算服务业无疑通过了资本市场优胜劣汰的甄别机制，正由新兴产业逐步壮大，向主导产业发展。

四、政府及制度因素

云计算服务业的发展离不开各级政府的支持，政府可以通过政策这只“有形的手”与市场机制这一“无形的手”共同配置经济资源，目前从全球来看，各国政府都从政策方面为云计算服务业的发展提供了沃土。

（一）政府因素

云计算被美国政府纳入国家整体发展战略，美国成为第一个将云计算服务模式列入战略规划的国家，它把推动云计算产业发展当作一项系统工程来抓。2010 年，联邦政府首席信息官 Vivek Kundra 在《改革联邦 IT 管理的 25 条实施计划》中，明确提出了云优先战略，对其进行资金扶持。同年，资助了许多云计算试点项目，包括中央认证、隐私、目标架构与安全等相关内容。美国政府还建立了新型人才库，通过第三方机构建立云计算服务评估和授权模式，以做好云计算服务的评估工作，对服务提供商服务环境的可信度进行评估。2012 年 9 月，欧盟委员会发布的《在欧洲发挥云计算潜能》，把云计算列入了欧盟发展新战略，各成员国投入大量资金用于云计算的建设，2020 年，在欧洲地区累计增加就业岗位 380 万个，创造产值 9570 亿欧元。2010 年，我国就把云计算作为了战略性新兴产业之一，并印发了《关于做好云计算服务创新发展试点示范工作的通知》，要求推进云计算服务模式的创新发展，选择信息服务骨干企业建设云计算中心；采用产学研用联合的方式，加快云计算相关技术的研发；建设具有全国性质的云计算产业联盟，联合发展云计算服务。2015 年，国务院印发《关于促进云计算创新发展培育信息产业新业态的意见》，为促进创业兴业、释放创新活力提供有力支持，为经济社会持续、健康发展注入新的动力。2017 年，《云计算发展三年行动计划（2017—2019 年)》由工业和信息化部印发，是进一步提升我国云计算发展与应用水平，积极抢占信息技术发展的制高点而制定的法规。

美国政府还直接通过政府采购推动云计算服务业的发展。自 2010 年以来，美国国防部、国土安全部、农业部、卫生及人道服务部等部门把采购大规模办公软件产品、操作系统的预算转移到云计算服务产品的支出，各云服务提供商积极参与政府采购订单的争夺，拉动了云计算服务业的发展。政府机构通过采购合同中对系统的安全性、服务质量等的要求，还促进了云计算服务内容的规范及服务质量的不断提高。欧盟委员会通过公共采购加强私有机构和公共部门的合作，同时增强普通群众使用云计算的信息。

（二）制度因素

制度包括正式制度和非正式制度，正式制度是由地方政府、行业协会和相关机构制定，第三方实施的制度；非正式制度是由声誉、信任、文化等形成，通过自我执行实施。影响云计算服务业发展的制度主要包括三方面：①行业内部的进入制度、融资制度、兼并制度和竞争机制，在云计算服务业不断发展扩张过程中，随着产业内企业规模的不断扩大和新企业的进入，行业内部这些制度是否规范影响着该产业的发展速度和前景。②标准化制度，包括安全标准、相关技术标准、服务标准等（蔡永顺和雷葆华，2012），云计算安全联盟确定了云计算安全中的 15 个焦点领域，全球网络存储工业协会定义了存储接口的技术标准。欧盟委员会最初就关注到了标准化的重要性，通过欧洲云合作关系（European Cloud Partnership）项目，由政府、云服务提供商和用户组成工作组，致力于制定适用于欧盟各成员国的云计算标准和云安全需求，促进云计算在各成员国和各行业的发展。③法律制度，云计算服务引发了信息安全、数据权力、知识产权、司法管辖等法律问题（高富平，2012）。计算机和互联网的出现使信息安全问题暴露在公众面前，云计算特殊的商业模式更加扩大了信息安全问题。云计算服务中数据的所有权和控制权相分离，且可能存储在异国，数据的支配权和司法管辖权如何划分潜在影响着服务提供商和用户的关系。SaaS 服务中软件的版权问题，应用于图书馆中著作的知识产权问题都是现在知识产权法中没有规定的。因此，相关信息安全、知识产权、数据权力法律的完善和确立能明显提高用户感受到的服务质量。相关制度的不完善是目前全球云计算服务业发展的一个瓶颈，我国云计算产业联盟的建立旨在加快相关制度的建立，并在贯彻实施过程中做好协调工作。

五、各影响因素关系分析

在云计算服务业演进过程中，需求因素、供给因素、技术因素、政策因素、制度因素不仅独立发挥着自身作用，而且互相影响。云计算服务业演进动因关系如图 3-1 所示，共同促进产业发展。

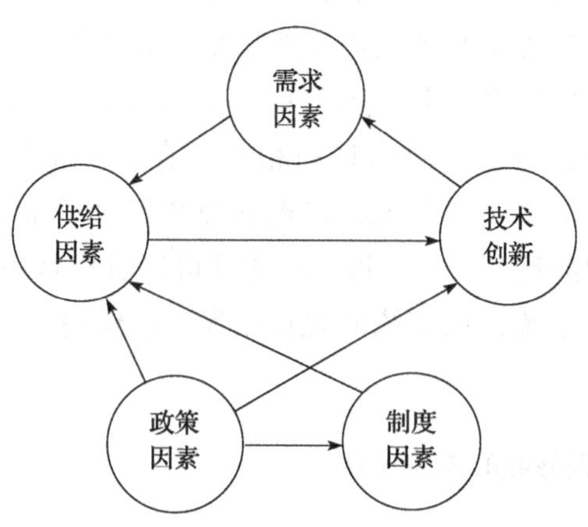

图 3-1　云计算服务业演进动因关系图

需求作为产业演进的主要驱动力之一，也是技术创新和劳动力、资本投入变化的动力。只有当市场中存在需求时，服务提供商才会通过技术创新产生更多的利润，而当用户使用云计算服务专注于创新性需求时，服务提供商必然也更加专注于实现其创新作用的技术。实现技术创新的两大核心要素是资本和人才，有资本无人才或者有人才无资本都无法实现创新，资本和人才发挥的作用也各不相同，因此，供给数量和结构的变化影响着技术的创新能力。技术创新的结果表现为云计算服务安全性、可靠性、适用性的提高，丰富的服务类型和优质的服务质量不仅能够满足现有用户的需求，也能够刺激潜在用户的需求，从而扩大市场需求。政策在产业演进过程中起着至关重要的作用，对供给、需求、技术创新、制度各因素都有影响，政府对云计算服务的支持直接转化为政府用户的需求，又会促进高校对相关人才的培养，科研机构对相关技术的研究，还能加快行业准入制度、技术标准等制度的完善，具体作用机理通过因果关系图进行分析。

第二节　云计算服务业系统演进的因果关系分析

一、云计算服务业系统的界定

贝塔朗菲定义系统为相关联系相互作用的诸元素的综合体。首先，系统是一个动态和复杂的整体或综合体，其中至少包含两个不同的元素，但系统的特征并不完全等于其各组成诸要素的特征之和，系统的特征依赖于各要素的结构，优质的系统会产生 1 +1 >2 的效果。其次，系统中的各元素不是孤立的，而是为了共同的目的相互依存、相互作用、相互制约的。一个系统可以划分为多个子系统，在正确理解每个子系统的功能、特征基础上能够更好地理解整个系统。每个产业都可以看作是一个具有特殊结构、功能和运动规律的系统，从系统的观点出发，能够更好地研究云计算服务业的演进机理。

（一）云计算服务业的系统主体

根据云计算服务业演进动因的分析，本书认为云计算服务业系统的主体包括微观主体 IaaS、PaaS 和 SaaS 服务提供商，政府机构，高校及科研机构，金融机构，行业协会、产业联盟等科技中介机构和云计算用户，具体如图 3-2 所示；云计算服务业系统的宏观主体包括市场需求、经济社会的发展情况和技术环境。

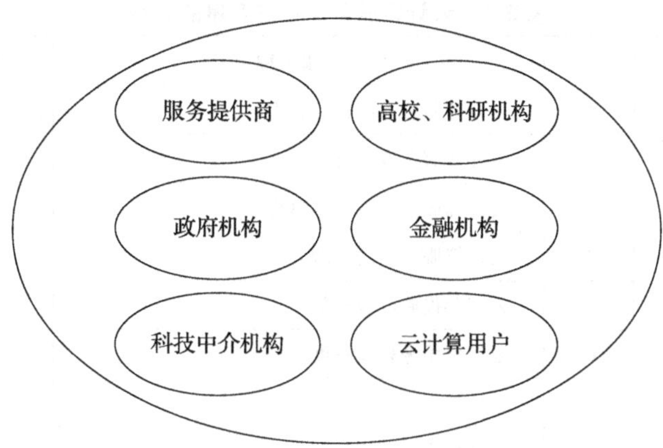

图 3-2　云计算服务业系统的微观主体

首先，云计算服务业系统是社会经济系统的一部分，它的发展离不开国家经济的发展，社会技术的进步，企业和人们对互联网和云计算服务的认知水平，云计算服务的普及程度严重影响其采纳率，市场需求是系统演进最强有力的驱动力。其次，云计算服务提供商作为服务的提供者，其规模和收入体现了整个行业的发展情况，其提供服务质量的高低影响用户对云计算服务的需求，其对云计算技术的研究和推广的投入影响云计算服务演进的历程。一方面，高校、科研机构通过产学研的结合影响云计算服务的质量和发展模式等；另一方面，高校、科研机构为产业的发展输送必须的人才。金融机构提供技术升级、基础设施建设的部分资金。一方面，政府部门通过相关产业政策引导云计算服务的发展，通过政府采购扩大市场需求；另一方面，政府部门通过科技中介机构为云计算服务业的发展提供标准制度。云计算服务业是知识密集型行业，从业人员是系统中最能动的因素，包括技术人员、管理人员等，其数量和知识文化水平也是衡量系统发展水平的标准之一。

（二）云计算服务业系统的变量

本书从两个层次来分析云计算服务业：第一个层次是产业整体的发展情况，用营业收入、利润、用户数、就业人员数、云计算服务普及程度等指标来衡量；第二个层次从云计算服务业系统中各主体的相关指标来衡量，结合以往学者对产业指标体系和企业创新活动的研究（王贻志等，2006；邹仁余和王砚羽，2010），本书所选取的变量如表 3-1 所示。

表 3-1　云计算服务业系统变量的名称

主体		变量名称	数据可得性
产业和企业	1	云计算服务业的营业收入	可获得
	2	云计算服务业的支出	可获得
	3	云计算服务业的资本总量	可获得
	4	云计算服务业的利润	可获得
	5	云基础设施的投资额	可获得
	6	云计算服务普及程度	可量化
	7	云计算用户数	可获得
	8	云计算服务试用率	可量化
	9	云计算服务转移率	可量化
	10	云计算服务采纳率	可量化
	11	服务提供商创新意愿	可量化
	12	R&D 人员数	可获得
	13	R&D 投入强度	可量化
	14	R&D 经费	可获得
	15	服务提供商的技术水平	可量化
	16	服务提供商的管理水平	可量化
	17	服务质量（可靠性、安全性和新服务种类）	可量化
	18	技术创新量	可量化
	19	云计算服务的推广投入	可获得
	20	从业人员数	可获得
	21	产学研合作投入	可量化
高校和科研机构	22	高校、科研机构云计算项目经费	易获得
	23	云计算服务的学术研究水平	可量化
	24	计算机、电子等相关专业毕业生数	难获得
政府	25	财政支出	易获得
	26	科技投入	易获得
	27	政府云计算的采购规模	难获得
	28	政府采购对服务质量的要求	可量化
	29	税率	易获得
	30	政府扶助资金	可获得

续表

主体		变量名称	数据可得性
政府	31	产业政策	可量化
	32	相关法律制度的完善程度	可量化
科技中介机构	33	技术标准化程度	可量化
	34	行业规范化程度	可量化
金融机构	35	金融机构的投资意愿	可量化
	36	金融机构的贷款额度和投资额	可获得
其他	37	国家经济发展水平（用 GDP 衡量）	易获得
	38	互联网普及程度	易获得
	39	科技发展水平	难量化
	40	全国企业法人数	易获得
	41	国际服务提供商的竞争压力	可量化

二、云计算服务业系统演进的因果关系模型

（一）因果关系模型设计

因果关系图能够简洁、明了地表示社会经济等复杂系统中各要素之间的相互关系，根据对云计算服务业系统中主体的分析和变量的选取，用 Vensim 软件建立了云计算服务业演进的因果关系模型刻画出各变量之间的因果关系，如图 3-3 所示。该图左边部分主要是政府行为变量，右边部分是产业行为变量，图 3-3 显示：产业政策是引导和促进产业健康发展的一项重要手段，具有导向性、动态性、全局性等特征，政府部门通过产业政策、税率和政府采购影响服务提供商的创新意愿、云计算服务业的资本总量、用户数和从业人员数；R&D 投入是服务提供商内部重要的决策变量，服务质量的提升是云计算服务业发展的最直接动力；高校、科研机构从人才和技术两方面为服务提供商提供了帮助；金融机构为云计算服务业的发展提供了资本；行业协会和产业联盟等科技中介机构通过相关标准的制定提高了用户感知到的云计算服务质量；社会系统中企业法人数、互联网普及程度以及国外服务提供商的服务水平会影响潜在云计算用户数和服务提供商的创新意愿。

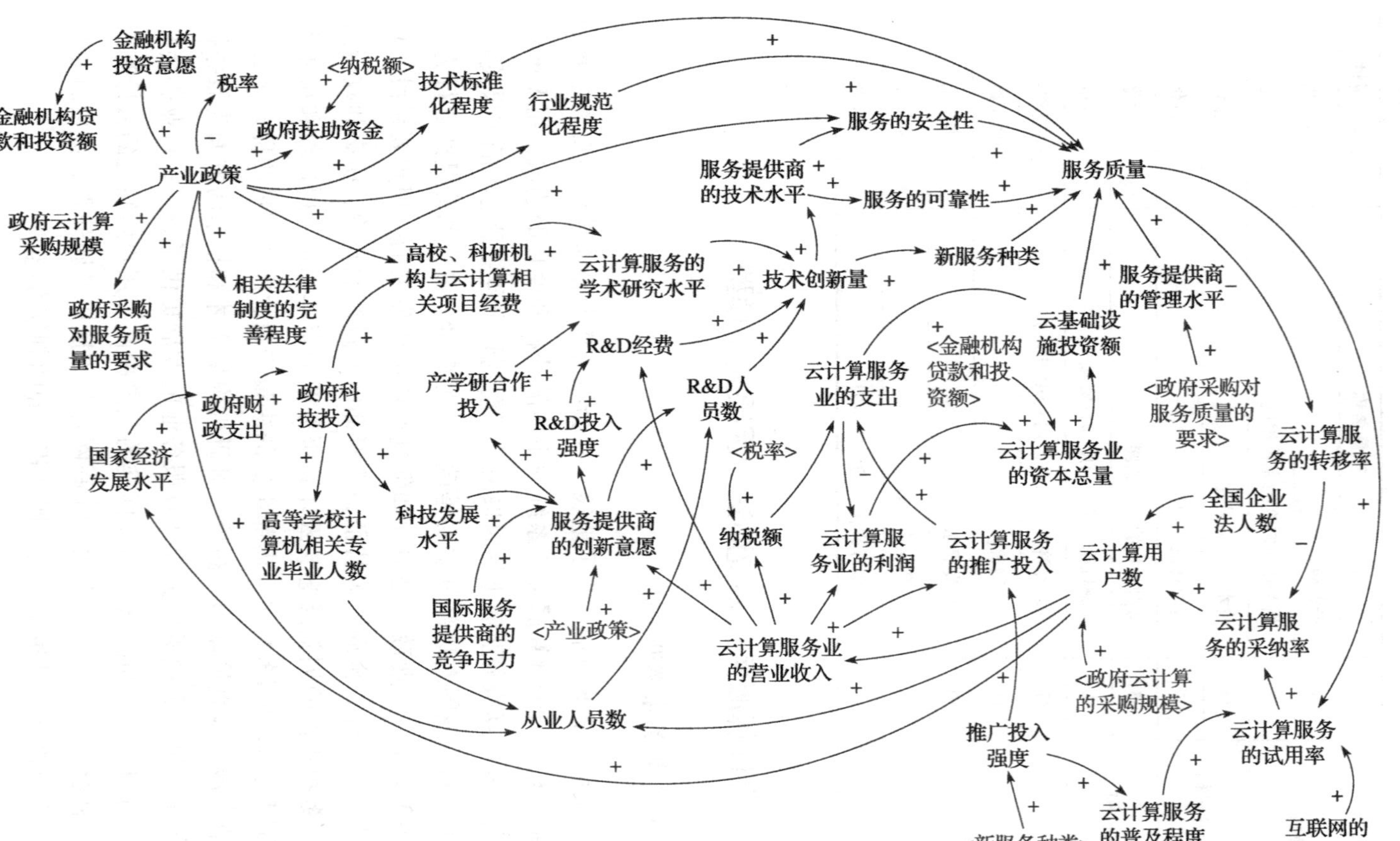

图3-3 云计算服务业演进的因果关系图

（二）云计算服务业系统主要因果反馈回路分析

1. 服务提供商行为反馈回路分析

服务提供商作为云计算服务业系统中最重要的主体，其行为引起的主要反馈回路包括：

（1）产学研合作投入——云计算服务的学术研究水平——技术创新量——服务提供商的技术水平——服务的安全性——服务的质量——云服务的试用率——云服务的采纳率——云计算的用户数——云计算服务业的营业收入——服务提供商的创新意愿——产学研合作投入。这是一条正反馈路径，在开放式环境中，产学研合作已成为企业创新系统中重要的组成部分，产学研合作的内容主要包括合作人才培养、合作技术创新、合作利用先进实验设备和仪器、合作获得所需信息，合作形式包括合作成立研发机构、产学研联盟、企业孵化器等。当服务提供商从合作次数和强度等方面加大对产学研合作的投入时，可以加快高校、科研机构科研成果的产出，将科研成果产业化，服务提供商也可以加快提高自身的技术水平，从而提高服务的安全性、可靠性等质量指标。随着云计算服务质量的提升，企业会更愿意免费试用云服务，从而提高试用率和采纳率，最终使云计算用户数和营业收入增加。营业收入的增加刺激了服务提供商的创新意愿，使其会在产学研合作方面投入更多。

（2）R&D 经费——技术创新量——服务提供商的技术水平——服务的可靠性——服务的质量——转移率——云服务的采纳率——云计算用户数——云计算服务业的营业收入——服务提供商的创新意愿——R&D 投入强度——R&D 经费。这也是一条正反馈路径，在需要不断创新的知识经济时代，R&D（研究与开发）活动是创新过程中最关键的环节之一，R&D 活动的投入主要包括人员和经费，产出包括专利、新产品和新技术等。因此，R&D 活动不仅能增强企业的市场竞争力，而且能促进整个产业中新知识的产生。服务提供商增加 R&D 经费时，即增加 R&D 的投入，则新的与云计算相关的技术会增加，从而提高技术水平和服务质量，服务质量提高后，免费试用云计算服务的用户转移率会降低，他们最终会选择采纳服务，成为付费用户。随着由于创新而引起的用户数和营业收入的增加，服务提供商会更愿意创新，从而加大 R&D 的投入强度，投入强度和营业收入的共同增加将导致 R&D 经费的又一轮提高。

（3）云计算服务的推广投入——云计算服务的普及程度——云服务的试用率——云服务的采纳率——云计算用户数——云计算服务业的营业收入——

云计算服务的推广投入。这条反馈路径体现了云计算服务推广的作用。任何新的产品或者服务都需要营销推广，被大众所熟知才能转化为商品，实现其价值。云计算服务的概念近年来才兴起，加大对其推广的投入，才能提高其普及程度，从而增大潜在用户的云服务试用率，当企业、个人了解云计算服务时，才能成为真正的用户，从而提高整个行业的营业收入。随着行业收入的增加，将会有更多的资本用于新服务的推广，使云计算服务越来越被个人和企业所熟知。另外，当服务提供商能够提供新的服务或者服务质量有显著提升时，也会加大推广投入的强度，进而增加推广投入。

2. 高校、科研机构行为反馈回路分析

高校、科研机构作为云计算服务业系统中的另一个创新主体，其行为引起的主要反馈回路包括：

（1）高校、科研机构与云计算相关项目经费——云计算服务的学术研究水平—技术创新量——新服务种类——服务的质量——转移率——云服务的采纳率——云计算的用户数——国家经济发展水平——政府财政支出——政府科技投入——高校、科研机构与云计算相关项目经费。这条路径反映了当高校、科研机构与云计算相关研究的经费增加时，云计算服务的学术研究水平会提高，技术创新量也随之提高，从而产生更多的云服务类型。产学研合作使高校、科研机构的研究成果转化为服务提供商服务质量的提高，从而增加云计算服务业的用户数。随着云计算服务的广泛应用，其对国家经济发展水平的贡献率也会增大，国家经济发展水平提高了，国家就会加大财政支出，则政府对科技的投入相对也会加大，高校、科研机构用于各项目的经费额度也会提高。

（2）高等学校计算机相关专业的毕业人数——从业人员数——R&D 人员数——技术创新量——服务提供商的技术水平——服务的安全性——服务的质量——云服务的试用率——云服务的采纳率——云计算用户数——国家经济发展水平——政府财政支出——政府科技投入——高等学校计算机相关专业毕业人数。高校科研机构一方面通过提高自身科研水平来促进云计算服务业的演进，另一方面通过培养相关人才，增加行业从业人员数量和提高从业人员素质，使服务提供商 R&D 投入中的人员投入加大，从而加大 R&D 产出，最终使云计算用户数增加。与上述机理相似，政府进而会加大科技投入和对相关人才的培养。

3. 政府部门行为反馈回路分析

政府部门作为政策的制定者，其行为引起的主要反馈回路包括：

（1）政府采购对服务质量要求——服务提供商的管理水平——服务质量——云服务的试用率——云服务的采纳率——云计算用户数——云计算服务业的营业收入——云计算服务业的产业政策——云计算服务的政府采购要求。政府采购具有范围广、规模大的特点，因此被许多国家当作创新工具，这条路径就反映了政府采购对云计算服务业演进的作用。当政府支持云计算服务业时，政府机构会用云计算服务替代原有的部分办公设施，加大对云计算服务的采购。这样做一方面直接加大了云计算服务的市场需求；另一方面服务提供商为了获得政府订单，会积极提高服务质量，好的服务质量能吸引更多的潜在用户使用云计算服务，从而提高云计算服务业的收入。云计算服务业的收入体现了整个产业的发展状态，产业的发展状态继而影响国家产业政策的制定，在新的政府采购中提出新的要求以促进云计算服务质量的提升。

（2）云计算服务业的产业政策——相关法律制度的完善程度——服务的安全性——服务的质量——云服务的试用率——云服务的采纳率——云计算用户数——云计算服务业的营业收入——云计算服务业的产业政策。这是一条正反馈路径，当国家支持云计算服务业发展时，立法机关会加快建立和完善与云计算相关的知识产权、信息安全、数据权利等法律的进程，云计算服务中数据的安全性会有所提升。安全性是影响企业和个人采纳云计算服务的重要因素，因此，安全性的提升最终能增加用户数，从而影响云计算服务业的发展状况。与这条反馈路径相类似的是国家对云计算服务业的支持促进了行业协会、云计算产业联盟等科技中介机构的诞生，他们通过提高云计算技术的标准化程度和行业规范化程度而促进整个行业服务质量的提高。

（3）云计算服务业的产业政策——金融机构的投资意愿——金融机构的贷款和投资额——云计算服务业的资本总量——云基础设施投入——服务的质量——转移率——云服务的采纳率——云计算用户数——云计算服务业的营业收入——云计算服务业的产业政策。这条反馈路径反映了产业政策通过影响金融机构的投资意愿，对云计算服务业演进的影响。金融机构包括银行、证券公司、保险公司、信托、基金等，当政府支持云计算服务业时，一方面银行会加大对云计算服务提供商的贷款额度；另一方面，在证券市场上，投资者也会加大对与云计算相关股票、债券等金融产品的投资，从而提高上市云服务提供商的资本总量，服务提供商也会有更多的资金进行数据中心、服务器等基础设施的建设。基础设施建设对云计算服务是至关重要的，云计算作为一种网络服务，其可靠性和安全性不仅需要技术手段，还需要基础设施的支撑。随着云计算服务提供商业务的不断拓展和用户数的不断增加，服务提供商的基础设施也会不断升级、维护和扩展，因此，有充足的资本进行基础设施的建设能够提高云计算的服务质量，从而增加云计算的用户数和营业收入，最终决定新的产业政策。

（4）云计算服务业的产业政策——从业人员数——R&D人员数——服务提供商的技术水平——（省略）——云计算服务业的营业收入——云计算服务业的产业政策。一方面，产业政策包括人才引进政策，对符合条件的从业人员在住房、收入、户口、子女教育等方面给予优惠，从而使云计算服务业的从业人员数增加；另一方面，国家对云计算服务业的支持使相关人士看到了其可观的发展前景，因此，云计算服务业能够吸引更多的人才，增加从业人员数，进而企业中R&D人员数也会增加。人才具有聚集效应，人才的聚集会联动产生创新效应、激励效应、集体学习效应和规模效应，因此，服务提供商的技术水平会得到较大的提升，最终增加云计算服务业的收入，进而影响新的产业政策。

（5）税率——纳税额——政府扶助资金（支出）——（云计算服务业的利润）——云计算服务业的资本总量——云基础设施投资额——（省略）——云计算服务业的营业收入——产业政策——税率，这是一条可正可负的反馈路径。当政府支持产业发展时，其扶助资金会根据企业的贡献率，即纳税额的多少决定，税率提高增加了整个行业的纳税额，一方面会使政府的扶助资金增加，从而增加产业资本总量；另一方面会因支出的增加而降低整个行业的利润，从而降低资本总量。资本总量的变化最终会影响国家的产业政策，进而影响产业中企业的税率。

（6）云计算服务业的产业政策——高校、科研机构与云计算相关的项目经费——云计算服务的学术研究水平——（省略）——云计算用户数——云计算服务业的营业收入——云计算服务业的产业政策。这条路径反映了当国家支持云计算服务业发展时，高校、科研机构也会加大对云计算的关注，在申请科研项目时，便会倾向于云计算，云计算在学术研究方面的成果通过产学研合作最终转化为行业营业收入的增加。

（7）云计算服务业的产业政策——云服务提供商的创新意愿——（省略）——云计算服务业的营业收入——云计算服务业的产业政策。这条路径反映了产业政策对服务提供商创新意愿的影响。当国家政策支持云计算服务业的发展时，服务提供商响应政策号召，愿意不断提高云计算服务的质量和水平，加大R&D经费和产学研合作投入，提高R&D人员的比例，从而提高服务质量，赢得更多的用户和利润。

由此可以看出，产业政策对云计算服务业演进的影响是多方面的，政府应对弱小、有潜力的产业进行扶持，特别是在其发展初期，这些产业会成为未来国民经济新的增长点。

第三节　云计算服务业演进的流图模型构建

一、基本假设与水平变量的确定

前文对云计算服务业的演进动因进行了分析，并确定了云计算服务业系统的边界，基于数据的现实性和可计算性，本书在构建流图模型时，简化了因果关系图，并做了以下基本假设。

H1：云计算服务的服务质量指服务的安全性、可靠性和适用性。

H2：云计算用户指使用 IaaS 服务、PaaS 服务或 SaaS 服务等公有云服务的付费用户，且均选择按使用时间付费的模式，使用时间为一年。

H3：服务提供商向用户提供一定期限的试用服务，用户在试用期后根据服务质量决定是否采用云计算服务后，在十年之内不会发生转移。

H4：高校、科研机构的研究成果通过产学研合作全部转化为云服务提供商技术创新能力的提高。

云计算服务业系统共包括八个水平变量：国内生产总值、云计算的用户数、云计算服务业的资本总量、云基础设施累计投资额、云服务推广支出累计额、技术知识存量、从业人员数和高校、高校科研机构与云计算相关的项目经费。国内生产总值代表了国家的社会经济发展水平，是本模型的拟合变量。云计算的用户数、资本总量和从业人员数是衡量云计算服务业发展状况的几个重要指标，云计算的用户数从侧面反映了市场需求，云计算服务业作为知识密集型行业，其从业人员，特别是研发人员发挥着举足轻重的作用，因此，将其作为主要的输出变量以分析云计算服务业的发展趋势。研究表明，技术知识存量、基础设施投资额和高校、科研机构经费、云服务推广支出在提高服务质量、普及程度方面都具有累计效应，因此，本书为了更好地体现其累积性，将其也设为水平变量，总流图如图 3-4 所示。我国的云计算服务业从 2009 年起才逐渐兴起，因此，本书将仿真期间设置为 2009—2024 年，仿真步长为 1 年，输出结果保存频率为年。

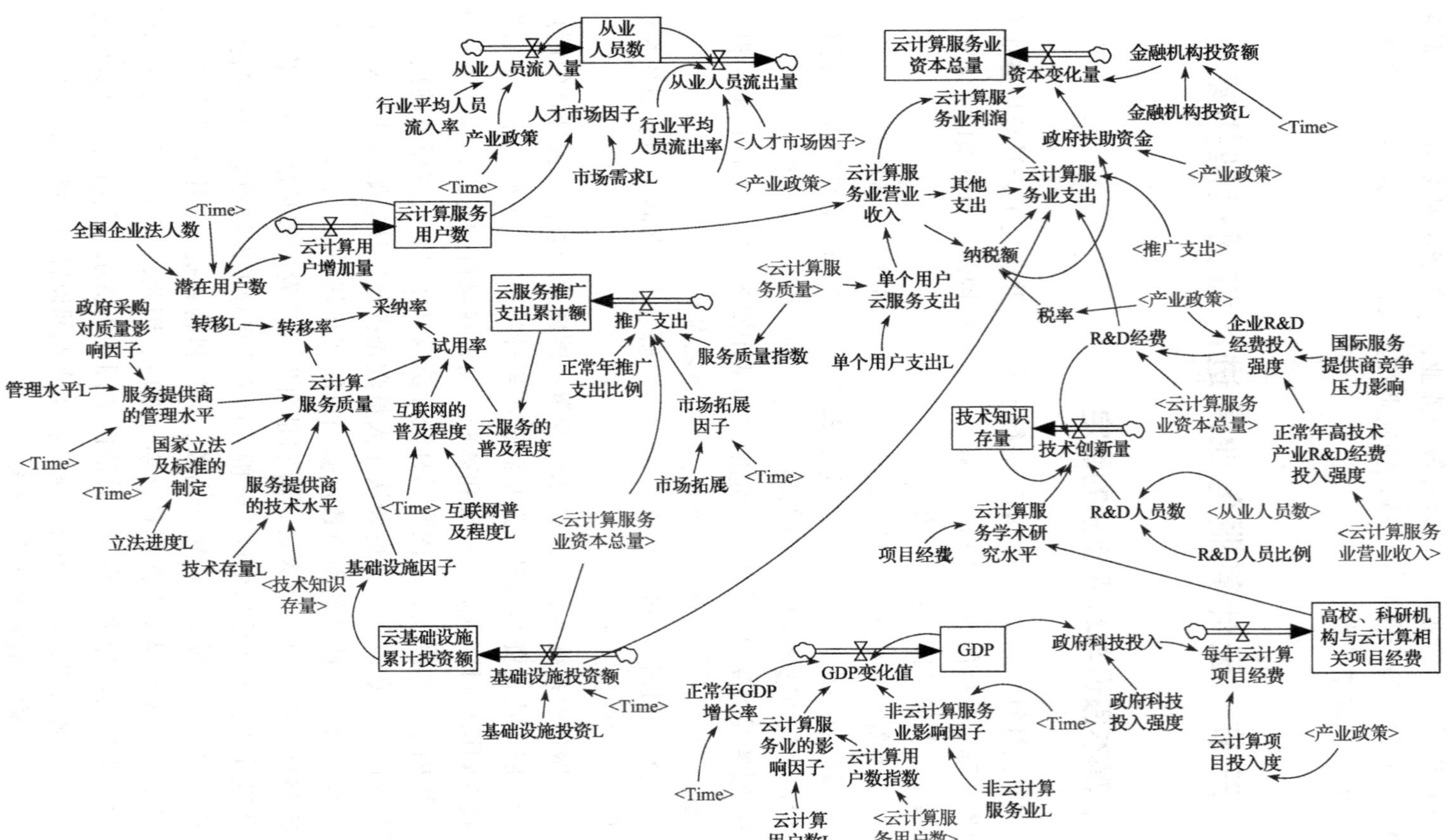

图 3-4 云计算服务业演进流图

系统动力学方程的种类包括：水平方程（L）、速率方程（R）、辅助方程（A）、常量方程（C）和初值方程（N）。时间参数的含义具体为：K 表示现在时刻；J 表示前一个时刻；L 表示下一个时刻；JK 表示时刻 J 和 K 之间的区间；KL 表示时刻 K 和 L 之间的区间；DT 表示差分步长。下文变量方程将直接用上述字母来表示。

二、从业人员和 GDP 简化流率基本入树及其变量方程

（一）从业人员简化流率基本入树及其变量方程

从业人员简化流率基本入树如图 3-5 所示。

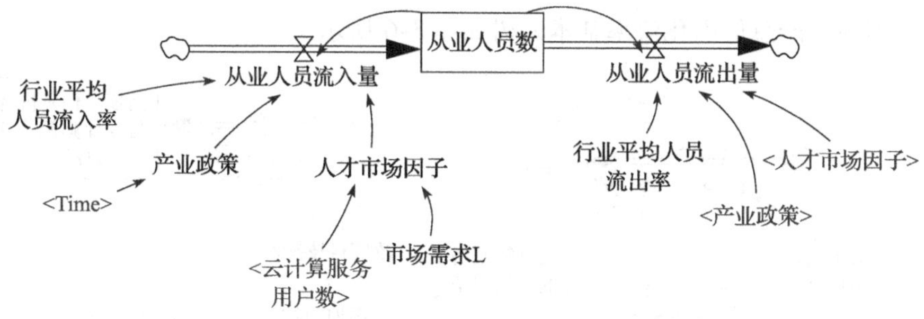

图 3-5　从业人员简化流率基本入树

从业人员简化流率基本入树变量方程如下：

（1）L　从业人员数 . K = 从业人员数 . J + DT ×（从业人员流入量 . JK − 从业人员流出量 . JK）

N：从业人员数 = 0. 1738

注：根据 2009 年信息传输、计算机服务和软件业城镇单位就业人口数设置云计算服务业从业人员的初始值为 0. 1738 万人。

（2）R　从业人员流入量 . KL = 从业人员数 . K × 行业平均人员流入率 . K × 产业政策 . K × 人才市场因子 . K

单位：万人/年。

（3）R　从业人员流出量 . KL = 从业人员数 . KL × 行业平均人员流出率 . K ×（人才市场因子 . K − 1）×（产业政策 . K − 1）

单位：万人/年。

注：产业政策和人才市场中对云计算服务人才的需求既影响从业人员的

流入率，也影响其流出率。式中，2010—2015 年，产业政策是 1.3，其余时间为 1，是因为从 2010 年开始，我国政府才开始颁布一系列政令以大力发展云计算服务业。

(4) A　人才市场因子 . K = TABLE（市场需求 L，云计算服务用户数，0，100000）

T 市场需求 L {[(0，0) -(100000，10)]，(0，1)，(1，1.1)，(10，1.4)，(50，1.6)，(100，1.8)，(500，1.85)，(1000，1.9)，(1500，2)，(2000，1.9)，(6000，1.8)，(10000，1.6)}

注：人才市场因子表明云计算服务业市场对人才的影响作用。

(二) 国内生产总值简化流率基本入树及其变量方程

国内生产总值简化流率基本入树如图 3-6 所示。

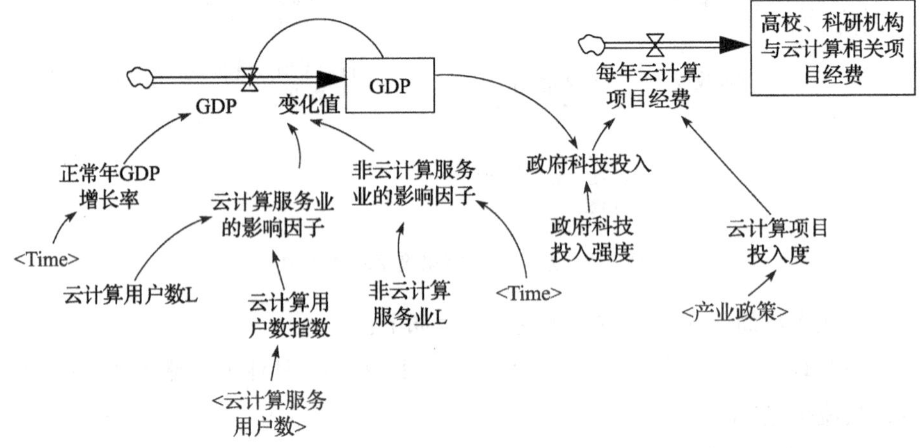

图 3-6　国内生产总值简化流率基本入树

国内生产总值简化流率基本入树变量方程如下：

(1) L　GDP. K = DT × GDP 变化值 . JK

N：GDP = 340903

注：340903 亿元为中国 2009 年的 GDP 值。

(2) R　GDP 变化值 . KL = GDP. K × 正常年 GDP 增长率 × 云计算服务业影响因子 . K × 非云计算服务业的影响因子 . K

注：式中 GDP 变化值的单位为亿元/年，其余变量均无量纲。

(3) A　云计算服务业的影响因子 . K = TABLE（云计算用户数 L，云计

算用户数指数，0，200000)

T 云计算用户数 L {[(0, 0) -(20000, 10)], (0, 0), (1, 1), (1.5, 1.005), (5, 1.01), (10, 1.015), (50, 1.02), (100, 1.03), (1000, 1.05), (5000, 1.08), (10000, 1.1), (20000, 1.12)}

注：随着使用云计算服务的用户数越来越多，云计算服务业对 GDP 的影响也越来越大，此表函数体现了这种趋势。

(4) C 正常年 GDP 增长率 = IF THEN ELSE [Time < 2010, 0.075, IF THEN ELSE (Time > = 2020, 0.065, 0.07)]

注：根据我国“十一五”及“十二五”规划中 GDP 增长速率确定。

(5) A 云计算用户数指数 . K = 云计算服务用户数 . K/0.1

(6) A 非云计算服务业的影响因子 . K = TABLE (非云计算服务业 L, Time, 2009, 2024)

T 非云计算服务业 L {[(2009, 0) -(2025, 10)], (2009, 2.5), (2010, 2.4), (2011, 2.2), (2012, 1.1), (2013, 1.06), (2015, 1.05), (2017, 1.04), (2020, 1.03), (2022, 1.02), (2024, 1.01)}

注：非云计算服务业的影响因子表示非云计算服务业对 GDP 的影响程度，是以时间为自变量的表函数，体现了其对 GDP 影响越来越小。

(7) A 政府科技投入 . K = GDP. K × 政府科技投入强度

(8) C 政府科技投入强度 = 0.0082

注：科技投入强度即国家科技投入与 GDP 的比值，根据 2009—2012 年我国政府科技投入强度历史数据的平均值而得。

(9) L 高校、科研机构与云计算相关项目经费 . K = DT × 每年与云计算相关项目经费 . JK

N 高校、科研机构与云计算相关项目经费 = 0

(10) R 每年与云计算相关项目经费 . KL = 政府科技投入 . K × 云计算项目投入度

注：式中每年高校、科研机构与云计算相关项目经费和政府科技投入的单位为亿元。

(11) A 云计算项目投入度 . K = 产业政策 . K × 0.00005

注：0.00005 是根据 2010—2014 年我国科学基金中与云计算相关项目经费的历史数据估计而得。

三、云计算用户数简化流率基本入树及其变量方程

云计算用户数简化流率基本入树如图 3-7 所示。

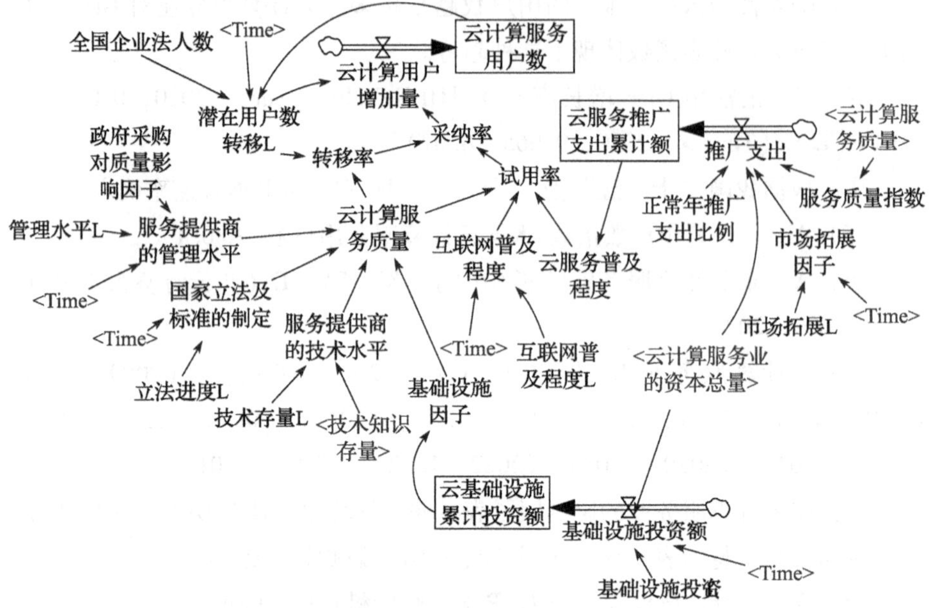

图 3-7　云计算用户数简化流率基本入树

云计算用户数简化流率基本入树变量方程如下：

（1）L　云计算用户数 . K = DT ×（用户增加量 . JK – 用户减少量 . JK）

N 云计算用户数 =0. 1

注：2009 年我国有 SaaS 服务提供商八百客等，但该服务用户规模较小。

（2）R　用户增加量 . KL = 潜在用户数 . K × 采纳率 . K

（3）A　潜在用户数 . K = TABLE（全国企业法人数，Time，2009，2024）– 云计算服务用户数 . K

全国企业法人数与时间的表函数如表 3-2 所示。

表 3-2　全国企业法人数与时间的表函数

Time	2009	2010	2011	2012	2013
全国市场主体数	595. 9	651. 8	733. 1	828. 7	914. 3
Time	**2015**	**2017**	**2019**	**2021**	**2024**
全国市场主体数	1113	1355	1649	2008	2697

注：2009—2012 年为历史数据①，2013—2024 年为估计值。

（4）A　采纳率 . K = 试用率 . K ×（1 - 转移率 . K）

（5）A　试用率 . K = 服务质量 . K × 互联网普及程度 × 云服务普及程度

（6）A　转移率 . K = TABLE（转移 L，云计算服务质量，0，1）

T 转移 L {[(0，0) -(10，10)]，(0，1)，(0.2，0.7)，(0.4，0.4)，(0.6，0.2)，(0.8，0.1)，(1，0)}

（7）A　国家立法及标准制定因子 . K = TABLE（立法进度 L，Time，2009，2024）

T 立法进度 L {[(2009，0) -(2030，1)]，(2009，0)，(2010，0.01)，(2012，0.1)，(2013.99，0.3)，(2015.81，0.5)，(2018.12，0.6)，(2020.05，0.65)，(2022.49，0.7)，(2024.16，0.75)}

注：国家立法及标准制定的成熟度是关于时间的表函数，随着云计算服务业的发展，相关的法律和标准也逐步完善。

（8）A　云计算服务质量 . K = 0.1 × 国家立法及标准的制定因子 . K + 0.15 × 服务提供商管理水平 . K + 0.25 × 基础设施因子 . K + 0.5 × 服务提供商技术水平 . K

注：云计算服务质量用（0，1）之间的数字表示，"0"表示服务提供商提供的服务质量极差，完全没有办法满足用户的需求，"1"表示服务在可靠性、安全性、适用性、类型等方面均能满足用户需求。各因子对服务质量影响的权重由团队成员讨论最终确定。

（9）A　云服务普及程度 . K = MIN {1，LOG [(云服务推广支出累计额 . K + 1)，100]}

（10）C　互联网普及程度 = 互联网普及程度 L（Time）

互联网普及程度如表 3-3 所示。

表 3-3　互联网普及程度

Time	2009	2010	2011	2012	2013	2015	2018	2021	2024
互联网普及程度	0.289	0.343	0.383	0.421	0.441	0.484	0.556	0.639	0.735

注：2008—2012 年为历史数据②，2013—2024 年根据平均增长率估算

① 数据来源：《2010—2013 年全国市场主体发展报告》《2013 年中国统计年鉴》。

② 数据来源：《第 31 次互联网发展状况统计报告》。

获得。

（11）R　推广支出 . KL = DELAY1（云计算服务业资本总量 . K，1）× 正常年推广支出比例 × MAX（服务质量指数 . K，1）× 市场拓展因子 . K

（12）A　服务质量指数 . K = 云计算服务质量 . K/0. 6

注：当服务提供商能提供新类型的服务或者可靠性、安全性等提高时，当年会加大推广支出，而这些全都表现为服务质量的提升。

（13）C　正常年推广投入的比例 = 0. 01

（14）A　市场拓展因子 . K = TABLE（市场拓展 L，Time，2009，2024）

（15）A　基础设施因子 . K = IF THEN ELSE {云基础设施累计投资额 . K < 9，0，IF THEN ELSE［LOG（云基础设施累计投资额 . K + 1），500］> = 1，1，LOG（云基础设施累计投资额 . K，500）}

注：基础设施因子用（0，1）之间的数字表示，当基础设施没有初步建立时，服务提供商无法为用户提供服务，因此，基础设施因子为“0”；在基础设施完善过程中，服务质量随着基础设施的完善而提高。

（16）L　云基础设施累计投资额 . K = DT × 基础设施投资额 . JK

N 云基础设施累计投资额 = 2

注：云计算服务业是在 IDC、互联网行业的基础上发展而来的，因此，原有的数据中心、服务器等设备均可使用。

（17）R　基础设施投资额 . KL = DELAY1（云计算服务业资本总量 . K，1）× 基础设施投资 L（Time）

单位：亿元/年。

注：企业当年的资本总量决定了下一年的基础设施投资额，因此，用 DELAY 函数表示延迟一年。

（18）A　服务提供商的管理水平 . K = 管理水平 L（Time）+ 政府采购对质量影响因子 . K

（19）A　政府采购对质量影响因子 . K = STEP（0. 05，2012）

（20）A　服务提供商的技术水平 . K = TABLE（技术存量 L，技术知识存量，50，5000）

T 技术存量 L {[（50，0）-（5000，1）]，（50，0. 001），（100，0. 1），（300，0. 35），（400，0. 46），（700，0. 65），（1000，0. 7），（1500，0. 75），（2000，0. 8），（2500，0. 84），（3000，0. 87），（3500，0. 88）}

四、云计算服务业资本总量简化流率基本入树及变量方程

云计算服务业资本总量简化流率基本入树如图 3-8 所示。

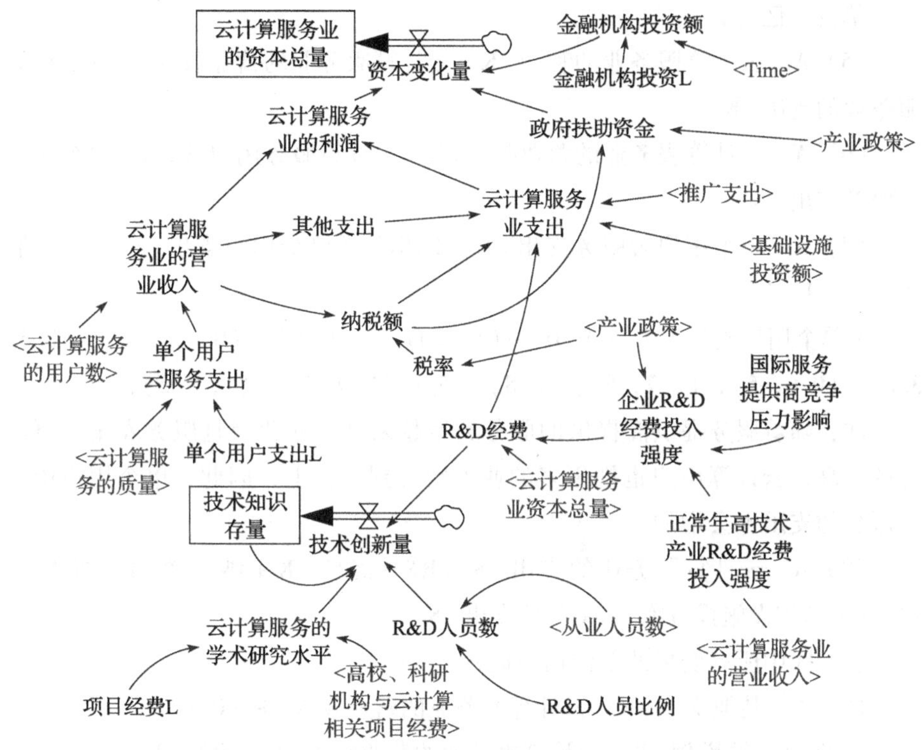

图 3-8 云计算服务业资本总量简化流率基本入树

云计算服务业资本总量简化流率基本入树变量方程如下：

（1） L　云计算服务业的资本总量 . K = DT × 资本变化量 . JK

N 云计算服务业的资本总量 = 20

注：根据 2008 年金融机构和互联网企业对云计算产业的投资额估计。

（2） R　资本变化量 . KL = 政府扶助资金 . K + 金融机构投资 . K 额 + 云计算服务业的利润 . K

（3） A　金融机构投资额 . K = TABLE（金融机构投资 L，Time，2009，2024）

T 金融机构投资 L {[(2008，0) - (2030，30)]，(2008，12.94)，(2009，4.657)，(2010，7.979)，(2011，27.94)，(2012，11.9)，(2013，9)，(2015，

8.5)，(2018，9)，(2021，9)，(2024，9)}

注：2009—2012 年为历史数据①，2015—2024 年为估计值。

(4) A　政府扶助资金 . K = IF THEN ELSE [产业政策≤1，0，(纳税额 × 0.2 × 产业政策)]

单位：亿元。

(5) A　云计算服务业的利润 . K = 云计算服务业的营业收入 . K – 云计算服务业的支出 . K

(6) A　云计算服务业的营业收入 . K = 云计算服务用户数 . K × 单个用户云服务支出 . K

(7) A　单个用户云服务支出 . K = TABLE (单个用户支出 L，云计算服务质量，1，1)

T 单个用户支出 L {[(0，0) – (1，20)]，(0，0)，(0.3，1.2)，(0.5，3.6)，(0.6，5)，(0.7，6)，(0.8，6.5)，(0.9，7)，(1，7.5)}

注：随着服务提供商提供的服务类型越来越多元化，且服务安全、可靠性的提高，云计算用户也把更多的业务转移到了云上，因此，单个用户用于云服务的支出也会增加。

(8) A　云计算服务业的支出 . K = R&D 经费 . K + 纳税额 . K + 推广支出 . K + 基础设施投资额 . K + 其他支出 . K

注：式中所有变量的单位均为亿元。

(9) A　其他支出 . K = 云计算服务业的营业收入 . K × 0.1

(10) A　纳税额 . K = 云计算服务业的营业收入 . K × 税率 . K

(11) A　税率 . K = 0.15/产业政策 . K

注：0.15 为《企业所得税法》规定的高新技术企业的企业所得税税率。

(12) A　R&D 经费 . K = DELAY1 (云计算服务业的营业收入 . K，1) × 企业 R&D 经费投入强度 . K

(13) A　企业 R&D 经费投入强度 . K = 正常年高新技术产业 R&D 经费投入强度 × 产业政策 . K × 国际服务提供商竞争压力影响 . K

(14) C　正常年高新技术产业 R&D 经费投入强度 = IF THEN ELSE {云计算服务业的营业收入 <5，0.06，[IF THEN ELSE (云计算服务业的营业收入 >20，0.03，0.04)]}

① 数据来源：《2013 年中国云计算产业投资研究报告》。

注：数据根据《高新技术企业认定管理办法》估计。

（15）L　技术知识存量.K = DT × 技术创新量.JK

N 技术知识存量 = 50

（16）R　技术创新量.KL = IF THEN ELSE {技术知识存量≤1000，[（446.703 × R&D 人员数.K + 52.9584 × R&D 经费.K）× 云计算服务的学术研究水平.K]，SQRT [（446.703 × R&D 人员数.K + 52.9584 × R&D 经费.K）× 云计算服务学术研究水平.K]}

注：仲伟俊等（2009）指出，用专利数量来衡量技术创新非常可靠，因此，本书的技术创新量用专利申请数来估计。此式前部分利用 Stata 统计软件根据 2000—2013 年统计年鉴中我国高技术产业的 R&D 经费、R&D 人员全时当量、专利申请数得到的回归模型所得，随着行业的发展，在单一行业中取得技术的创新越来越难，因此，通过求平方根的方式体现了这一趋势。

（17）A　云计算服务的学术研究水平.K = TABLE（项目经费 L，高校、科研机构与云计算相关项目经费，0，13）

T 项目经费 L {[（0，0）-（13，10）]，（0，1），（1，1.1），（3，1.3），（5，1.5），（7，1.7），（9，1.85），（11，2），（13，2.1）}

（18）A　R&D 人员数.K = R&D 人员比例 × 从业人员数.K

（19）C　R&D 人员比例 = 0.052

注：根据信息传输、计算机服务和软件业的 R&D 人员数和从业人员数之比估计。

（20）C　国际服务提供商竞争压力影响 = 1.5

第四节　云计算服务业演进的仿真结果与分析

一、模型检验

系统动力学模型的基本结构是信息反馈，与参数值相比，模型的结构对运行结果影响更大，因此，检验系统动力学模型包括对建模目的、系统边界、结构与实际情况一致性、行为适应性、行为与实际情况一致性的检验。本书结合历史数据、专家的估计数据，使用统计软件 Stata 和有效的估计方法确定了模型中的各项参数。通过对现实情况和因果关系图、流图的多次审查检验表明，本书建立的模型与初衷是一致的，且边界设定合理。通过设定国家完全不支持云计算服务业发展的极端政策进行仿真，仿真结果与现实的一致性较好。

本书还通过拟合变量 GDP 在仿真模型的运行结果与实际情况下的历史数据比较验证模型的有效性，2009—2024 年的中国 GDP 的实际值和仿真预测值如图 3-9 所示，根据计算其误差率的绝对值最大不超过 4%，说明本模型的运行结果与实际数据拟合度高，适合对云计算服务业系统演进进行仿真。

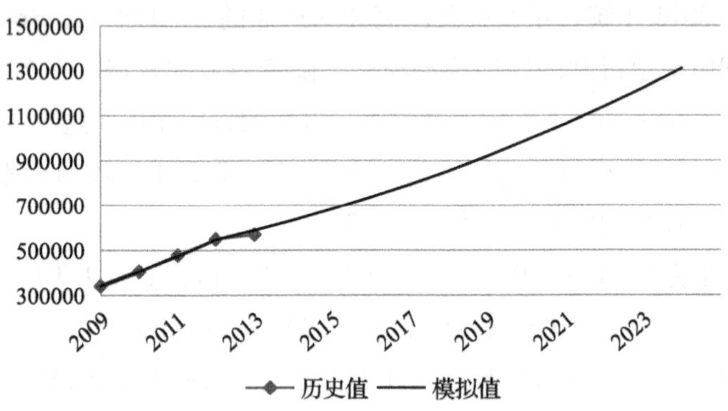

图 3-9　GDP 历史值与模拟值的比较

二、仿真结果

本书中涉及的变量较多，下面选取几个典型变量对模型的拟合效果和云计算服务业的演进机理进行研究。

（一）云计算服务质量

云计算服务质量是云服务提供商、用户和学者共同关注的重要话题之一，它既是云计算服务业发展的核心竞争力，也是影响用户采纳云计算服务的重要因素。图 3-10 反映了云计算服务质量的树状结构图，从中可以看出，云计算服务质量由国家立法及标准制定进程、基础设施可靠性、服务提供商的技术和管理水平共同决定，其中任何一个因素发展滞后都会影响云计算服务的质量。服务提供商投入的大量 R&D 经费和人员，对技术的不断创新最终都从服务的安全性、适用性、可用性等方面转化成了服务质量的提高。

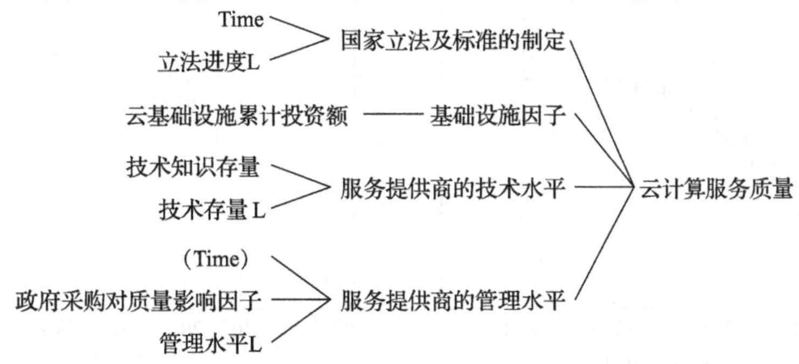

图 3-10　云计算服务质量的树状结构图

在本章第一节流图模型和方程的基础上，该模型中云计算服务质量的运行结果如图 3-11 所示。服务提供商的技术水平、管理水平、基础设施、服务质量都随着云计算服务业的发展在不断提高和完善。按照服务质量的提升速率可将整个模拟期划分为三个阶段：第一个阶段为 2009—2011 年，虽然服务质量处于较低水平，但是年均增长率超过 100%。2010 年之前云基础设施处于建设期，无法提高 IaaS 服务，此时 SaaS 服务和 PaaS 服务为主要的服务类型，服务提供商的技术水平和管理水平都有所提升。第二个阶段为 2012—2015 年，云计算服务质量迅速提升，服务提供商的技术水平与服务质量曲线非常贴近，技术是最重要的动力因素。服务提供商的管理水平伴随着行业的发展在这个阶段迅速提升，2012 年出现的陡然上升，主要受政府采购的影响，政府采购对安全性、可靠性等要求较高，各服务提供商为了争夺采购订单，会迅速提升自身的管理水平，从而提高整个行业的管理水平。此阶段的基础设施足以支持更高质量的服务，但是由于国家立法及标准制定的进程比较缓慢，无法完全发挥其作用，资源利用率低。第三个阶段为 2016—2024 年，服务质量已基本能满足用户需求，提升速率比前一阶段更低，年增长率低于 10%，国家立法及标准制定的进程依然严重制约着服务质量的提升。由于云计算用户数的增加，已建的基础设施在短时间内无法完全满足用户的需求，因此，影响了云计算的服务质量，不过，服务提供商迅速加快了对基础设施的完善，所以，其制约作用很快消除，预计 2022 年之后，云计算基础设施的可靠性成为服务质量高的重要因素。由于技术创新越来越难，服务提供商的技术水平在这期间增长缓慢，甚至制约了服务质量的提高。

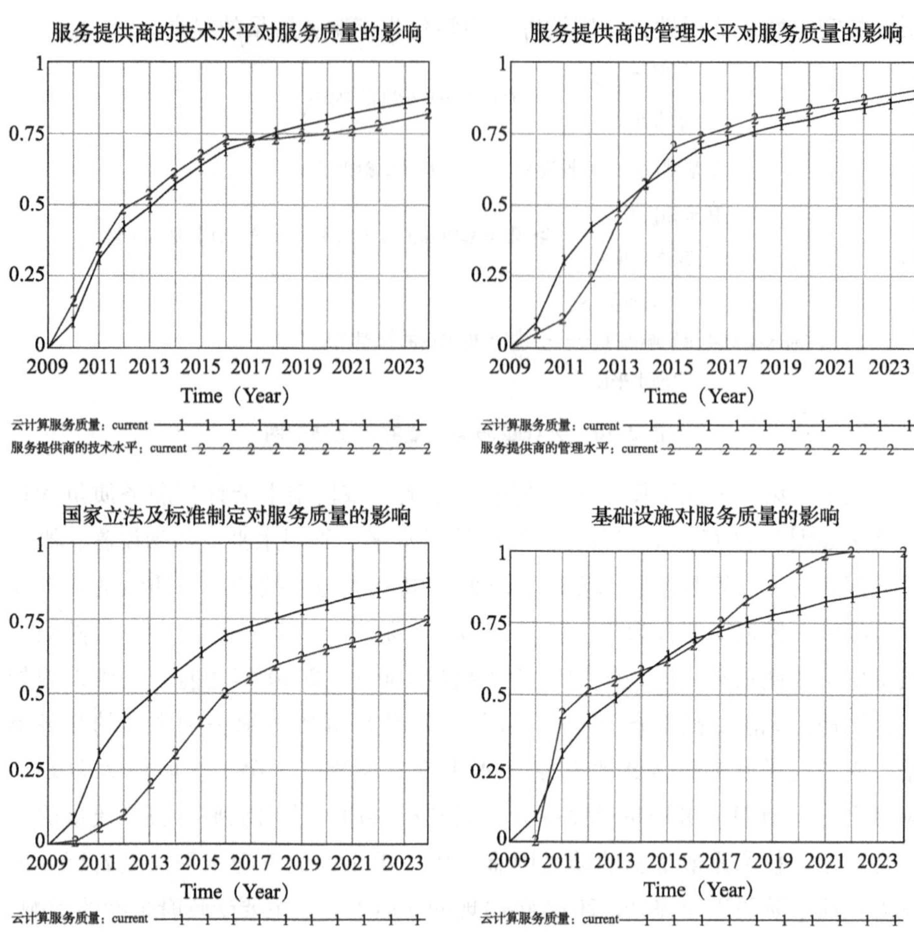

图 3-11　重要因素对云计算服务质量的影响

（二）云计算服务的试用率和采纳率

云计算服务的试用率和采纳率是判断云计算服务业发展状况的一项重要指标，由图 3-12 可以看出，采纳率和试用率均呈现增加趋势，2021 年后，其增长速率逐渐变慢。虽然采纳率低于试用率，但是其年增长速率高于试用率，这是因为随着服务质量的提升，转移率逐渐降低。

（三）云计算的用户数

云计算服务业具有前期投资大，服务价格低的特点，其利润的实现与增长主要依赖于规模经济效应，因此，与其他互联网行业类似，用户数是衡量

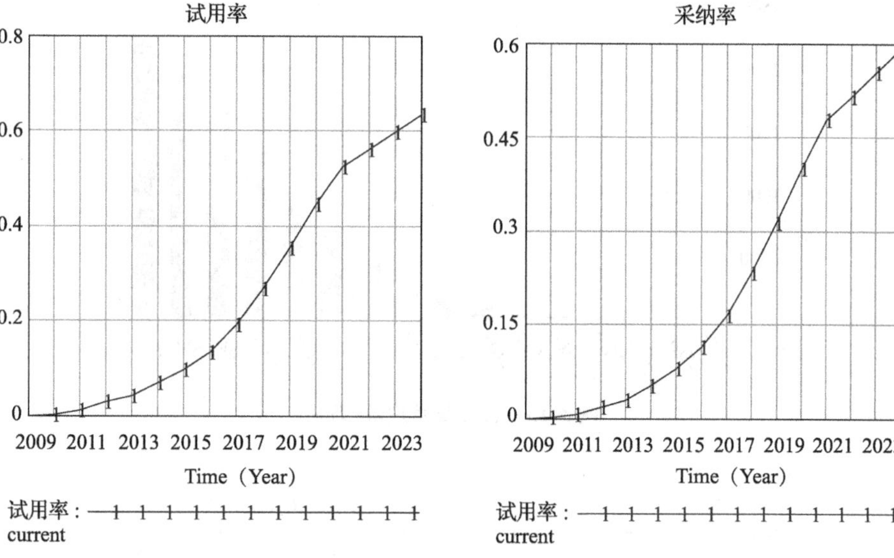

图 3-12　云计算服务的试用率和采纳率

其发展状况的重要指标。云计算用户数作为本书的一个重要输出变量，其运行结果如图 3-13 所示。显然其在模拟期间逐年增加，2011—2015 年增长率超过 100%，2015 之后开始逐渐变慢。每年增长的用户数如图 3-14 所示，其呈现先上升后下降的趋势。2012 年之前，云计算服务业初步发展，互联网和云计算服务的普及程度不高，虽然云计算服务的试用率有所提高，但是由于云计算服务质量的不足，很多免费试用云服务的客户基于自身业务需求没有被满足，最终没有采纳云服务，因此，用户数增长缓慢。2012—2020 年，随着云计算服务普及程度和服务质量的提升，服务的试用率和采纳率都增长很快，因此，每年的用户数也迅速增加。2020 年之后，用户增加量开始减少，主要是由于虽然市场中的企业数和采纳率也同时在逐年增加，但随着已有云计算用户数的不断累积，市场中能够拓展的潜在用户规模逐渐缩小。

（四）云计算服务业的营业收入

在社会经济系统中，一个具有生命力的行业必然是能够带来经济增长点的行业，财务类指标一直是衡量产业发展状况的重要组成部分，营业收入是一项重要的财务结果指标，云计算服务业的营业收入及增长率如表 3-4 所示。在模拟期间内，云计算服务业的营业收入逐年上升，2010 年增长率达到

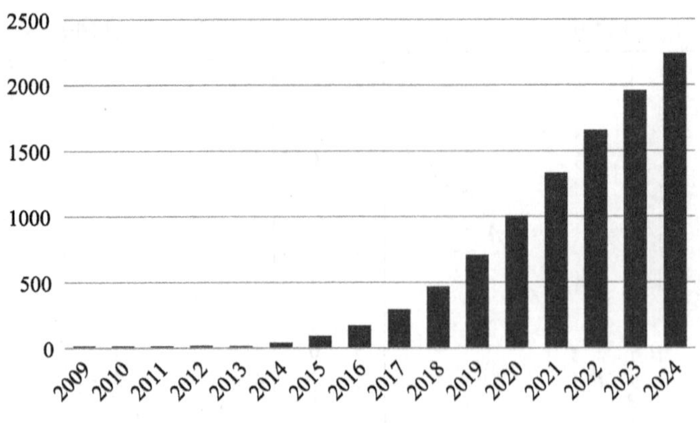

图 3-13　云计算用户数/万户

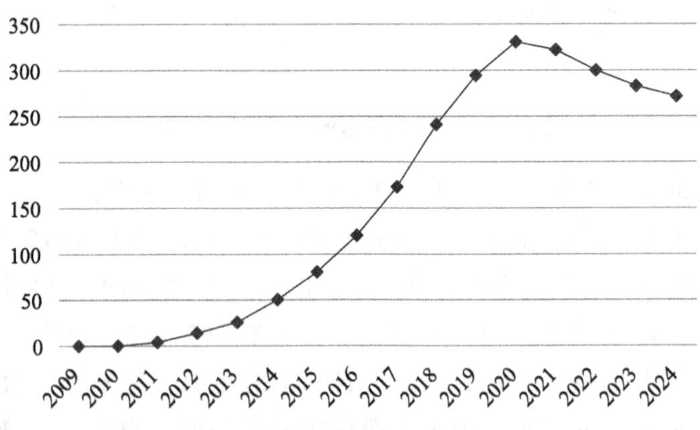

图 3-14　每年增加的云计算用户数/(万户/年)

17770.3%，这是因为2009年的营业收入基数小，极小营业收入的增长也导致了很高的增长率，这是产业从无到有显示出的极强生命力。2012年增长率再次显著提升，这是因为2010年被称为我国的云计算元年，国家政策开始大力支持云计算服务业的发展，经过2011年一年的建设、推广和新技术研发，2012年云服务的普及程度和质量都显著提高。随着服务质量的提高，每个用户用于云计算服务的支出也在增加，同时还有云计算用户数的增加，因此，直至2016年，产业的营业收入依然保持100%以上的增长率。2017年之后，营业收入的增长率逐年降低，2020年后增长率低于50%，整个产业收入趋于稳定，这主要是因为服务质量达到一定阶段后，再有明显提升较难，每年增加的用户数也在递减，这与产业生命周期定理相符。

表 3-4 云计算服务业营业收入及增长率

年份	营业收入/亿元	增长率	年份	营业收入/亿元	增长率
2009	0.0002	—	2017	1799.49	74.2%
2010	0.036	17770.3%	2018	2928.90	62.8%
2011	0.26	635.6%	2019	4517.34	54.2%
2012	11.33	4207.4%	2020	6508.90	44.1%
2013	64.53	469.8%	2021	8801.52	35.2%
2014	200.30	210.3%	2022	11068.73	25.8%
2015	504.88	152.1%	2023	13223.15	19.5%
2016	1033.18	104.6%	2024	15315.61	15.8%

三、控制变量分析

在建立的云计算服务业演进系统动力学模型的基础上，改变模型中的变量参数即可仿真系统中各主体行为的变化，以向各主体提出恰当的意见。

（一）改变政府的支持力度

在云计算服务业演进过程中，政府作为主体之一，通过产业政策、政府采购和立法及制定标准进度三方面发挥作用。本书通过三种不同支持力度下云计算服务业收入和从业人员分析政府在云计算服务业演进过程中的影响力。

（1）在现有基础上政府加大支持力度，2009 年产业政策 =1，2010—2015 年产业政策 =2，2016 年之后产业政策 =1.2；政府采购数量的增多和对质量要求的提高，使服务提供商的管理水平迅速提高 0.1。

（2）2009 年和 2016 年之后产业政策 =1，2010—2015 年产业政策 =1.5；政府采购使服务提供商的管理水平迅速提高 0.05，这也是前面一节中设置的参数。

（3）模拟期间产业政策 =1，无政府采购，这表示政府既不鼓励也不限制云计算服务业的发展。

由图 3-15 可知，首先，在产业发展初期，不同的政府支持力度对营业收入的影响并不明显，不过随着产业的发展，影响差别越来越大。其次，政府的支持力度越大，云计算服务业营业收入的增长率也越高；政府从不支持到支持的影响力远大于政府加强支持力度的作用。因此，在云计算服务业的演进过程中，政府既要发挥其引导作用，表明对产业发展的支持，也要控制好支持力度，更加合理地分配资源，在既定的资源下发展更多能够促进国民经济增长，提高企业效益和竞争力的产业。

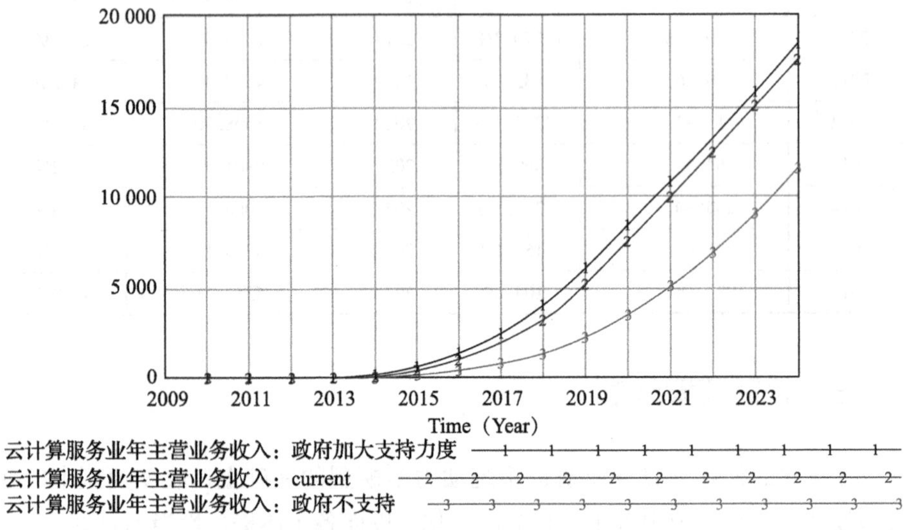

图 3-15　不同政府支持力度对营业收入影响的对比

由图 3-16 可知，政府的支持力度对从业人员数也有正向影响，政府的支持力度越大，从业人员数越多，不过与对营业收入的影响不同，政府的支持力度由上述情况 2 变为情况 1 时增加的人员数要远大于由情况 3 变为情况 2 的效力，这是产业政策对人才的集聚效应和对云计算人才需求扩大共同作用的结果。

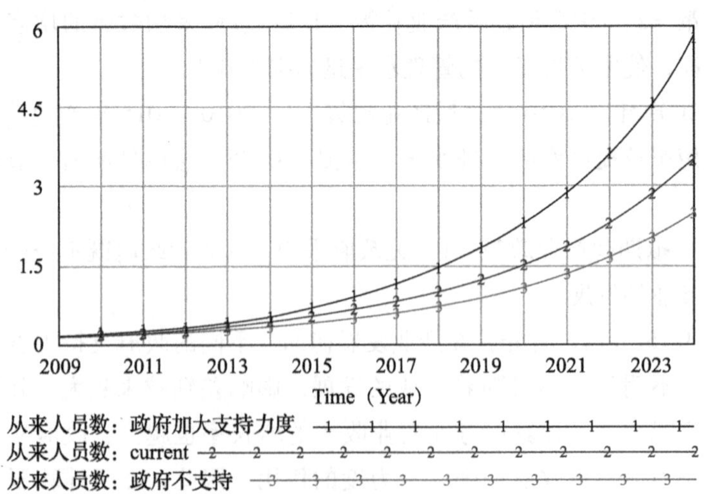

图 3-16　不同政府支持力度对从业人员数影响的对比

（二）改变基础设施投资额和R&D经费

服务提供商是云计算服务业发展最直接的推动者，其资源分配策略直接影响着云计算服务业的发展进程和健康程度，用户数和利润是云计算服务业发展状况的两项重要指标，对两者影响程度较大的是基础设施投资额和R&D经费两个变量。本书希望探讨在资金限制下，服务提供商如何分配基础设施投资额和R&D经费可以获得更多的用户和更高的利润。为此，本书通过把每年资本总量的0.01分别分配给基础设施投资、R&D经费和平均分配，以模拟同等资金不同的应用方式对用户数和利润的影响，结果如表3-5所示。

由表3-5可知，一般情况下，当同等资金被平均用于基础设施建设和R&D经费时，用户数和利润都最多，这是因为云计算服务质量的提高是服务提供商的技术水平、管理水平、基础设施和法律、规范制度共同作用的结果，齐头并进才能取得最佳效果，单一因子的大幅提高效果并非最佳。2010—2019年，资金被用于R&D经费时的用户数高于被用于基础设施建设，2010—2017年的利润也是同样的规律，这主要是因为此阶段技术创新对经费的敏感度较高，且其对服务质量的提高比基础设施的影响力更大。2020年后，技术创新对经费的灵敏度下降，单纯的经费提高已无法快速增加技术创新量，而基础设施的建设依然主要依赖于投资额的增加，因此从2020开始，资金用于基础设施建设时云计算的用户数更多。

表3-5 不同资金应用方式的云计算用户数和利润

年份	云计算用户数			云计算服务业利润		
	基础设施投资	R&D经费	平均分配	基础设施投资	R&D经费	平均分配
2010	0.1	0.1	0.1	-12.36	-12.35	-12.36
2011	0.21	0.22	0.25	-12.21	-12.19	-12.17
2012	3.51	3.81	4.34	-0.88	0.11	0.42
2013	14.86	16.07	17.60	24.32	28.96	30.44
2014	37.22	39.51	43.85	94.58	109.32	112.90
2015	80.52	85.72	93.0	273.49	313.74	317.54
2016	153.60	164.68	176.61	641.19	708.36	740.27
2017	262.89	278.81	306.12	1196.51	1235.23	1403.36
2018	427.18	437.80	505.64	1977.68	1969.40	2361.53
2019	656.83	660.80	774.68	3050.50	2980.39	3625.29

续表

年份	云计算用户数			云计算服务业利润		
	基础设施投资	R&D 经费	平均分配	基础设施投资	R&D 经费	平均分配
2020	952.13	947.06	1093.70	4465.20	4314.42	5144.78
2021	1298.34	1282.20	1427.87	6145.11	5911.49	6734.88
2022	1647.23	1621.94	1716.66	7656.37	7401.50	7872.61
2023	1958.15	1935.91	1994.35	8878.17	8682.96	8878.49
2024	2245.66	2228.99	2264.70	9814.828	97182.188	9918.93

（三）改变金融机构的投资额

金融机构作为系统的一大主体，其对云计算服务业的影响主要体现在资金支持上。本书中的金融机构投资额主要指从资本市场上筹集的资金，2009年资本总量的初始值源于2008年金融机构对云计算产业的投资额和服务提供商的自有资金，减少金融机构投资额的结果如图3-17所示，服务提供商会因资金短期而渐缓技术创新、基础设施建设、产学研合作等项目，从而影响我国云计算服务业向前迈进的步伐。金融机构的支持为云计算服务业的发展提供了良好的开端。不过，随着用户数和营业收入的增加，云计算服务业的资本总量不断积累，金融机构投资额的作用越来越小，加大或者减少金融机构的投资额，对用户数和营业收入的影响微乎其微。因此，金融机构加大对有潜力的新兴产业的支持，对新兴产业和整个国民经济的发展都非常重要。

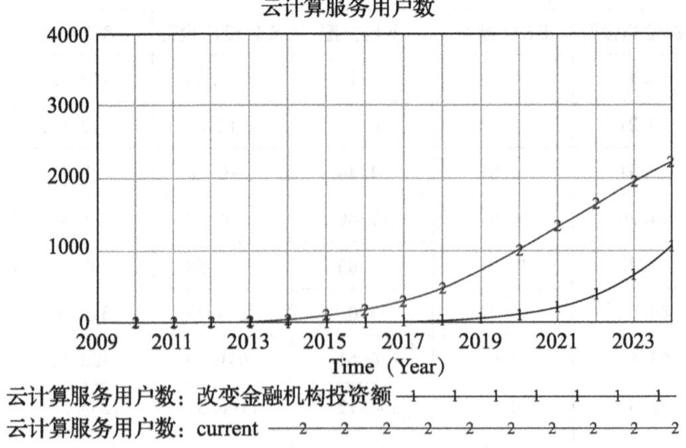

图3-17　减少金融机构投资额的云计算用户数对比图

本章小结

本章运用系统动力学的方法，通过因果关系图和流图对云计算服务业的演进进行了仿真模拟分析，得到以下结论。

（1）云计算服务业演进动因包括 Web 技术、虚拟化技术、安全性技术、SOA、数据存储不断创新，企业运用 IT 产品时日益增长的效益性需求、简单性需求、可扩展性需求、创新性需求，资本市场上投资者对云计算服务的青睐，高水平劳动力资源向云计算的聚集，政府产业政策的引导，政府采购对云计算服务业的拉动，科技中介机构对技术标准、行业规范等的制定。

（2）云计算服务业的发展趋势与互联网的发展类似，现在处于快速发展阶段，互联网的普及程度是影响其采纳率的一个主要原因。

（3）仿真结果证实政府、金融机构的支持是云计算服务业能够起飞的重要保证。在云计算服务业的萌芽阶段，政府利用引导效应通过产业联盟、行业协会的建立促进技术标准和制度的制定，并聚集大量的人才。另外，直接通过政府采购促进云计算服务质量的提高；金融机构则为其提供发展资金，使其能够进行基础设施的建设和新技术的研发。政府的支持力度要保持在合理的范围内，过度支持对云计算服务业演进的效用不大，可能会造成资源的浪费。

（4）云计算服务业作为一种新兴服务业，同样具有技术含量高、人力资本含量高、成长性高的特点，技术创新是其发展的关键内部因素。服务提供商的技术水平很大程度上决定了云计算服务的可靠性、安全性、适用性，因此，服务提供商要加大 R&D 经费和人员的投入，积极参与产学研合作，充分利用高校、科研机构的研究成果，实现技术和商业模式的创新，以提供更多样的云计算服务来满足用户日益增长的效益性需求、简单性需求、创新性需求和可扩展性需求。当技术水平发展到一定程度时，服务提供商要关注云基础设施的完善，避免由于基础设施的限制而降低用户感受到的服务质量。云计算服务在其他行业的应用中面临着知识产权、安全性、技术标准的制定等问题，解决这些问题的滞后性将严重影响云计算服务质量的提高。

第四章

云生态系统渠道角色共生关系研究

随着云计算的日益成熟，其发展模式逐渐从平台型转向生态圈方向发展。越来越多的云计算公司认识到，单个公司无法提供所有的云计算服务，而是需要与合作伙伴共同参与、合作、提升能力，因此，建设云生态成为未来重点发展的战略方向及产业界共识①。亚马逊云服务（Amazon Web Services，AWS）、微软和谷歌等国际 IT 巨头的云生态模式已经得到市场的认可。国内阿里云在 2014 年就推出了“云合计划”，开始构建云生态系统，并在 2017 年 10 月云栖大会上宣布云合再次升级，截至 2018 年 5 月，阿里云已拥有超过 8000 家合作伙伴。

云生态系统是指以云计算技术为基础，核心云服务企业为主导，由一系列相关的云服务渠道角色与云服务产业链上的各方利益相关者共同参与形成，具备共生竞合、开放、复杂、动态演化特征的生态系统（严建援和乔艳芬，2015）。云生态战略的提出使企业更加专注于自身技术研发以及业务拓展，有益于云计算厂商有效利用资源，促进创新，提升企业持续发展的生命力。

第一节　云生态系统的构成及渠道角色

云生态的爆发作为云计算爆发的重要体现，是云计算行业的热点经济现象，基于学者对云生态系统的研究，本章要先阐明云生态系统的整体架构及

① 《中国云生态年度综合报告 2016》。

渠道角色。

一、云生态系统的架构

云生态系统的概念源于生态系统，目前，对生态系统的概念界定：在一定空间内，由生物和与之关联的环境所组成的社区或集合。各物种间以及环境间相互作用、相互影响、相互制约、不断演进，以期达到动态平衡，最终使存在其中的各物种稳健发展的一种状态。借鉴对自然生态系统的理解，类比到云生态系统，可将云生态系统划分为内部和外部两个维度，如图 4-1 所示。

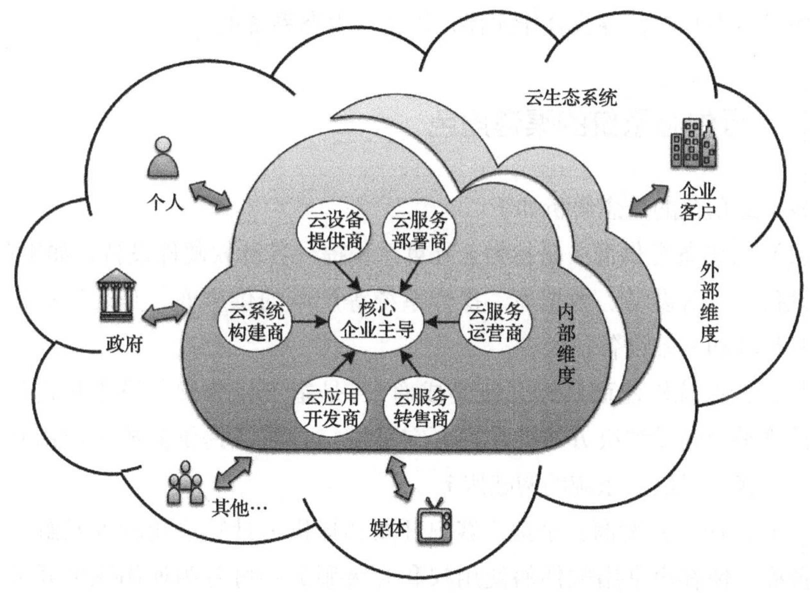

图 4-1　云生态系统的整体架构

由图 4-1 可知，云生态系统的外部维度与生态系统中的环境因素内涵相似，它们都是指参与整个生态系统运作，与内部维度进行能量交换的物质。在这里是指云服务的使用者，即云计算企业的客户，包括与内部维度进行资金、信息、物流交换的政府、媒体、企业和个人等。内部维度则类似于生态系统中的各个物种。基于对云计算领域各类企业业务结构的分析与归纳，并参照《中国云计算生态系统白皮书（2014—2015）》，本书一共提出六种渠道角色，分别为云设备提供商、云系统构建商、云应用开发商、云服务运营商、云服务部署商和云服务转售商，由这六种角色构成云生态系统的核心组成部分，提供软硬件产品、信息安全、支付、网络服务等。

云生态系统的内部维度包括六大渠道角色本身以及它们之间的动态作用。各渠道角色的地位不尽相同，存在着合作共赢或此消彼长的关系，因此将会形成这样一种现象——“核心企业主导”，即某个渠道角色在整个云生态系统中将会占领强势地位，成为云生态系统的核心，而其他的渠道角色被该核心角色联系在一起，共同发展云生态系统。就全球云服务市场来说，一般是云服务运营商处于云生态系统的核心；而在各云生态子系统中，则可能会以不同类型的渠道角色为核心。例如，AWS 云生态系统是以云服务运营商为核心，逐渐发展、演进，蚕食云市场；而华为云生态系统，因其前身是电信设备提供商，拥有非常明显的资源和技术优势，所以在发展云生态系统时，是以云系统构建商为基础，寻找合作伙伴，扩充云生态系统的。

二、云生态系统的渠道角色

各渠道角色的概念解析如下。

（1）云设备提供商：是指为云计算系统提供各种软硬件设备，如服务器、存储设备、机房设备、数据库、操作系统等产品的供应商，是云计算市场的积极参与者和基础设备提供者。

（2）云系统构建商（云系统集成商）：是指可将软硬件设施相连接，提供云计算平台建设解决方案的厂商。它可以与云设备提供商或云应用开发商合作，向客户提供云系统的构建服务。

（3）云应用开发商：是指为客户开发和提供云计算应用软件及解决方案的服务商，使客户享用软件的使用权和升级服务。可分为通用软件开发商和行业应用软件开发商两类。前者无明显的行业特征，为云计算系统开发通用类应用软件，如 OA、CRM 等。后者与之相反，为云计算系统开发行业类应用软件，如银行、医疗等。

（4）云服务运营商：是云生态系统中真正意义上面向终端客户实现交付的渠道角色，主要包括云资源服务提供商（IaaS 层）、云平台服务提供商（PaaS 层）及云应用服务提供商（SaaS 层）。它可为其他云渠道角色（如云服务部署商）提供支持，从而为客户提供更灵活的服务（如混合云服务），并且对资金、技术等方面都有较高要求。

（5）云服务部署商：是以云服务运营商提供的服务为基础，通过自身的增值（咨询、培训、定制开发等）服务，满足客户的个性化需求的服务商。

它是链接云服务与终端客户中最关键的一环，是现阶段整个云计算生态系统落地成功与否最重要的一个衡量标准。但由于云服务运营商的服务还处于逐步完善的阶段，因此，真正意义上的云服务部署商还不是很多。

（6）云服务转售商：是指将云服务运营商提供的服务转售给最终用户，不提供任何增值服务的厂商。它主要是从以前的零售商转换过来的，是门槛最低的一类云渠道角色，其本身可以没有任何 IT 服务能力。

各渠道角色的层次、特征及代表企业如表 4-1 所示。

表 4-1　云生态渠道角色名称、特征及代表企业

层次	渠道角色名称	渠道角色特征	代表企业
顶层 ↑ 底层	云服务转售商	向客户（个人、企业、政府等）提供标准的云服务订阅，无任何增值服务，对于自身的 IT 服务能力没有要求	上海和辰信息技术有限公司
	云服务部署商	将云服务运营商提供的服务作为基础，通过实现自身的增值业务，如咨询、培训、定制开发等，来满足客户个性化的需求	文思海辉
	云服务运营商	对资金、技术等方面都有较高要求的渠道角色，是真正意义上为终端客户提供云服务（IaaS、PaaS、SaaS）的	阿里云、中国电信“e”云、微软等
	云应用开发商	为云计算系统开发通用应用软件或行业应用软件及提供云计算解决方案	微软、用友、金蝶、东软等
	云系统构建商	连接云计算的软硬件设施，为云计算平台建设提供解决方案	华盛天成、太极、浪潮软件、荣之联等
	云设备提供商	为各类云计算公司提供基础软硬件服务	联想、浪潮、IBM、HP、Cisco 等

各渠道角色在云生态系统中发挥着各自的作用，他们之间的基本关系如图 4-2 所示。

云设备提供商为整个云生态系统中的其他渠道角色提供软件与硬件设备，是云生态系统中最基础的渠道角色，处在整个系统核心位置的是云服务运营商。其中，云应用开发商为云服务运营商提供云计算软件的开发服务，同时，云服务运营商可为云应用开发商提供平台云服务，还可与云应用开发商合作，提供给客户个性化的、多样化的各类应用；云系统构建商以及云服务转售商可将云服务运营商提供的服务交付或转售给最终客户。区别是前者要通过自身的增值服务，而后者一般无任何增值服务。

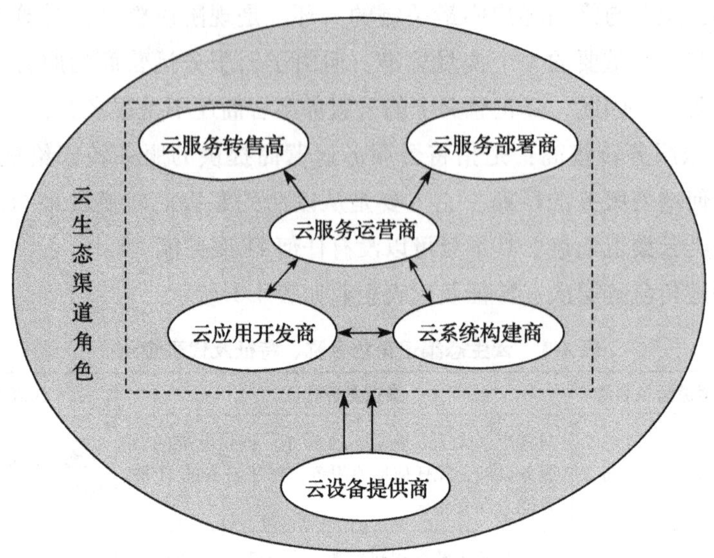

图 4-2　云生态系统内部各渠道角色之间的关系

第二节　共生理论模型

在一个云生态系统中有不同的渠道角色，其职能将随时间的推移而发生变化，其演化特性与生物群落的演化性质相似，如进化过程都是从简单到复杂，且生态系统都是有限性的，可以避免过度拥挤，保持系统正常、健康的发展。因此，共生理论中的 Lotka-Volterra 模型可用来分析云生态系统中各渠道角色间的相互关系。

一、Lotka-Volterra 模型

Lotka-Volterra 模型由 Morris 和 Pratt（2003）提出，用于解决生态系统中多模式框架下的交互关系。后来，Tsai 和 Li（2009）对该模型进行了改进，提出生态系统中的两个渠道角色之间的相互作用可以用两个微分方程表示，方程的基本参数影响两个渠道角色的生长。本书基于 Lotka-Volterra 模型，将云服务渠道角色之间的联系进行量化，模型中的具体符号解释和描述详见表 4-2。

表 4-2 符号定义

符号	含义
X_1、X_2	两个云服务渠道角色 1 和 2 的物种数量指标，可以是企业的营业收入（Shinohara，2010）、受雇人数（Tovar 和 Wall，2015）等
$\frac{dX_1}{dt}$、$\frac{dX_2}{dt}$	t 时刻 X_1 和 X_2 的增长率
a_1、a_2	当云服务渠道角色 1 和 2 独自存在、不受外界影响时，它们各自的自然增长系数
b_1、b_2	云服务渠道角色 1 和 2 自身发展的作用系数
c_1、c_2	各个云服务渠道角色 1（或 2）与其他渠道角色 2（或 1）之间的相互作用参数
$X_{1_{(t)}}$、$X_{2_{(t)}}$	在 t 时刻两个云服务渠道角色 1 和 2 的物种数量指标
$X_{1_{(t+1)}}$、$X_{2_{(t+1)}}$	在 t + 1 时刻两个云服务渠道角色 1 和 2 的物种数量指标
$\alpha_{1(2)}$、$\beta_{1(2)}$	当他们独自存在时，单个渠道角色的逻辑参数
γ_1、γ_2	分别为 X_1 对 X_2 或 X_2 对 X_1 增长率的影响程度
i	云服务渠道角色，i = 1，2

云服务渠道角色 1 和 2 的物种数量指标的 Lotka-Volterra 模型如下列公式所示

$$\frac{dX_1}{dt} = (a_1 - b_1X_1 - c_1X_2)X_1 = a_1X_1 - b_1X_1^2 - c_1X_2X_1 \tag{4.1}$$

$$\frac{dX_2}{dt} = (a_2 - b_2X_2 - c_2X_1)X_2 = a_2X_2 - b_2X_2^2 - c_2X_1X_2 \tag{4.2}$$

由于云生态系统各渠道角色的量化涉及离散时间数据，因此，需要从连续的 Lotka-Volterra 模型转换为离散时间序列。差分方程可以从公式（4.1）、（4.2）转换，得

$$X_{1_{(t+1)}} = \frac{\alpha_1 X_{1_{(t)}}}{1 + \beta_1 X_{1_{(t)}} + \gamma_1 X_{2_{(t)}}} \tag{4.3}$$

$$X_{2_{(t+1)}} = \frac{\alpha_2 X_{2_{(t)}}}{1 + \beta_2 X_{2_{(t)}} + \gamma_2 X_{1_{(t)}}} \tag{4.4}$$

参数之间的关系可以由公式（4.1）和公式（4.2）、公式（4.3）、（4.4）得到

$$a_i = \ln\alpha_i \tag{4.5}$$

$$b_i = \frac{\beta_i\alpha_i}{\alpha_i - 1} = \frac{\beta_i\ln\alpha_i}{\alpha_i - 1} \tag{4.6}$$

$$c_i = \gamma_i\frac{b_i}{\beta_i} = \frac{\gamma_i}{\beta_i}\frac{\beta_i\ln\alpha_i}{\alpha_i - 1} = \frac{\gamma_i\ln\alpha_i}{\alpha_i - 1} \tag{4.7}$$

两个渠道角色之间的多模态可由系数 c_1 和 c_2 表示，c_1 和 c_2 的不同组合显示了两个渠道角色的关系（Modis，1999），具体如表 4-3 所示。例如，如果 c_1 和 c_2 的两个符号都是正的，那么这两个渠道角色就是完全竞争关系。如果一个符号为正，而另一个符号为负，那么这种关系就被称为“掠夺者—猎物”，意思是第二个成员角色将成为第一个成员角色的食物。在公式（4.7）中，若想用 γ_i 来替代 c_i 进行关系判断，则 γ_i 符号须与 c_i 符号相同，即必须满足 $\ln\alpha_i/(\alpha_i-1)$ 符号为正（$\alpha_i>0$，并且 $\alpha_i\neq1$），此时渠道角色间的关系可由 γ_i 的符号来决定。

表 4-3　交互参数的解释

c_1	c_2	关系类型	解释
+	+	完全竞争	两个物种相互竞争
+	-	捕食关系	一方是另一方的猎物
-	-	互惠共栖	相互促进，共同发展
+	0	偏害共栖	单向抑制，一方受害，一方无影响
-	0	偏利共栖	单向促进，一方受益，一方无影响
0	0	中立	独立发展，没有联系

二、平衡点分析

平衡点与平衡状态有关。平衡状态意味着相对比的渠道角色不会发生相同（同增或同减）的变化。达到平衡状态时，令公式（4.1）和（4.2）同时为零，可以得到公式（4.8）和（4.9）。

$$X_1=\frac{a_1-c_1X_2}{b_1} \tag{4.8}$$

$$X_2=\frac{a_2-c_2X_1}{b_2} \tag{4.9}$$

在公式（4.8）和（4.9）中，当 $X_1<\frac{a_1-c_1X_2}{b_1}$，$\frac{dX_1}{dt}>0$ 时，云服务渠道角色 X_1 的营业收入随着时间的推移会增加；相反，当 $X_1>\frac{a_1-c_1X_2}{b_1}$，$\frac{dX_1}{dt}<0$ 时，云服务渠道角色 X_1 的营业收入会随着时间的推移而减少。同理，对于 X_2，当 $X_2<\frac{a_2-c_2X_1}{b_2}$，$\frac{dX_2}{dt}>0$ 时，云服务渠道角色 X_2 的营业收入也会随着

时间的增加而增加；反之，则减少。

公式（4.8）和公式（4.9）代表的两条直线最终将会相交。如果这两条线在第二或第四象限相交，平衡点则表明：一个云服务渠道角色将在未来存活，另一个将退出云市场（如图4-3和4-4所示）。只有当两条线相交于第一象限时，两个相互竞争的渠道角色才有一个平衡点，达到动态平衡，这意味着成对的渠道角色将在没有动态变化的情况下共存。否则，只有一个渠道角色能够最终在共生系统中生存。Lotka-Volterra模型中的参数值决定了平衡状态的稳定性。图4-3至图4-6展示了四个可能的平衡状态。

在图4-3至图4-6中，对于直线 $X_1=\frac{a_1-c_1X_2}{b_1}$，当点落入垂直阴影的区域时，$X_1<\frac{a_1}{b_1}$，$X_1$ 的营业收入将在线以下增加。相反地，当 $X_1>\frac{a_1}{b_1}$，它在这个区域之上时，X_1 的营业收入将会减小。同样，对于直线 $X_2=\frac{a_2-c_2X_1}{b_2}$，同时 $X_2<\frac{a_2}{b_2}$，当点落入水平阴影的区域时，X_2 的营业收入将会在线以下增加。否则，它会在线以上减少。

如图4-3所示：在第一象限，直线 $X_1=\frac{a_1-c_1X_2}{b_1}$完全在 $X_2=\frac{a_2-c_2X_1}{b_2}$之上，此时$\frac{a_1}{c_1}>\frac{a_2}{b_2}$，且$\frac{a_1}{b_1}>\frac{a_2}{c_2}$，这时云服务渠道角色 X_1 的营业收入将会增加，X_2 的营业收入将会减少，最终 X_2 将被 X_1 取代，直至完全消失。图4-4所表示的是相反的情况，即当$\frac{a_2}{b_2}>\frac{a_1}{c_1}$，且$\frac{a_2}{c_2}>\frac{a_1}{b_1}$，$X_2$ 将持续增加，X_1 最终完全消失。

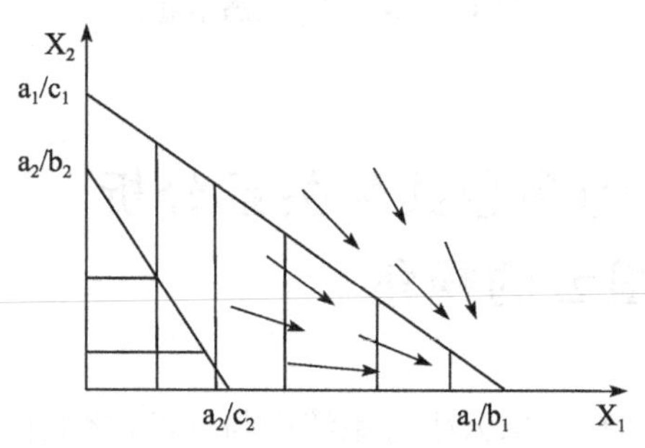

图4-3 随着 X_1 的增加，X_2 将灭亡

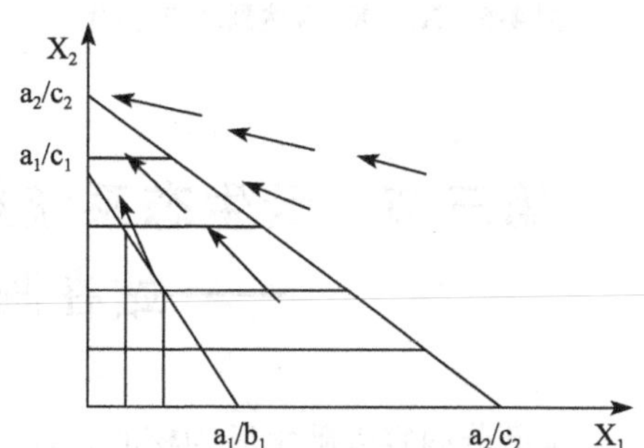

图4-4 随着 X_2 的增加，X_1 将灭亡

观察图 4-5 和图 4-6，两条直线 $X_1=\frac{a_1-c_1X_2}{b_1}$ 和 $X_2=\frac{a_2-c_2X_1}{b_2}$ 相交于第一象限，它们的交点坐标为（X_1^*，X_2^*）$=\left(\frac{a_1b_2-a_2c_1}{b_1b_2-c_1c_2},\ \frac{a_2b_1-a_1c_2}{b_1b_2-c_1c_2}\right)$，此时达到动态平衡。平衡点的稳定性决定了两个种群的运动轨迹。对于一个稳定的平衡点，不管两个初始的云服务渠道角色的营业收入规模如何，它们最终都会同时接近平衡点或偏离平衡点，然后将再次回到平衡点。相反，作为一个不稳定的平衡点，这两个渠道角色将偏离平衡点。当 $\frac{a_1}{c_1}>\frac{a_2}{b_2}$，$\frac{a_2}{c_2}>\frac{a_1}{b_1}$，它将会达到如图 4-5 所示的稳定、平衡。它表明，两个渠道角色的营业收入将会同时增加或减少，达到平衡点（X_1^*，X_2^*）。当 $\frac{a_2}{b_2}>\frac{a_1}{c_1}$，$\frac{a_1}{b_1}>\frac{a_2}{c_2}$ 时，平衡状态不稳定。随着时间的推移，这两个渠道角色将会偏离平衡点，但不会完全被对方所取代。因此，可以得出这样的结论：如果两个渠道角色在平衡点上的营业收入处于相同的增加或减少的方向，它们将会回到平衡状态。在以相反的方向发展的情况下，则两个云服务渠道角色的营业收入不会达到稳定的状态。

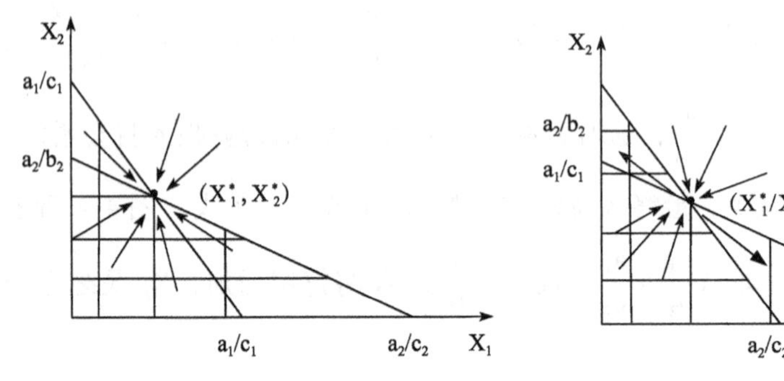

图 4-5　X_1、X_2 将达到动态平衡

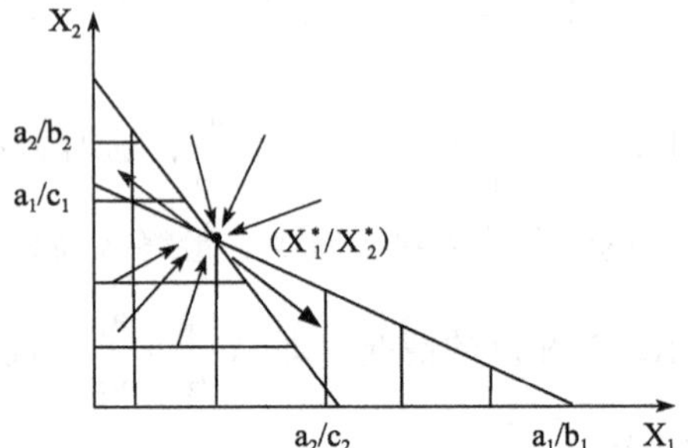

图 4-6　X_1、X_2 状态不稳定

第三节　云生态系统渠道角色共生关系分析——站在阿里云的视角

本部分内容以阿里云为核心，探讨其在全球云生态系统中与 AWS 之间的关系以及在以阿里云为核心的云生态子系统中与用友云之间的关系。

一、关系选择与数据说明

在研究云生态系统中各渠道角色之间的关系时，需要考虑以下几个问题：一是数据的可获取性。国内云服务是从2009年才逐渐兴起的，发展的时间较短、总体数据较少，数据的可采用性较低。二是公司的代表性。从公司规模与上市情况考虑，选择的公司要能在整体云生态系统中拥有一定的市场份额和话语权，具有代表性。

基于以上分析，本书选用2015—2017年11个季度的云服务公司的营业收入作为原始数据，来研究云服务公司之间的关系。案例分析共选取两组数据，一组为阿里云与AWS，另一组为阿里云与用友云服务。AWS是全球最大的云服务运营商之一，它主要向企业、公司提供IT基础设施服务，帮助企业用低廉的月成本、灵敏的服务系统替代前期昂贵、繁琐的基础设施投资。用友作为一家软件股份有限公司，是亚太本土最大的管理软件提供商，主要致力于为企业、政府提供SCM、ERP、财政管理以及财务管理等软件服务。用友公司作为云应用开发商在2015年加入以阿里云为核心的云生态子系统，与阿里云进行合作，进行云计算软件的开发，共同打造云生态系统。AWS和阿里云都属于云服务运营商角色，共属全球大的云生态系统；而用友云属于云应用开发商角色，与阿里云同属阿里云服务生态圈。

因为营业收入是以货币为计量单位，可以将其作为一个增长绩效指标进行Lotka-Volterra模型研究。选取2015—2017年11个季度的可用数据进行模型计算。阿里云、亚马逊、用友三家公司的云服务业务原始季度数据详见表4-4。

表4-4 阿里云、亚马逊、用友三家公司的云服务业务原始季度数据

年份	季度	阿里云/亿元	AWS/亿美元	用友云/亿元
2015	第一季度	3.88	15.9	0.058
	第二季度	4.85	18.2	0.078
	第三季度	6.49	20.85	0.18
	第四季度	8.19	24.05	0.55
2016	第一季度	10.66	26.14	0.15
	第二季度	12.43	28.86	0.26
	第三季度	14.9	32.31	0.3
	第四季度	17.64	35.36	0.46

续表

年份	季度	阿里云/亿元	AWS/亿美元	用友云/亿元
2017	第一季度	21.63	36.61	0.27
	第二季度	24.31	41	0.42
	第三季度	29.75	45.84	0.52

二、Lotka-Volterra 模型估计

本书采取非线性最小二乘法对模型参数进行估计，结果如表 4-5 所示，阿里云与 AWS 的离线模型系数以及阿里云与用友云的离散模型系数均通过了 P 检验（显著性水平分别为 5% 和 10%），α、β、γ 的估计值均为有效估计值。阿里云与用友云离散模型的参数在 5% 的显著性水平下没有通过检验，造成该结果的原因有：①用友只是在以阿里云为核心的云生态子系统中的众多合作伙伴中的一个，并不能全面地代表所有的云应用开发商；②用友的业务并不仅有云计算这一项，所以，其自身的资源分配可能不均衡。

表 4-5 离散性参数估计结果

	阿里云与 AWS		阿里云与用友云	
α	0.8436	1.3496	1.1861	0.0998
(Std. Error)	0.1362	0.0741	0.0315	0.3943
P 值	0.0004	0.0001	0.0000	0.0807
β	0.0219	0.0023	0.0046	-1.0177
(Std. Error)	0.0074	0.0008	0.0015	2.0708
P 值	0.0205	0.0173	0.0183	0.0638
γ	-0.0032	-0.0157	-0.2683	-0.0321
(Std. Error)	0.0011	0.0052	0.0554	0.0272
P 值	0.0223	0.0202	0.0019	0.0276
R^2	0.9965	0.9903	0.9982	0.3005

如表 4-6 所示，拟合优度 R^2 的值大于 0.95，说明模型本身具有较好的拟合性，根据公式（4.5）、（4.6）、（4.7），可以得到连续性参数的估计值，结果如表 4-6 所示。

表 4-6 连续性参数估计结果

	阿里云与 AWS		阿里云与用友云	
a	-0.1700	0.2998	0.1707	-2.3046
b	0.0239	0.0020	0.0042	-2.6054
c	-0.0035	-0.0134	-0.2461	-0.0822

（一）阿里云和 AWS 之间的关系

先讨论阿里云与 AWS 两者之间的关系，此时阿里云为云服务渠道角色 1，AWS 为渠道角色 2。在全球云生态系统中，同样作为云服务运营商的阿里云与 AWS 之间的关系并不是平时所认为的完全竞争，而是存在短期共生关系，由表 4-6 可知：从自身的增长系数 a_1、a_2（$a_1 = -0.1700$，$a_2 = 0.2998$）来看，阿里云的自然增长系数 $a_1 < 0$，说明阿里云的增长扩张速率在减小，需要进一步增加企业的创新性，加强云计算技术改革，加大与其他企业的合作；AWS 的自然增长系数 $a_2 > 0$，说明 AWS 仍处在快速增长、扩张阶段，企业的内部驱动力很强，此时，AWS 要保持自身优势，在确保技术创新的同时，加强业务发展，扩大自身的市场占有率。

从自身的限制性参数 b_1、b_2（$b_1 = 0.0239$，$b_2 = 0.0020$）来看，阿里云与 AWS 的限制性系数 b_1、b_2 均大于零，这就说明两家云计算企业在扩大规模抢占云市场时存在着边际递减效应，且阿里云的边际递减效应大于 AWS，这是由于：①中国的互联网、云服务发展较晚，导致阿里云的发展背景、技术、资源相比 AWS 比较匮乏；②阿里云是在 2009 年才与阿里巴巴集团分离，成为一家独立的云计算及人工智能科技公司，所以，它的发展历史相对于 AWS 这样的国外云计算巨头公司来说很短，即在中国以外市场竞争中相对处于劣势。

从相互作用参数 c_1、c_2（$c_1 = -0.0035$，$c_2 = -0.0134$）来看，本书中 $c_1 < 0$、$c_2 < 0$，即它们之间在短期存在互利共生关系。取得这个结果的原因可从以下几个方面分析：①云计算巨头公司 AWS 带动了云市场的发展，阿里云作为后来的进入者恰恰能利用 AWS 已经公布的技术作为技术基础，减少前期研发投入，利用 AWS 的技术为跳板，进行自身技术研发。对于 AWS 来说，阿里云的强势进入以促进技术、管理的改革，使其为抢占市场投入更多的资源。②由于 $c_1 > c_2$，即在抢占、瓜分云市场时，阿里云的竞争能力比 AWS 的竞争能力更强。当阿里云在向全球云市场扩张时，会对 AWS 造成威胁，导致 AWS

的季度同比增长率下降，同时，阿里云利用 AWS 技术基础，主要攻克 AWS 服务的短板，吸引更多云服务用户。

（二）阿里云和用友云之间的关系

再讨论阿里云与用友云两者之间的关系，此时阿里云为渠道角色 1，用友云为渠道角色 2。在以阿里云为核心企业的云生态子系统中，我们可以得到阿里云和用友云的自身增长系数 a_1、a_2，由表 4-6 可知 $a_1 = 0.1707$，$a_2 = -2.3046$，阿里云的自身增长系数 $a_1 > 0$，说明在此云生态系统中阿里云有很好的发展势头，增长率处在增加的状态中，而用友云的自然增长率 $a_2 < 0$，结合实际我们可以知道用友进入云服务市场较晚，所以自身竞争力较弱，目前还处于探索发展时期，建议用友的云计算业务应适当调整云服务规划，比如扩大云计算业务的投入，增加企业之间的合作，调整云计算业务所占比例等。

根据模型的计算结果，可以得出用友云与阿里云之间的相互作用关系 c_1、c_2 都小于 0（$c_1 = -0.2461$，$c_2 = -0.0822$）。它们之间的关系为互利共生，即阿里云与用友云之间的合作关系可以使双方达到共赢，互相促进科技创新，进一步开拓云计算市场。然而 $c_1 < c_2$，说明阿里云对用友云的贡献和帮助更大，用友云在与阿里云的合作中得到了更多的机会。这一关系表明用友将阿里云作为一个进入云服务市场的跳板，可以在阿里云生态系统中进行自我的云服务转型；而阿里云重视将自身的技术与产品经验赋予给合作伙伴，这就大大帮助了传统 IT 服务商向云服务商的转变，同时两两合作能够发现更多的商机，实现云生态系统的和谐发展。对于阿里云来说，这段关系对自身的回馈并不是很显著，造成此结果的原因有以下几点：①阿里云的企业规模较大且云服务资源丰富，合作伙伴更多，用友在其中发挥的作用并不能达到独树一帜的效果；②阿里云背靠拥有雄厚资源与资金的阿里巴巴集团，使其在云服务发展上有着先天的优势，相比用友云服务，其自身发展势头更好。而用友是一个由计算机软件开发商向云服务方向发展并结合自身优势的新型云应用开发商，因此，在这段关系上阿里云贡献更多。

三、平衡点动态分析

此部分以阿里云和 AWS 为例，对平衡点进行动态分析。

从图 4-7 可知，根据现有数据估计，阿里云与 AWS 将在点（235.57，1732.83）达到动态平衡，而现在已知的数据为（35.99，323.65）$_{2017(9-12)}$，尚未达到稳定的平衡点。垂直于横轴的区域代表的是阿里云营业收入增加的区域，平行于横轴的区域代表的是 AWS 营业收入增加的区域。因此，2017 年第三季度实际数据（35.99，323.65）$_{2017(9-12)}$将趋向于右上方的平衡点，意味着两个企业营业收入将会大幅增长，即阿里云的营业收入将会增加，AWS 也会以相同的方向增加，达到动态平衡。因为此时 $a_2/b_2 > a_1/c_1$，$a_1/b_1 > a_2/c_2$，平衡状态不稳定。当这两家企业达到动态平衡后，它们可能再次偏离。随着时间的推移，这两个渠道角色将不会完全被对方所取代。因为两者之间的相互作用系数已经确定，它们将会再一次达到动态平衡。

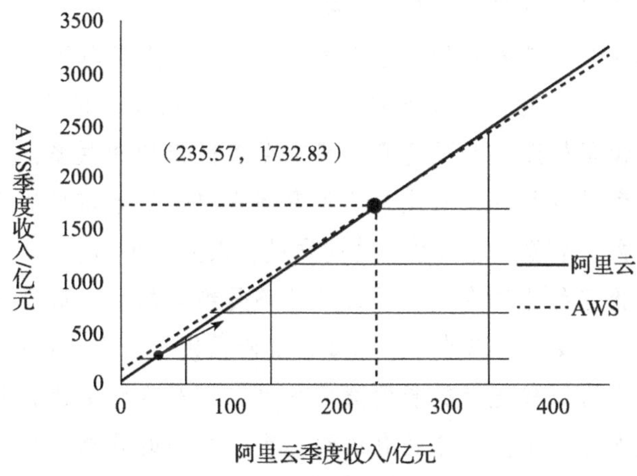

图 4-7 阿里云与 AWS 的营业收入动态平衡点

综上所述，在现阶段全球云生态系统中，两大云服务运营商巨头阿里云与 AWS 之间并不是普遍所认为的完全竞争关系，而是存在短期共生关系，即相互作用、共同发展。对于云生态系统本身来说，它并没有达到稳定、饱和的状态，而是处于发展扩充和完善的阶段，共生的逻辑会让它们趋于平衡。而对于以阿里云为核心的云生态子系统，阿里云与用友云之间是互惠共生的关系，尽管双方的关系并不对等，但生态圈的构建促进了不同渠道角色间的相互合作关系，通过共同激活、共同促进、共同优化获得渠道角色任何一方都无法单独实现的高水平发展。

本章小结

在一个生态系统中，存在着竞争、捕食、互惠、偏害等多种共生关系，本章利用共生理论中Lotka-Volterra模型对云生态系统中的各渠道角色之间的关系进行了理论分析与检验，得出如下结论。

(1) 阿里云与AWS在全球云市场的竞争环境下存在共生关系，AWS作为全球领先的云计算企业，其先进的理念和技术，以及对市场的开发创新程度值得其他云计算公司学习和借鉴。阿里云作为中国的本土产业，其有先天的地理优势和对国情文化的切合，二者之间是一种相互促进的状态，即“强强”角色的存在能促进整个行业的发展。

(2) 在以阿里云为核心的云生态子系统中，用友云与阿里云之间是互惠共生的关系，但双方的关系并不对等，阿里云对用友云的贡献和帮助更大。可见云服务运营商与云应用开发商之间存在着很密切的联系，云服务运营商为云应用开发商提供平台，借此来达到聚拢客户、扩大市场的目的。不同渠道角色之间存在一个稳定的联系，共同发展、瓜分云市场。

(3) 云生态系统中现存的各种关系并不是绝对的、一成不变的，而是随着时间的发展，将发生动态改变。例如，现阶段阿里云与AWS之间的关系并不是普遍所认为的纯粹此消彼长的竞争关系，而是合作共赢，共同发展。对于云生态系统本身来说，它并没有达到稳定、饱和的状态，而是处于发展扩充和完善的阶段。单个公司的能力、服务、资源是有限的，而整体是无穷的，合作与创新才是未来发展的主流。云生态战略的提出与发展能够促进企业创新，使企业更加有效、合理地利用资源，发展和壮大云市场。

考虑到目前我国云生态系统的发展还不完善，企业间的合作创新尚未成熟，在上述云生态系统的渠道角色共生关系研究的基础上，为渠道角色主体提出以下建议：

(1) 注重合作伙伴关系的构建。云计算的广泛应用和成功实施，不能依靠单一的厂商，更多的是通过合作伙伴共同提供云服务，进而达到共同创新和开拓市场的目的。良好的云生态系统必然是多个渠道角色主体的有机结合，不同渠道角色主体的合作上升到一种共生共荣的境界，可以在各个层面为客户提供有效的支持与服务。只有通过合作伙伴间的合力作用，才能打通创新生态价值链，造就一个可信的、健康的、可持续发展的云生态系统。

(2) 强调云的联接性和本土化应用。每一朵云不是孤岛，云内和云之间都需要互联。整个网络层级架构、各种终端、应用以至于云之间都需要全面互联，并且同构和异构体系也都需要不同渠道角色主体具备很强的互联能力。此外，云的联接性还体现在需要与其他领域的厂商共同创新和实践，打造跨行业领域、跨应用场景的云平台。对于合作伙伴而言，可以在不同行业、不同地域、不同应用方向上选择相应的厂商。在中国，大型企业对云的需求量很大，中国本土市场多以应用为云的切入点。因此，如何构建与本土化特点和需求相结合的云生态系统就成了在中国市场发展云产业的重中之重。

(3) 加强云生态系统的平衡与协作。云生态系统平衡的内容涵盖了不同渠道的角色主体、客户等多受众群体的服务能力及需求匹配，服务群体为协作与竞争并存的。且云生态不是静态的体系，而是处于动态变化过程中，要通过与合作伙伴的长期携手才能实现可持续发展和共赢。因此，不同渠道角色间需利益均衡、相互促进、相互改善，实现资源共享。通过云生态系统的平衡与协作，将进一步促进技术的进步和发展，减少能源的浪费情况，让用户以更低的价格得到更大的效益。

(4) 做好云生态系统建设的跟踪评估。在推进云生态系统建设过程中，在坚持“真诚合作、优势互补、利益共享、风险共担”的基础上，要加强合作过程的管理。要制定打造云生态系统的规划、目标、实施路径，制定合作管理制度和办法，有效挑选合作伙伴，建立一套战略联盟合作综合评价体系，运用科学的方法对合作进行及时、有效的科学评价，以利于合作主体及时发现问题，采取针对性的措施，不断提高渠道角色主体的合作管理水平，确保云生态系统建设的有效推进。

由于该行业具有保密性较高的特殊性，获取一手数据较为困难，本书的数据来源于上市公司的财务报表，但获取的数据量有限。随着云生态系统的持续发展，还将补充更多的数据，渠道角色的关系也会进一步演化。

云生态系统发展仅仅是开始，还未成熟。它的发展体现了云计算产业竞争范式的转变，由企业之间的竞争转向生态系统之间的竞争。本书在系统架构、渠道角色及共生关系上进行了深入分析，为未来进一步研究提供了理论基础及路径。但伴随着云生态系统的发展和演化，仍然有很多问题需要进一步探讨，如探索云生态系统和各渠道角色主体绩效间的具体关系，云生态系统的形成是否能显著促进各渠道角色主体的绩效？绩效类型体现在哪些方面？哪类绩效是云生态系统应该关注的？对这些问题的深入研究将进一步加快推动云计算的创新发展，培育信息产业新业、态新模式，催生新的经济增长点，促进经济提质、增效、升级。

生态化发展已成为云计算产业的大势所趋，我国经济发展更多地要靠产业化创新来培育和形成新的增长点，深入理解云生态系统各渠道角色间的绩效关系将进一步提升IT系统的效能，发挥云服务在信息技术产业中的引领和支撑作用，为经济社会持续、健康的发展注入新的动力。

第五章

基于竞合博弈的云服务供应链合作与技术创新决策研究

研究显示，对核心能力的关注、服务质量的提升及最新软件的获取是客户选择云应用服务的主要动因（邓仲华等，2012；严建援等，2015）。任何企业，即便是大型 IT 巨头，都无法独立完成云服务解决方案的所有组成部分，因此，服务供应链之间通过“合作共赢”“生态共同体”等来提升服务品质成为云服务提供商的不二选择。在实践中，国内外 IT 软件服务行业中相互合作、相互竞争的情况已屡见不鲜。如阿里云通过 1 亿元扶持计划来帮助云计算产业链上的合作伙伴，进一步丰富云生态链上的产品与服务。无独有偶，在浪潮以发展公有云服务合作伙伴生态圈的“云腾计划”中，也提出了发展 3000 家公有云合作伙伴的宏伟目标。与合作伙伴共享技术产品和解决方案，贡献创新成果，共同开拓云服务领域的巨大市场已成为一种最佳决策。

云服务供应链的合作与技术创新是一个热点问题，而现阶段云服务供应链的协调研究多集中于供应链企业的协调策略选择及协调契约设计，从竞合博弈的角度分析云服务供应链供应合作选择以及技术创新决策的研究还极为少见。且传统模型往往采用一对一的博弈模型假设，而在现实中企业可能会面临一对多的选择。因此，本章在以往研究的基础上，研究了包含一个云应用开发商和两个云服务运营商的云服务供应链合作与技术创新问题。在成分贴标签博弈的基本模型基础上，利用竞合博弈的分析框架，在合作博弈阶段采用 Shapley Value 分配利润，给出了供应链各方的决策依据。

第一节　成分贴标签博弈基本模型

一、问题描述

以一个云应用开发商和两个云服务运营商组成的云服务供应链为研究对象：云应用开发商专注于实现基本服务单元的功能，然后将实现的基本服务单元发布到云服务运营商的服务库中。而云服务运营商主要负责云服务平台的建设，一方面可将云应用开发商发布的基本服务单元注册到服务库中；另一方面根据客户的服务请求在服务库中查找到合适的基本服务单元，然后将基本服务单元整合为能够满足客户需求的业务系统出租给客户使用。此外，云服务运营商还需负责云基础设施管理、数据安全管理以及客户管理等业务。

在供应链中，云服务运营商 M 和 N 同时提供一种云应用服务产品，该产品的质量在很大程度上依赖于云应用开发商 I。I 开发的基本服务单元有技术创新发明专利认证。由于资源受限和保密协议等的影响，I 可以选择把其基本服务单元提供给云服务运营商 M 或 N，但是不能同时提供给两个运营商。云服务运营商 M 是一个具有较高主机性能、带宽质量和研发能力的知名运营商，在国内具有较高影响力，客户愿意以相对较高的价格 p_M 购买运营商 M 的产品。N 是一个实力较弱、不知名的中小云服务运营商，客户只愿意以较低的价格 p_N 购买运营商 N 的产品，即 $p_N < p_M$。不失一般性，假设云应用开发商 I 的开发成本为零，云服务运营商 M 和 N 的服务成本为零。由于云应用服务领域的高新技术产品供不应求，产品价格与销售量无关，不妨假设销售量为 1。

云应用开发商 I 可以选择是否以 c_0 的成本（c_0 由 I 独自承担），对云服务运营商 M 或 N 的服务进行专利标记标注授权（即贴专利标签），提高消费者对云服务运营商 N 的品牌认知度，从而使客户愿意以较高的售价 $p_N + \beta c_0^{\frac{1}{2}}$ 购买 N 的产品。I 对 N 的贴专利标签投入，可以为 N 带来 $\beta c_0^{\frac{1}{2}}$ 的收益提升（研发投入成本具有规模报酬递减特性），且假设 $p_N + \beta c_0^{\frac{1}{2}} < p_M$。

然而，贴专利标签对云服务运营商 M 没有影响，因为 M 企业本身就是一个研发实力很强、拥有多项技术发明专利的知名云服务运营商。针对只能供应一个云服务运营商的假设，云应用开发商选择是否对基本服务单元进行专利认证的决策，可以归纳为一个“贴标签”的策略选择问题，即一个成分贴标签博弈模型（Branded Ingredient Game）（Kalpesh 和 Kevin，2002）。

二、博弈过程

该博弈决策的过程如下。

第 1 步：云应用开发商 I 选择是否贴专利标签。

第 2 步：云应用开发商 I 选择合作企业，与云服务运营商 M 或 N 合作。

第 3 步：云应用开发商 I 与其选择的云服务运营商分配总收益。

因此，得到博弈决策树如图 5-1 所示。若云应用开发商 I 选择“不贴专利标签”，并选择把基本服务单元提供给云服务运营商 M，则 I 和 M 的总利润为 p_M，云服务运营商 N 没有任何收益。若云应用开发商 I 选择把基本服务单元提供给云服务运营商 N，则 I 和 N 的总利润是 p_N。因为 N 的存在，云应用开发商 I 至少会得到 p_N，最多获得 I 和 A 的总利润 p_M，所以，云应用开发商 M 的利润区间为［p_N，p_M］。

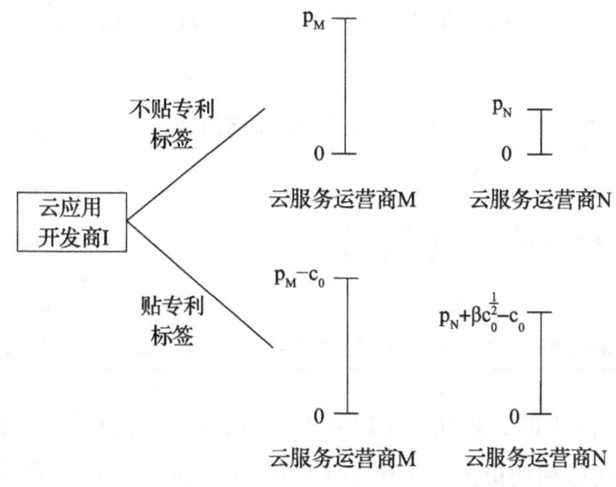

图 5-1　博弈决策树

若云应用开发商 I 选择“贴专利标签”，则云应用开发商需要支付 c_0 的成本。若选择把基本服务单元提供给云服务运营商 M，则 I 和 M 的总利润为 $p_M - c_0$，此时云服务运营商 N 没有任何收益。若云应用开发商 I 选择把基本服务单元提供给云服务运营商 N，则 I 和 N 的总利润是 $p_N + \beta c_0^{\frac{1}{2}} - c_0$。因为 N

的存在，云应用开发商 I 至少会得到 $p_N+\beta c_0^{\frac{1}{2}}-c_0$，所以，云应用开发商 M 的利润区间为 $[p_N+\beta c_0^{\frac{1}{2}}-c_0,\ p_M-c_0]$。由此总结得到博弈决策云应用开发商 I 的利润区间如图 5-2 所示。

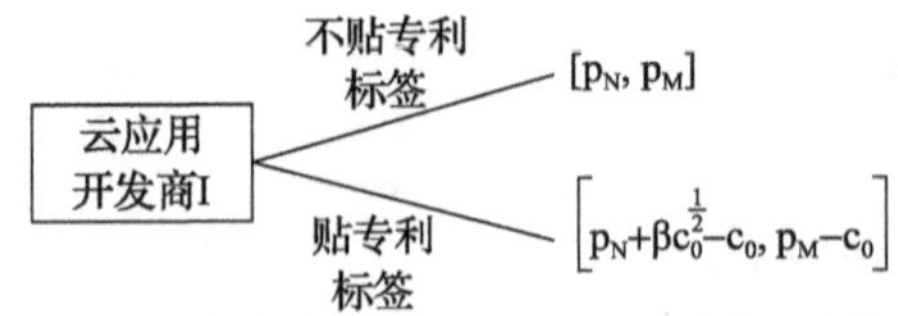

图 5-2　博弈决策云应用开发商 I 的利润空间

云应用开发商 I 最终的利润分成比例需要与合作者进行再次磋商。云应用开发商 I 最终选择的策略，可以通过信心指数 θ_I 来进行计算，$0\leqslant\theta_I\leqslant1$。当 $\theta_I=1$ 时，表明云应用开发商 I 更加乐观，预期在与云服务运营商的磋商中处于优势，选择总收益更高的策略，并期盼得到最大收益。当 $\theta_I=0$ 时，表明云应用开发商 I 更加悲观，预期在与云服务运营商的磋商中处于劣势。

命题 5.1：当云应用开发商 I 的信心指数 $\theta_I=1$ 时，I 选择“不贴专利标签”，并把基本服务单元提供给云服务运营商 M。当 $\theta_I=0$ 时，云应用开发商 I 把基本服务单元提供给云服务运营商 M，是否贴专利标签的决策如表 5-1 所示。

表 5-1　当 $\theta_I=0$ 时，云应用开发商的贴专利标签决策

条件	决策
$0<c_0<\beta^2$ 且 $c_0<\left(\frac{p_M-p_N}{\beta}\right)^2$	“贴专利标签”
$c_0>\beta^2$	“不贴专利标签”

注：如果 I “贴专利标签”和“不贴专利标签”的收益相同，那么假设 I “不贴专利标签”

证明：当 $\theta_I=1$ 时，表明 I 在协商中会得到供应链总利润。根据图 5-2 可知不贴专利标签总利润更大，又因为 I 供应 M 比供应 N 的利润大（$p_N<p_M$），因此 I 选择不贴专利标签、供应 M。

当 $\theta_I=0$ 时，表明 I 在协商中会得到利润区间的最小值。无论什么情况云应用开发商 I 都会把基本服务单元提供给云服务运营商 M。而根据比较图 5-2 中两个利润区间的左端点，可知“不贴专利标签”时 I 的利润与“贴专利标签”时利润差为 $c_0-\beta c_0^{\frac{1}{2}}$，当 $c_0=\beta^2$ 时，利润相等。又由于贴标签后 N 产品

提升的价格 $p_N + \beta c_0^{\frac{1}{2}}$ 不会高于 M 产品的价格 p_M 的假设，可得 $c_0 < \left(\frac{p_M - p_N}{\beta}\right)^2$。由此可得到表 5-1。

命题 5.1 给出了云应用开发商在与云服务运营商磋商中极度乐观和极度悲观情景下的决策选择。虽然通过信心指数可以分析供应商的决策选择，但是在现实中，当信心指数处于区间（0，1）时，信心指数很难测量，所以，很难根据信心指数来进行决策。

第二节 竞合博弈模型

为了能够使供应链各成员在博弈中处于稳定的状态，并得到理想的收益，采用竞合博弈的理论给出有约束力的协议，促使各成员达成合作。

设集合 $K = \{1, 2, \cdots, k\}$ 是博弈者集合。每个博弈者 i 选择一个策略 $s^i \in S^i$，S^i 表示博弈者 i 可选的策略集合，$i \in K$。所有博弈者的策略（$s^1, s^2, \cdots, s^n$）对应的收益可以定义为一个效用可转移合作博弈，其特征函数为 $V(s^1, s^2, \cdots, s^n): P(K) \to \mathbb{R}$。对于任意的集合 $C \subset K$，在选定了策略（$s^1, s^2, \cdots, s^n$）之后，$V(s^1, s^2, \cdots, s^n)(C)$ 表示了集合 C 中的博弈者所创造的收益，称之为特征函数，要求 $V(s^1, s^2, \cdots, s^n)(\varnothing) = 0$。设 $\theta_i \in [0, 1]$ 代表第 i 个博弈者的信心指数。

定义 1：对于 $N = \{1, 2, \cdots, n\}$ 博弈者集合，定义竞合博弈为（$S^1, S^2, \cdots, S^n; V; \theta^1, \theta^2, \cdots, \theta^n$）；非合作博弈为（$S^1, S^2, \cdots, S^n; \theta^1, \theta^2, \cdots, \theta^n$），合作博弈为 $V(s^1, s^2, \cdots, s^n)$。

定义 2：对任意的（$s^1, s^2, \cdots, s^n$）$\in S^1 \times S^2 \times \cdots \times S^n$，如果合作博弈 $V(s^1, s^2, \cdots, s^n)$ 是超可加的，那么称竞合博弈（$S^1, S^2, \cdots, S^n; V; \theta^1, \theta^2, \cdots, \theta^n$）具有超可加性。

定义 3：定义竞合博弈（$S^I, S^M, S^N; V; \theta^I, \theta^M, \theta^N$），$V(s^I, s^M, s^N)$ 表示集合中的博弈者所获得的利润。

命题 5.2：竞合博弈（$S^I, S^M, S^N; V; \theta^I, \theta^M, \theta^N$）具有超可加性。

证明：根据定义 2 可知，我们只需证明对任意的（s^I, s^M, s^N）$\in S^I \times S^M \times S^N$，合作博弈 $V(s^I, s^M, s^N)$ 具有超可加性。

因为 $S^I = \{$“不贴专利标签”，“贴专利标签”$\} \times \{M, N\}$，我们首先考虑

s_1^I = “不贴专利标签”时的收益。当 $s^M = p_M$，$s^N = p_N$ 时，它们获得云应用开发商 I 基本服务单元时的利润分别为 $\pi_M(p_M) = p_M$ 和 $\pi_N(p_N) = p_N$。此时，当 $C \in (\{I\}, \{M\}, \{N\}, \{M, N\})$ 时，$V(C) = 0$。$V(\{I, M\}) = p_M$，$V(\{I, N\}) = p_N$，$V(\{I, M, N\}) = \max\{p_M, p_N\}$。根据以上容易得出对任意的 C，$U \subset \{I, M, N\}$ 且 $C \cap U = \varnothing$，$V(C) + V(U) \leqslant V(C \cup U)$。$s_1^I$ = “贴专利标签”时，可以得到同样的结论。根据合作博弈超可加性的定义可知，$V(s^M, s^A, s^B)$ 具有超可加性。

定义 4：对于合作博弈 $V(s^1, s^2, \cdots, s^n)$，博弈者 i 的 Shapley Value 是 $\phi_i(V) = \frac{1}{|N|}\sum_{C \subset K \setminus \{i\}} \binom{|K| - 1}{|C|}^{-1} (V(C \cup \{i\}) - V(C))$。

在合作博弈下，Shapley Value 是给每个博弈者分配总利润的一种方式。为某个博弈者分配的 Shapley Value，是将该博弈者加入一个不含自己的联盟里后，为该联盟增加利润的“期望”。

如果采用 Shapley Value 分配利润，那么对竞合博弈（S^I，S^M，S^N；V；θ^I，θ^M，θ^N），可以采用如下的步骤进行分析。

第 1 步：对于每一个策略向量（s^I，s^M，s^N）$\in S^I \times S^M \times S^N$，计算所对应的合作博弈 V（$s^I$，$s^M$，$s^N$）。

第 2 步：根据 Shapley Value 分配利润（π_I，π_M，π_N）。

第 3 步：根据利润（π_I，π_M，π_N），分析在策略集 $S^I \times S^M \times S^N$ 下的非合作博弈。

命题 5.3：在竞合博弈（S^I，S^M，S^N；V；θ^I，θ^M，θ^N）下，如果在合作博弈阶段采用 Shapley Value 分配利润，那么云应用开发商 I 会把基本服务单元提供给 M，是否贴专利标签的决策如表 5-2 所示。

表 5-2　Shapley Value 下云应用开发商 I 的决策

条件	决策
$c_0 > \frac{1}{36}\beta^2$	（“不贴专利标签”，M）
$c_0 < \frac{1}{36}\beta^2$ 且 $c_0 < \left(\frac{p_M - p_N}{\beta}\right)^2$	（“贴专利标签”，M）

证明：根据竞合博弈的过程，计算 $s^I \in$ {“不贴标签”，“贴标签”} × {M，N}，根据 Shapley Value 计算利润，得到博弈者的利润如表 5-3 所示。

表 5-3　Shapley Value

s^I		π_I	π_M	π_N
不贴专利标签	M	$\frac{1}{2}p_M+\frac{1}{6}p_N$	$\frac{1}{2}p_M-\frac{1}{3}p_N$	$\frac{1}{6}p_N$
	N	$\frac{1}{6}p_M+\frac{1}{2}p_N$	$\frac{1}{6}p_M$	$-\frac{1}{3}p_M+\frac{1}{2}p_N$
贴专利标签	M	$\frac{1}{2}p_M+\frac{1}{6}(p_N+\beta c_0^{\frac{1}{2}})-c_0$	$\frac{1}{2}p_M-\frac{1}{3}(p_N+\beta c_0^{\frac{1}{2}})$	$\frac{1}{6}(p_N+\beta c_0^{\frac{1}{2}})$
	N	$\frac{1}{6}p_M+\frac{1}{2}(p_N+\beta c_0^{\frac{1}{2}})-c_0$	$\frac{1}{6}p_M$	$-\frac{1}{3}p_M+\frac{1}{2}(p_N+\beta c_0^{\frac{1}{2}})$

不论是否“贴专利标签”，总有 I 选 M 时的利润大于选 N 时的利润，所以云服务运营商 I 一定会选择与 M 合作，从而获取更大的利润。

下面就来看是否“贴专利标签”，由表 5-3 可知“不贴专利标签”供给 M 时 I 的利润与“贴专利标签”供给 M 时利润差为 $-\frac{1}{6}\beta c_0^{\frac{1}{2}}+c_0$，当 $c_0=\frac{1}{36}\beta^2$ 时，利润相等。又由于贴标签后 N 产品提升的价格 $p_N+\beta c_0^{\frac{1}{2}}$ 不会高于 M 产品的价格 p_M 的假设，可得 $c_0<\left(\frac{p_M-p_N}{\beta}\right)^2$。由此可得到表 5-2。

在以云应用开发商 I 主导的合作中，I 的决策是把基本服务单元供应给云服务运营商 M。在竞合博弈中，虽然运营商 N 没有直接参与云应用服务产品的运营和服务，但是在 Shapley Value 分配利润下，N 也分配了供应链利润的一部分。由于 N 的存在，使 M 与 N 存在竞争关系，这种关系会提高供应商 I 在与 M 进行收益分配时的比重。而且，N 为竞合博弈提供了有价值的信息，因为该信息也迫使 M 公开自己的运营和服务信息。从长期来看，I 需要激励 N 一直存在于该竞合博弈中。因此，I 需要为 N 的存在而生成的竞争关系和 N 提供的信息付出一定的成本。在 Shapley Value 下为 N 分配的份额，可以理解这部分为激励成本。

第三节　考虑技术创新投入时的竞合博弈模型

在云服务市场领域，出于技术创新的需要，为了提高市场竞争力，云服务运营商也会对自己的产品进行技术创新，进而提高各自产品的保留价格。

因此，本节在前文的基础上，进一步考虑云服务运营商的技术创新投入对供应链决策和收益的影响。

假设云服务运营商 M 和 N 都可以选择进行技术创新，研发投入为 c_i，$i\in\{M, N\}$，相应获取的创新租金（也叫创新收益）为 $\alpha_i c_i^{\frac{1}{2}}$，$i\in\{M, N\}$，使客户愿意以更高的价格 $p_i+\alpha_i c_i^{\frac{1}{2}}$，$i\in\{M, N\}$ 来购买该产品。

该博弈决策的过程如下。

第 1 步：云应用开发商 I 选择是否贴专利标签。

第 2 步：云应用开发商 I 选择合作企业。

第 3 步：云服务运营商 M 和 N 决策是否投入技术创新，以及投入时最优的研发投入量。

第 4 步：云应用开发商 I 与其选择的云服务运营商分配总收益。

因此，得到考虑技术创新投入时的博弈决策树如图 5-3 所示。若云应用开发商 I 选择"不贴专利标签"，并选择把基本服务单元提供给云服务运营商 M，则 I 和 M 的总利润为 $p_M+\alpha_M c_M^{\frac{1}{2}}-c_M$（记为 I_0^M），云服务运营商 N 没有任何收益。若云应用开发商 I 选择把基本服务单元提供给云服务运营商 N，则 I 和 N 的总利润是 $p_N+\alpha_N c_N^{\frac{1}{2}}-c_N$（记为 I_0^N），云服务运营商 M 没有任何收益。由于云服务营运商 M 和 N 之间竞争的存在，云应用开发商 I 的利润区间为 $[\min\{I_0^M, I_0^N\}, \max\{I_0^M, I_0^N\}]$。

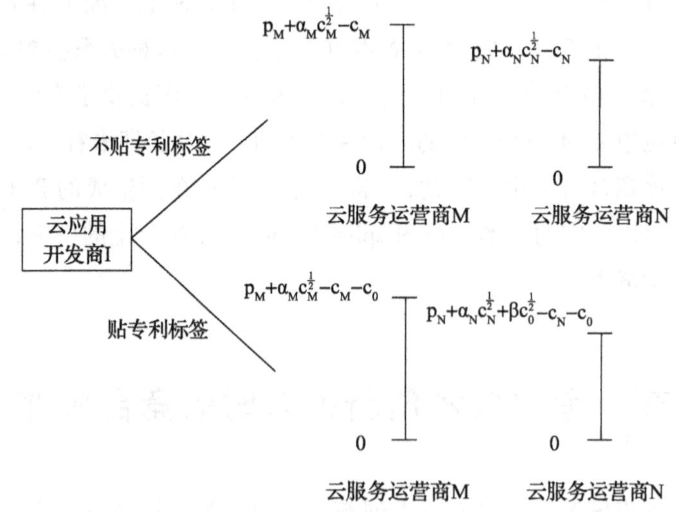

图 5-3　考虑技术创新投入时的博弈决策树

若云应用开发商I选择“贴专利标签”，则云应用开发商需要支付 c_0 的成本。若选择把基本服务单元提供给云服务运营商M，则I和M的总利润为 $p_M + \alpha_M c_M^{\frac{1}{2}} - c_M - c_0$（记为 I_1^M），此时云服务运营商N没有任何收益。若云应用开发商I选择把基本服务单元提供给云服务运营商N，则I和N的总利润是 $p_N + \alpha_N c_N^{\frac{1}{2}} + \beta c_0^{\frac{1}{2}} - c_N - c_0$（记为 I_1^N），此时云服务运营商M没有任何收益。由于云服务运营商M和N之间竞争的存在，云应用开发商I的利润区间为 $[\min\{I_1^M, I_1^N\}, \max\{I_1^M, I_1^N\}]$。由此总结得到博弈决策云应用开发商I的利润区间如图5-4所示。

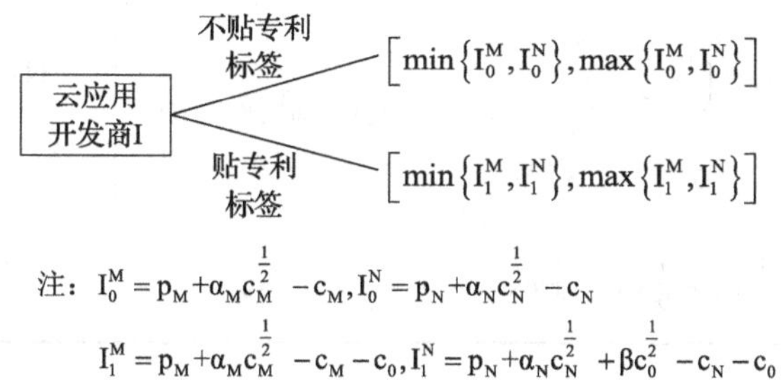

注：$I_0^M = p_M + \alpha_M c_M^{\frac{1}{2}} - c_M, I_0^N = p_N + \alpha_N c_N^{\frac{1}{2}} - c_N$

$I_1^M = p_M + \alpha_M c_M^{\frac{1}{2}} - c_M - c_0, I_1^N = p_N + \alpha_N c_N^{\frac{1}{2}} + \beta c_0^{\frac{1}{2}} - c_N - c_0$

图5-4 考虑技术创新投入时云应用开发商I的利润空间

同样，云应用开发商I最终从总利润中分到多少需要与合作者进行再次磋商。由于云应用开发商I的信心指数处于区间（0，1），很难测量，所以难以根据信心指数来进行决策。为了能够使供应链各成员在博弈中处于稳定的状态，并得到理想的收益，此部分我们仍采用竞合博弈的理论得出博弈者的决策，采用Shapley Value分配利润。

命题5.4 在竞合博弈（S^I，S^M，S^N；V；θ^I，θ^M，θ^N）下，如果在合作博弈阶段采用Shapley Value分配利润，那么无论云应用开发商做出怎样的决策，云服务运营商M和N都会选择投入研发以获取更高的利润分配额，且在云应用开发商选择与其合作时投入更多。各博弈者的具体决策结果如表5-4所示。

表5-4 Shapley Value下各博弈者的决策

条件	决策		
	I	M	N
$c_0 > \frac{1}{36}\beta^2$ 且 $F_1 > 0$ 且 $F_1 + F_2 > 0$	（“不贴专利标签”，M）	投入 $c_M^* = \frac{\alpha_M^2}{16}$	投入 $c_N^* = \frac{\alpha_N^2}{144}$

续表

条件	决策		
	I	M	N
$c_0 > \frac{1}{4}\beta^2$ 且 $F_1 < 0$	（“不贴专利标签”，N）	投入 $c_M^* = \frac{\alpha_M^2}{144}$	投入 $c_N^* = \frac{\alpha_N^2}{16}$
$c_0 < \frac{1}{36}\beta^2$ 且 $c_0 < \left(\frac{p_M - p_N}{\beta}\right)^2$ 且 $F_1 - \frac{1}{3}F_2 > \frac{2}{3}c_0$ 且 $F_1 + \frac{2}{3}F_2 > \frac{2}{3}c_0$	（“贴专利标签”，M）	投入 $c_M^* = \frac{\alpha_M^2}{16}$	投入 $c_N^* = \frac{\alpha_N^2}{144}$
$c_0 < \frac{1}{4}\beta^2$ 且 $c_0 < \left(\frac{p_M - p_N}{\beta}\right)^2$ 且 $F_1 + F_2 < 0$ 且 $F_1 - \frac{2}{3}F_2 < -\frac{2}{3}c_0$	（“贴专利标签”，N）	投入 $c_M^* = \frac{\alpha_M^2}{144}$	投入 $c_N^* = \frac{\alpha_N^2}{16}$

其中：$F_1 = \frac{1}{3}p_M - \frac{1}{3}p_N + \frac{1}{9}\alpha_M^2 - \frac{1}{9}\alpha_N^2$，$F_2 = -\frac{1}{2}\beta c_0^{\frac{1}{2}} + c_0$

证明：根据竞合博弈的过程，计算 $s^I \in \{$“不贴标签”，“贴标签”$\} \times \{M, N\}$，根据 Shapley Value 求解法计算利润。

先看云服务运营商的情况。在考虑技术创新投入时，云服务运营商得到的收益可以用表 5-5 表示。

表 5-5　考虑技术创新投入时云服务运营商的收益

		N 不投	N 投入
M	不投	$(\Pi_{M0}, \Pi_{N0}) \cdot (X^T \cdot X)$	$(\Pi_{M0}, \Pi_{N1}) \cdot (X^T \cdot X)$
M	投入	$(\Pi_{M1}, \Pi_{N0}) \cdot (X^T \cdot X)$	$(\Pi_{M1}, \Pi_{N1}) \cdot (X^T \cdot X)$

其中：

（1）$\Pi_{ij} = \begin{cases} \Pi_{i0}, & \text{i 不投技术创新分得的收益} \\ \Pi_{i1}, & \text{i 投入技术创新分得的收益} \end{cases}$，$i \in \{M, N\}$，$j \in \{0, 1\}$

（2）$X = (x_F, 1 - x_F)$

（3）x_F 为 0－1 变量，$x_F = \begin{cases} 0, & \text{当 I 选择与 N 合作时} \\ 1, & \text{当 I 选择与 M 合作时} \end{cases}$

例如，当云应用开发商 I 选择 M，且 M、N 都投入广告时，结果如下：

$$(\Pi_{M1},\Pi_{N1})\cdot(X^T\cdot X)=(\Pi_{M1},\Pi_{N1})\cdot\left[\begin{pmatrix}x_F\\1-x_F\end{pmatrix}\cdot(x_F,1-x_F)\right]=(\Pi_{M1},0)$$

我们以云应用开发商 I 选择 M，且 M、N 都投入广告为例，可以得到博弈中的 Shapley Value 为

$$\pi_I=\frac{1}{2}(p_M+\alpha_M c_M^{\frac{1}{2}})+\frac{1}{6}(p_N+\alpha_N c_N^{\frac{1}{2}}) \tag{5.1}$$

$$\pi_M=\frac{1}{2}(p_M+\alpha_M c_M^{\frac{1}{2}})-\frac{1}{3}(p_N+\alpha_N c_N^{\frac{1}{2}})-c_M \tag{5.2}$$

$$\pi_N=\frac{1}{6}(p_N+\alpha_N c_N^{\frac{1}{2}})-c_N \tag{5.3}$$

$$因\begin{cases}\dfrac{d^2\pi_M}{dc_M^2}<0\\ \dfrac{d^2\pi_N}{dc_N^2}<0\end{cases},令\begin{cases}\dfrac{d\pi_M}{dc_M}=0\\ \dfrac{d\pi_N}{dc_N}=0\end{cases}可得\begin{cases}c_M^*=\dfrac{\alpha_M^2}{16}\\ c_N^*=\dfrac{\alpha_N^2}{144}\end{cases} \tag{5.4}$$

将式（5.4）结果带入式（5.1）、（5.2）、（5.3）可得到

$$\pi_I^*=\frac{1}{2}p_M+\frac{1}{6}p_N+\frac{1}{8}\alpha_M^2+\frac{1}{72}\alpha_N^2 \tag{5.5}$$

$$\pi_M^*=\frac{1}{2}p_M-\frac{1}{3}p_N+\frac{1}{16}\alpha_M^2-\frac{1}{36}\alpha_N^2 \tag{5.6}$$

$$\pi_N^*=\frac{1}{6}p_N+\frac{1}{144}\alpha_N^2 \tag{5.7}$$

同理，可以得到在云应用开发商 I “不贴专利标签” 且选择 M 合作时，M 和 N 的收益情况如表 5-6 所示。

表 5-6　当云应用开发商 I “不贴专利标签” 且选择 M 合作时云服务运营商的收益

		N	
		不投	投入
M	不投	$\frac{1}{2}p_M-\frac{1}{3}p_N$，$\frac{1}{6}p_N$	$\frac{1}{2}p_M-\frac{1}{3}p_N-\frac{1}{36}\alpha_N^2$，$\frac{1}{6}p_N+\frac{1}{144}\alpha_N^2$
	投入	$\frac{1}{2}p_M-\frac{1}{3}p_N+\frac{1}{16}\alpha_M^2$，$\frac{1}{6}p_N$	$\frac{1}{2}p_M-\frac{1}{3}p_N+\frac{1}{16}\alpha_M^2-\frac{1}{36}\alpha_N^2$，$\frac{1}{6}p_N+\frac{1}{144}\alpha_N^2$

显然，不论对方选择什么战略，每个云服务运营商的最优战略是“投入”，双方都投入是占优战略均衡结果。

同理，其他各种情况下（$s^I\in$｛“不贴标签”，“贴标签”｝×｛M，N｝），云

服务运营商的占优战略均衡是双方都选择投入，且投入量可用表 5-7 表示。

表 5-7 云服务运营商的投入量

s^I		M 的投入量	N 的投入量
不贴专利标签	选 M	$c_M=\frac{\alpha_M^2}{16}$	$c_N=\frac{\alpha_N^2}{144}$
	选 N	$c_M=\frac{\alpha_M^2}{144}$	$c_N=\frac{\alpha_N^2}{16}$
贴专利标签	选 M	$c_M=\frac{\alpha_M^2}{16}$	$c_N=\frac{\alpha_N^2}{144}$
	选 N	$c_M=\frac{\alpha_M^2}{144}$	$c_N=\frac{\alpha_N^2}{16}$

再来看云应用开发商的情况。根据竞合博弈的过程，根据 Shapley Value 计算利润，可得云应用开发商 I 的收益，如图 5-5 所示。

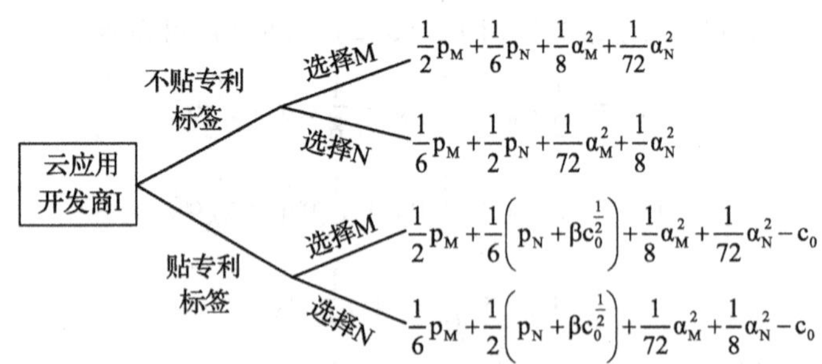

图 5-5 考虑技术创新投入时云应用开发商 I 的收益

如图 5-5 所示，基于 Shapley Value 分配收益的方式，对于云应用开发商 I 来说，都是在云服务运营商 M 和 N 均选择“投入”时（即 M 和 N 的占优决策均衡点）获得最大收益，即

$$\Pi_{ij}^I=\begin{cases}\Pi_{0M}^I，\text{I 不贴专利标签选择 M 分得的收益}\\\Pi_{0N}^I，\text{I 不贴专利标签选择 N 分得的收益}\\\Pi_{1M}^I，\text{I 贴专利标签选择 M 分得的收益}\\\Pi_{1N}^I，\text{I 贴专利标签选择 N 分得的收益}\end{cases}，i\in\{0，1\}，j\in\{M，N\}$$

因此只需要对比 $s^I\in\{$“不贴标签”，“贴标签”$\}\times\{M，N\}$ 四种情况下的最大收益值，即可获得各种决策情况的条件。

以（“不贴专利标签”，M）决策为例，需满足

$$\begin{cases}\Pi_{0M}^{I}-\Pi_{0N}^{I}>0\\ \Pi_{0M}^{I}-\Pi_{1M}^{I}>0\\ \Pi_{0M}^{I}-\Pi_{1N}^{I}>0\end{cases}\Rightarrow\begin{cases}\frac{1}{3}p_M-\frac{1}{3}p_N+\frac{1}{9}\alpha_M^2-\frac{1}{9}\alpha_N^2>0\\ c_0>\frac{1}{36}\beta^2\\ \frac{1}{3}p_M-\frac{1}{3}p_N+\frac{1}{9}\alpha_M^2-\frac{1}{9}\alpha_N^2-\frac{1}{2}\beta c_0^{\frac{1}{2}}+c_0>0\end{cases}\tag{5.8}$$

即 $F_1=\frac{1}{3}p_M-\frac{1}{3}p_N+\frac{1}{9}\alpha_M^2-\frac{1}{9}\alpha_N^2$，$F_2=-\frac{1}{2}\beta c_0^{\frac{1}{2}}+c_0$，则可得条件为：$c_0>\frac{1}{36}\beta^2$ 且 $F_1>0$ 且 $F_1+F_2>0$。同理，可求得其他决策的条件。又由于贴标签后 N 产品提升的价格 $p_N+\beta c_0^{\frac{1}{2}}$ 不会高于 M 产品的价格 p_M 的假设，可得 $c_0<\left(\frac{p_M-p_N}{\beta}\right)^2$。

综上所述，可得到表 5-4。

在以云应用开发商 I 主导的合作中，I 的决策是把基本服务单元供应给其中一个云服务运营商。在竞合博弈中，虽然另一个运营商没有直接参与云应用服务产品的运营和服务，但是在 Shapley Value 分配利润下，可以分得部分利润。为了分得更多的利润，两个运营商都会做出技术创新的投入。由于运营商之间的竞争关系，会提高云应用开发商 I 在与云服务运营商进行收益分配时的比重。此外，未被选中的运营商（以下简称竞争者）为竞合博弈提供了有价值的信息，因为该信息也迫使被选中的运营商公开自己的运营和服务信息。从长期来看，云应用开发商需要激励竞争者一直存在于该竞合博弈中。因此，云应用开发商需要为竞争者的存在而生成的竞争关系和其提供的信息付出一定的成本。在 Shapley Value 下为竞争者分配份额，同样可以理解这部分为激励成本。

第四节　数值算例

本节通过算例分析模型的结果。假设参数设置为：$p_M=12$，$p_N=3$。首先分析在不考虑下游技术创新投入情况下基于 Shapley Value 分配利润的云应用开发商 I 的决策，即命题 5.3。令参数 c_0 在区间［0.1，3］内以步长为 0.1 变动，得到云应用开发商的决策区间如图 5-6 所示。如果在合作博弈阶段采用 Shapley Value 分配利润，那么云应用开发商 I 会把基本服务单元提供给 M，且当贴专利标签的成本较高时，云应用开发商会选择不贴专利标签；而当贴专利标签的成本较低时，云应用开发商会选择贴专利标签。

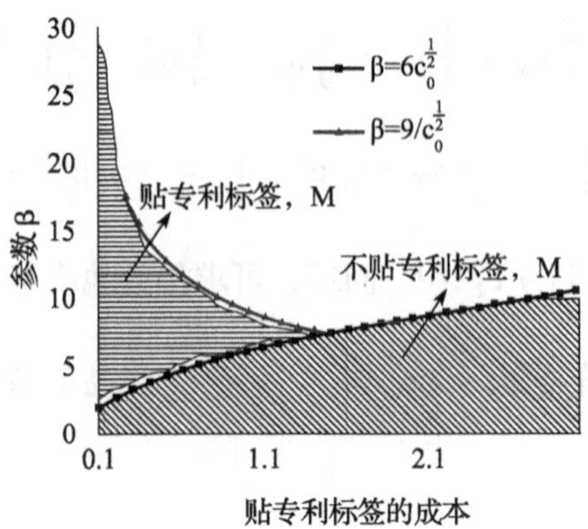

图 5-6　不考虑下游技术创新投入时云应用开发商的策略区间

然后分析在考虑下游技术创新投入情况下基于 Shapley Value 分配利润的云应用开发商 I 的决策，即命题 5.4。因为决策条件存在互斥性，此处仅考虑贴专利标签的情况。令参数 c_0 在区间［0.1，3］内以步长为 0.1 变动，得到云应用开发商的决策区间如图 5-7 所示。在贴专利标签的情况下，如果贴标签给云服务运营商 N 带来的价格增值较大（即 β 取值比较高时），云应用开发商会选择与运营商 N 合作以获取基于 Shapley Value 分配的更高的收益。反之则会选择与运营商 M 合作。

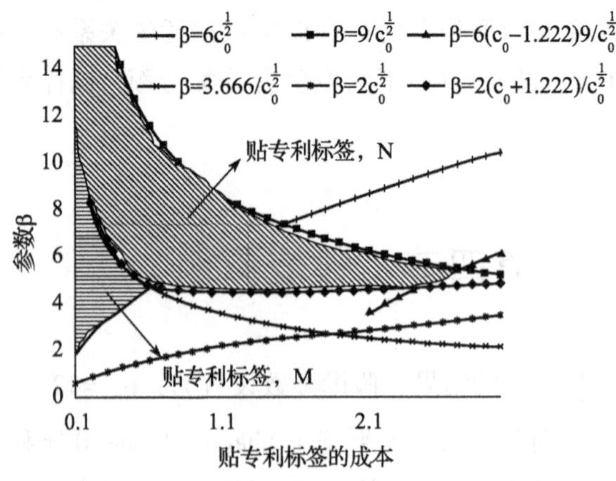

图 5-7　考虑下游技术创新投入时云应用开发商的策略区间（贴专利标签时）

进一步分析云应用开发商 I 在各种策略下的利润，设参数 $p_M=12$，$p_N=3$，$\beta=6$，$\alpha_M=3$，$\alpha_N=5$。令参数 c_0 在区间［0.1，3］内以步长为 0.1 变动，得到云应用开发商的利润分别为图 5-8 和图 5-9 所示。

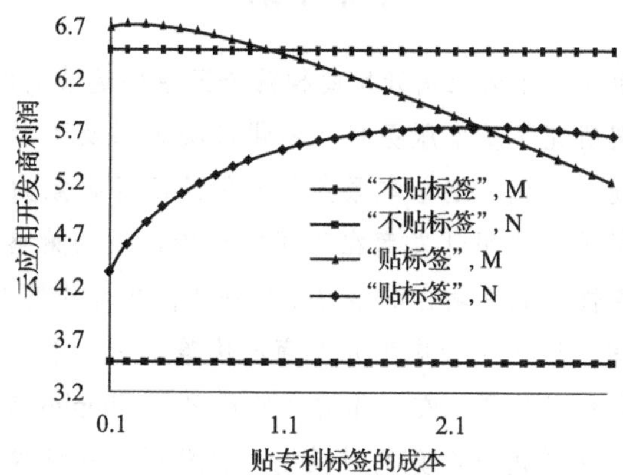

图 5-8　不考虑下游技术创新投入时 Shapley Value 下云应用开发商不同策略的利润

如图 5-8 所示，当 $c_0<1$ 时，云应用开发商选择（"贴标签"，M）；当 $c_0 \geqslant 1$ 时，云应用开发商选择（"不贴标签"，M）。在这个参数设置下，云应用开发商总会选择将基本服务单元提供给云服务运营商 M。而且，当"贴专利标签"的成本越低时，云应用开发商的利润越大。

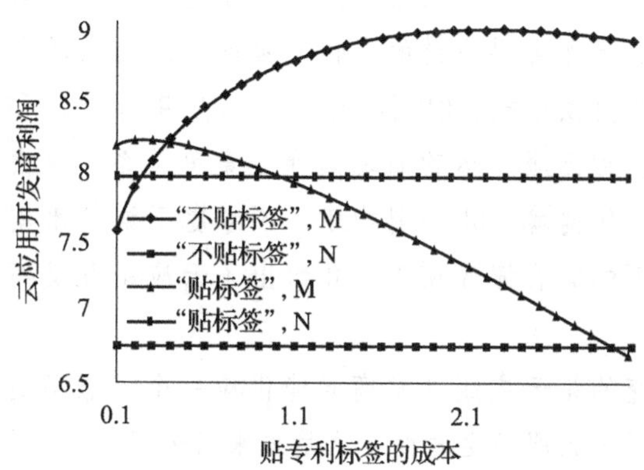

图 5-9　考虑下游技术创新投入时 Shapley Value 下云应用开发商不同策略的利润

考虑下游技术创新投入时，在这个参数设置下，云应用开发商总会选择贴标签，如图 5-9 所示。当 $c_0<0.374$ 时，云应用开发商选择与 M 合作；当 $c_0 \geqslant 0.374$ 时，云应用开发商选择与 N 合作。选择与 M 合作时，云应用开发商的利润随"贴专利标签"的成本增大而降低；而选择与 N 合作时，云应用

开发商的利润随“贴专利标签”的成本增大先提高后降低。

本章小结

本章构建了包含一个云应用开发商和两个云服务运营商的云服务供应链，利用竞合博弈框架研究了基本服务单元的供应决策以及下游云服务运营商的技术创新决策问题。首先，把基本服务单元供给问题抽象为一个成分贴标签博弈模型，并分析了云应用开发商在不同信心指数下的策略；其次，根据信心指数的不易测量性，利用竞合博弈的分析框架，在合作博弈阶段采用 Shapley Value 分配利润，给出了云应用开发商的决策依据；最后，考虑下游云服务运营商能够进行技术创新，在合作博弈阶段采用 Shapley Value 分配利润时各方的决策情况，并通过数值算例对模型进行分析，验证模型的有效性。研究结果表明，在不考虑下游技术创新时，云应用开发商不论是极度乐观还是极度悲观，都会选择与知名的云服务运营商进行合作；且只有在“贴专利标签”成本较低时，才会选择“贴标签”；而在考虑下游技术创新时，云服务运营商都会选择投入创新研发以获取更高的利润分配额，且在云应用开发商选择与其合作时投入更多。

与现有研究相比，有以下几点创新：①考虑了技术创新中的“贴专利标签”策略，研究了云服务供应链的合作决策问题，为云服务企业如何有效利用资源、促进创新提供依据；②讨论了一个云应用开发商和两个云服务运营商构成的供应链，且云服务运营商之间存在竞争关系，该模型更契合云服务实践中一对多的合作情境；③分别构建了不考虑下游技术创新和考虑下游技术创新两种情景下的竞合博弈模型，并给出了云应用开发商和云服务运营商的最优策略。

由于本章研究的是云应用开发商只能供应一个云服务运营商的问题，并未考虑同时供应多个云服务运营商，这是未来研究可以继续拓展的方向。

第六章

基于动态定价及技术创新的云服务供应链成员决策研究

技术创新需要大量的资金投入。任何企业，即便是大型 IT 巨头，都无法独立完成云服务解决方案的所有组成部分，因此，云服务供应链成员之间通过合作共赢方式共同开拓市场已成为一种最佳决策。合作研发的方式主要有两种：一种是成本分担契约，即采用直接的方式，通过直接分担技术创新的成本投入来达成合作（梁昌勇和叶春森，2015；李新明等，2013），如 2018 年 11 月正式揭牌的阿里云创新中心（佛山），通过平台扶持相关企业大大降低其技术开发成本，进而提升其边际效益；另一种方式是收益共享契约，即采用间接的方式，通过共享由销售端带来的增加收益来弥补前期的研发投入（李新明等，2017），如华为终端云服务发布的“耀星计划”，每年以 10 亿元资金持续激励、扶持开发者创新，2017 年合作伙伴分享收益约 45 亿元，2018 年实现开发者收益 100% 增长。这两种方式在云服务供应链中均被广泛地应用，企业该如何制定技术创新决策以及如何选择恰当的合作研发方式是问题的关键，这也是本章讨论的焦点。

目前大多数文献是在静态框架下分析企业的研发合作（王玮和陈丽华，2015；范波等，2015），未考虑技术创新的时间动态特征。静态分析模式隐含的假设条件是：企业提供的产品是耐用品，即能多次使用且寿命较长的商品，客户一旦购买该产品便不会购买第二次。在这种模式下，企业的技术创新行为仅需要考虑一个固定时期，而不需考虑时间因素对企业投资行为的影响。然而，时间无疑是影响供应链成员之间合作与博弈关系的一个重要因素，连续时间背景下的博弈贯穿着供应链合作的全部过程（张建军等，2012）。云计算作为一种服务，会面临客户重复购买的行为。因此，其技术创新投资不是一劳永逸的，必须进行连续的技术创新。而云服务供应链企业之间的合作关系也往往呈现出长期性和动态性的特点。连续时间对供应链成员的决策影响是非常复杂且难以描述的，在实践中长期博弈（如联合投资、广告，声誉等）会贯穿整个合作时间，所以，在动态框架下研究企业的技术创新更符合实际情况（马如飞和王嘉，2011）。而在动态框架下分析云服务市场，势必也会对云产品的定价产生影响。与此同时，云企业客户的需求发生了深刻变化，已经从思考是否要上云转变到挖掘如何用好云。客户更愿意为科学、合理、先进的技术架构买单，云服务市场的竞争越来越集中在技术强度、服务能力和落地场景等方面，这种客户需求的变化并未被考虑到已有研究的模型中。因此，本章整合了技术创新决策和定价策略，将动态定价与技术创新、供应链契约进行整合研究，并分析不同契约在供应链中的性能和协调能力。

第一节　问题描述与模型假设

以单个云应用开发商和云服务运营商构成的云服务供应链为对象：云应用开发商专注于实现基本服务单元的功能，然后将实现的基本服务单元发布到云服务运营商的服务库中。而云服务运营商主要负责云服务平台的建设，一方面可将云应用开发商发布的基本服务单元注册到服务库中；另一方面根据客户的服务请求在服务库中查找到合适的基本服务单元，然后将基本服务单元整合为能够满足客户需求的业务系统提供给客户使用。此外，云服务运营商还需负责云基础设施管理、数据安全管理以及客户管理等业务。

在云服务市场领域，出于技术创新的需要，为了提高市场竞争力，云应用开发商会对自己的产品进行技术创新，例如，腾讯云的混合部署技术可以打通私有云和公有云的网络连接，满足混合架构部署，帮助用户轻松实现异地容灾、应用削峰等需求。云应用开发商的产品技术创新投入为 $b(t)$。投资成本假定为技术创新的二次函数，即

$$C(b(t)) = \frac{k}{2}b^2(t) \tag{6.1}$$

其中，$k>0$ 表示创新成本系数。这种成本函数意味着边际投入回报递减。

产品技术先进度的动力学方程描述如下

$$\dot{B}(t) = b(t) - \delta B(t), B(0) = B_0 \tag{6.2}$$

其中，$B(t)$ 表示产品的技术先进度，$\delta>0$ 表示技术先进度的衰减率，$B_0>0$ 表示产品的初始技术先进度。微分方程（6.2）表明云应用开发商利用技术创新投入来提升产品技术的先进度。衰减率 δ 意味着受技术老化的影响，云应用开发商在不同的时间执行相同的投资量不能使产品技术先进度成比例地增加。此假设符合现实且在文献中被广泛应用。

面对云服务市场的白热化竞争，只有基于产品和服务的创新，才能创造更好的产品和服务体验，进而赢得更多的客户和市场份额。利用线性函数描述客户需求如下

$$D(t) = \alpha - \beta p(t) + \eta B(t) \tag{6.3}$$

其中 α、β 以及 η 均为正的参数。参数 α 表示基本的市场容量，参数 β 和 η 分别度量产品价格和产品技术先进度对需求的负向和正向影响。假设 $\eta=0$，即产品技术先进度对需求无影响时，需求仍是非负的。因为此时需求函数变为 $D(t)=\alpha-\beta p(t)$，该函数关系体现了需求定律（在其他条件不变的情况下，商品的需求量与价格之间呈反方向变动的关系，即价格上涨，需求量减少；价格下降，需求量增加）。而需求函数具有非负性，因为一般需求总是正的，负的需求无实际意义，所以，这里考虑产品技术先进度对需求无影响（$\eta=0$）时，需求仍是非负的。

云应用开发商先将云服务产品（基本服务单元）销售给云服务运营商，云服务运营商再将产品销售给客户。具体的决策顺序如下：首先云应用开发商设定产品技术创新投入 $b(t)$ 和批发价格 $w(t)$，之后云服务运营商设定产品价格 $p(t)$。

随着云计算的日益成熟，云服务供应链条上合作伙伴的共同参与、合作，已成为产业界的共识。云应用开发商有两种可选的合作研发模式：一种是研发成本分担模式，即云应用开发商和云服务运营商共同承担研发创新的费用；另一种是研发收益共享模式，即云应用开发商和云服务运营商在研发产品的收益中各自提取相应的比例。鉴于不同的契约模型对均衡策略具有很大的影响，下面分别探究在创新成本分担契约模型和收益共享契约模型下企业的动态定价以及技术创新策略。

第二节　创新成本分担契约模型

在研发成本分担模式下，创新成本分担比例 ϕ^c 决定了研发创新成本在云应用开发商和云服务运营商之间的分配，此时，云应用开发商承担 $\phi^c C[b(t)]$，云服务运营商承担 $(1-\phi^c)C[b(t)]$。

在创新成本分担契约模型下，云应用开发商和云服务运营商的利润分别给定为

$$J_I^c = \int_0^{\infty} e^{-\rho t}\{[w(t)-c]D(t)-\phi^c C[b(t)]\}dt \tag{6.4}$$

$$J_S^c = \int_0^{\infty} e^{-\rho t}\{[p(t)-w(t)]D(t)-(1-\phi^c)C[b(t)]\}dt \tag{6.5}$$

其中，参数 $\rho>0$ 表示折现因子，参数 c 表示产品的单位生产成本。考虑无穷时间段及技术演化的微分博弈问题给定如下。

$$\max_{w(\cdot),b(\cdot)}\int_0^{\infty} e^{-\rho t}\left\{[w(t)-c]D(t)-\phi^c\cdot\frac{k}{2}b^2(t)\right\}dt$$

$$\max_{p(\cdot)}\int_0^{\infty} e^{-\rho t}\left\{[p(t)-w(t)]D(t)-(1-\phi^c)\cdot\frac{k}{2}b^2(t)\right\}dt$$

$$\text{s.t. } \dot{B}(t)=b(t)-\delta B(t), B(0)=B_0 \tag{6.6}$$

此微分博弈问题包含三个控制变量：w(t)、b(t) 和 p(t)，以及一个状态变量 B(t)。

假定 V_I^c 和 V_S^c 分别表示在创新成本分担契约下云应用开发商和云服务运营商的值函数。根据微分博弈问题（6.6），云应用开发商和云服务运营商的 Hamilton-Jacobi-Bellmen(HJB) 方程给定为

$$\rho V_I^c = \max_{w,b}\left\{(w-c)(\alpha-\beta p+\eta B)-\phi^c\cdot\frac{k}{2}b^2+\frac{\partial V_I^c}{\partial B}(b-\delta B)\right\} \tag{6.7}$$

$$\rho V_S^c = \max_{p}\left\{(p-w)(\alpha-\beta p+\eta B)-(1-\phi^c)\cdot\frac{k}{2}b^2+\frac{\partial V_S^c}{\partial B}(b-\delta B)\right\} \tag{6.8}$$

假定 $4\beta\phi^c k\delta(\delta+\rho)-\eta^2\geq 0$ 来确保当时间趋向于正无穷时系统收敛。基于上述的 HJB 方程和事件发生的顺序，可以得到命题 6.1 中的均衡技术创新策略和定价策略。

命题 6.1：在创新成本分担契约下，均衡的技术创新投入和定价策略为

$$b^c = \frac{\phi^c k\beta(2\delta + \rho) - \Delta_1}{2\phi^c k\beta}B + \frac{\eta(\alpha - \beta c)}{2(\Delta_1 + \phi^c k\beta\rho)} \tag{6.9}$$

$$w^c = \frac{\eta}{2\beta}B + \frac{\alpha + \beta c}{2\beta} \tag{6.10}$$

$$p^c = \frac{3\eta}{4\beta}B + \frac{3\alpha + \beta c}{4\beta} \tag{6.11}$$

云应用开发商和云服务运营商的值函数为

$$V_I^c(B) = \frac{\phi^c k\beta(2\delta + \rho) - \Delta_1}{4\beta}B^2 + \frac{\phi^c k\eta(\alpha - \beta c)}{2(\Delta_1 + \phi^c k\beta\rho)}B + \frac{(\alpha - \beta c)^2}{8\beta\rho} + \frac{\phi^c k\eta^2(\alpha - \beta c)^2}{8\rho(\Delta_1 + \phi^c k\beta\rho)^2} \tag{6.12}$$

$$V_S^c(B) = \frac{\phi^{c2}k\eta^2\beta - 2(1 - \phi^c)[\phi^c k\beta(2\delta + \rho) - \Delta_1]^2}{16\phi^c\beta\Delta_1}B^2 - \frac{(1 - \phi^c)k(\phi^c k\beta(2\delta + \rho) - \Delta_1)^2}{8(\Delta_1 + \phi^c k\beta\rho)^2\rho} + \frac{k\eta(\alpha - \beta c)[2\phi^c\Delta_1(\Delta_1 + \phi^c k\beta) + \phi^{c2}k\eta^2\beta - 2(1 - \phi^c)\eta^2]}{8\Delta_1(\Delta_1 + \phi^c k\beta\rho)^2}B + \frac{(\alpha - \beta c)^2}{16\beta\rho} + \frac{k\eta^2(\alpha - \beta c)^2[2\phi^c\Delta_1(\Delta_1 + \phi^c k\beta) + \phi^{c2}k\eta^2\beta - 2(1 - \phi^c)\eta^2]}{16\Delta_1(\Delta_1 + \phi^c k\beta\rho)^3\rho} \tag{6.13}$$

其中，$\Delta_1 = \sqrt{\beta\phi^c k(4\beta\phi^c k\delta^2 + 4\beta\phi^c k\delta\rho + \beta\phi^c k\rho^2 - \eta^2)}$。

命题6.1表明均衡的技术创新以及定价策略是技术先进度的线性函数。鉴于$\frac{\partial b^c}{\partial B} \geqslant 0$，$\frac{\partial w^c}{\partial B} \geqslant 0$以及$\frac{\partial p^c}{\partial B} \geqslant 0$，均衡的技术创新投入、批发价格以及产品价格随着技术先进度的增加而增加。这意味着较高的技术先进度促使云应用开发商增加技术创新投入并从云服务运营商处索要较高的批发价格，同时云服务运营商也会抬高云服务产品的价格。此外，云应用开发商和云服务运营商的值函数均是关于技术先进度的凸函数，这表明随着初始技术先进度的增加，云应用开发商和云服务运营商的利润以及边际利润均增加。

下列命题给出了均衡的技术创新曲线，批发价格和产品价格曲线，以及技术先进度曲线和需求曲线。

命题6.2：在创新成本分担契约下，均衡的技术创新、批发价格和产品价

格曲线给定为

$$b^c(t) = \frac{\phi^c k\beta(2\delta + \rho) - \Delta_1}{2\phi^c k\beta}(B_0 - B_\infty^F)e^{-\frac{\Delta_1 - \phi^c k\beta\rho}{2\phi^c k\beta}t} + b_\infty^c \tag{6.14}$$

$$w^c(t) = \frac{\eta}{2\beta}(B_0 - B_\infty^F)e^{-\frac{\Delta_1 - \phi^c k\beta\rho}{2\phi^c k\beta}t} + w_\infty^c \tag{6.15}$$

$$p^c(t) = \frac{3\eta}{4\beta}(B_0 - B_\infty^F)e^{-\frac{\Delta_1 - \phi^c k\beta\rho}{2\phi^c k\beta}t} + p_\infty^c \tag{6.16}$$

技术先进度和需求曲线给定为

$$B^c(t) = (B_0 - B_\infty^F)e^{-\frac{\Delta_1 - \phi^c k\beta\rho}{2\phi^c k\beta}t} + B_\infty^c \tag{6.17}$$

$$D^c(t) = \frac{\eta}{4}(B_0 - B_\infty^F)e^{-\frac{\Delta_1 - \phi^c k\beta\rho}{2\phi^c k\beta}t} + D_\infty^c \tag{6.18}$$

其中

$$b_\infty^c = \frac{\eta\delta(\alpha - \beta c)}{4\beta\phi^c k\delta(\delta + \rho) - \eta^2} \tag{6.19}$$

$$w_\infty^c = \frac{2\phi^c k\delta(\delta + \rho)(\alpha + \beta c) - c\eta^2}{4\beta\phi^c k\delta(\delta + \rho) - \eta^2} \tag{6.20}$$

$$p_\infty^c = \frac{\phi^c k\delta(\delta + \rho)(3\alpha + \beta c) - c\eta^2}{4\beta\phi^c k\delta(\delta + \rho) - \eta^2} \tag{6.21}$$

$$B_\infty^c = \frac{\eta(\alpha - \beta c)}{4\beta\phi^c k\delta(\delta + \rho) - \eta^2} \tag{6.22}$$

$$D_\infty^c = \frac{\phi^c k\beta\delta(\delta + \rho)(\alpha - \beta c)}{4\beta\phi^c k\delta(\delta + \rho) - \eta^2} \tag{6.23}$$

由命题6.2可以看出，当时间趋向于正无穷时，均衡的技术创新投入 $b^c(t)$，批发价格 $w^c(t)$，产品价格 $p^c(t)$，技术先进度 $B^c(t)$ 以及需求 $D^c(t)$ 收敛于其各自的稳态 b_∞^c、w_∞^c、p_∞^c、B_∞^c 和 D_∞^c。另外，所有的控制曲线都是关于时间t单调的。当 $B_0 > B_\infty^c$，控制曲线随时间单调递减，这意味着云服务供应链成员采取撇脂策略；当 $B_0 < B_\infty^c$，控制曲线随时间单调递增，这意味着云服务供应链成员采取渗透策略。

对各参数求偏导可得出在创新成本分担契约下的稳态策略、需求及技术先进度关于系统关键参数的比较静态分析结果，具体如表6-1所示。

表6-1　创新成本分担契约下的比较静态分析结果

变量	α	β	ρ	δ	η	k	ϕ^c
b_∞^c	↑	↓	↓	↓	↑	↓	↓
w_∞^c	↑	↓	↓	↓	↑	↓	↓

续表

变量	α	β	ρ	δ	η	k	ϕ^c
p_∞^c	↑	↓	↓	↓	↑	↓	↓
B_∞^c	↑	↓	↓	↓	↑	↓	↓
D_∞^c	↑	↓	↓	↓	↑	↓	↓

注：↑表示随着参数的增加而增加；↓表示随着参数的增加而降低。

如表 6-1 所示，随着参数的变化，稳态的技术创新投入、批发价格、产品价格、需求以及技术先进度具有相同的变化趋势。稳态的技术创新投入随着产品技术先进度敏感系数 η 的增加而增加，这意味着当技术先进度对需求的影响更加敏感时，云应用开发商会增加技术创新投入。稳态的技术创新投入随着折现因子 ρ、创新成本系数 k、技术先进度衰减率 δ 和创新成本分担比例 ϕ^c 的增加而降低。这意味着当创新成本降低或者技术先进度衰减速度减慢时，云应用开发商会增加技术创新投入。相应地，云应用开发商向云服务运营商索要较高的批发价格，云服务运营商向用户索要较高的产品价格。随着云应用开发商的创新成本分担比例的降低，云应用开发商在产品的技术创新上进行更多投入。这是由于当创新成本分担比例降低时，云应用开发商承担的创新成本减少，云服务运营商承担了创新成本的增加，从而使云应用开发商有更强的意愿进行技术创新。另外，对于给定的初始产品技术先进度 B_0，当折现因子更低、技术先进度衰减速率更慢、创新成本减少或技术先进度对需求的影响更敏感时，供应链成员更可能采取撇脂定价策略。

第三节　收益共享契约模型

在研发收益共享模式下，假定云服务运营商将自己每单位云服务产品收益的 $\phi^e \in [0, 1]$ 比例分享给云应用开发商。当 $\phi^e = 0$ 时，云应用开发商和云服务运营商执行批发价格契约；当 $\phi^e \in (0, 1)$ 时，云应用开发商和云服务运营商采取收益共享契约，并且云服务运营商将自己收益的一定比例分享给云应用开发商；当 $\phi^e = 1$ 时，云服务供应链退化成垂直整合情形，供应链成员共同决定技术创新投入和价格策略以使供应链的整体利润实现最大化。

在收益共享契约模型下，云应用开发商和云服务运营商的利润分别给

定为

$$J_I^e = \int_0^{\infty} e^{-\rho t}\{[\phi^e p(t) + w(t) - c]D(t) - C[b(t)]\}dt \tag{6.24}$$

$$J_S^e = \int_0^{\infty} e^{-\rho t}[(1-\phi^e)p(t) - w(t)]D(t)dt \tag{6.25}$$

因此，基于动态关系，构建微分博弈模型如下

$$\max_{w(\cdot),b(\cdot)}\int_0^{\infty} e^{-\rho t}\left\{[\phi^e p(t) + w(t) - c]D(t) - \frac{k}{2}b^2(t)\right\}dt$$

$$\max_{p(\cdot)}\int_0^{\infty} e^{-\rho t}[(1-\phi^e)p(t) - w(t)]D(t)dt$$

$$\text{s.t. } \dot{B}(t) = b(t) - \delta B(t), B(0) = B_0 \tag{6.26}$$

V_I^e 和 V_S^e 分别表示在收益共享契约下云应用开发商和云服务运营商的值函数。根据微分博弈问题，对于给定的提成比例 ϕ^e，云应用开发商和云服务运营商的 HJB 方程给定为

$$\rho V_I^e = \max_{w,b}\left\{(\phi^e p + w - c)(\alpha - \beta p + \eta B) - \frac{k}{2}b^2 + \frac{\partial V_I^e}{\partial B}(b - \delta B)\right\} \tag{6.27}$$

$$\rho V_S^e = \max_{p}\left\{[(1-\phi^e)p - w](\alpha - \beta p + \eta B) + \frac{\partial V_S^e}{\partial B}(b - \delta B)\right\} \tag{6.28}$$

基于上述的 HJB 方程和事件的发生顺序，可以获得命题 6.3 中的均衡技术创新投入和定价策略。

命题 6.3：在收益共享契约下，对于给定的提成比例 ϕ^e，均衡的技术创新投入和定价策略给定为

$$b^e = \frac{k\beta(2\delta + \rho) - \Delta_2}{2k\beta}B + \frac{\eta(\alpha - \beta c)}{(2-\phi^e)(\Delta_2 + k\beta\rho)} \tag{6.29}$$

$$w^e = \frac{(1-\phi^e)^2\eta}{(2-\phi^e)\beta}B + \frac{(1-\phi^e)^2\alpha + \beta c(1-\phi^e)}{\beta(2-\phi^e)} \tag{6.30}$$

$$p^e = \frac{\eta(3-2\phi^e)}{2\beta(2-\phi^e)}B + \frac{\alpha(3-2\phi^e) + \beta c}{2\beta(2-\phi^e)} \tag{6.31}$$

云应用开发商和云服务运营商的值函数给定为

$$V_I^e(B) = \frac{k\beta(2\delta + \rho) - \Delta_2}{4\beta}B^2 + \frac{k\eta(\alpha - \beta c)}{(2-\phi^e)(\Delta_2 + k\beta\rho)}B + \frac{(\alpha - \beta c)^2}{4\beta\rho(2-\phi^e)} + \frac{k\eta^2(\alpha - \beta c)^2}{2\rho(2-\phi^e)^2(\Delta_2 + k\beta\rho)^2} \tag{6.32}$$

$$V_S^e(B) = \frac{k\eta^2(1-\phi^e)}{4\Delta_2(2-\phi^e)^2}B^2 + \frac{k\eta(1-\phi^e)(\alpha-\beta c)[\Delta_2(2-\phi^e)(\Delta_2+k\beta\rho)+k\eta^2\beta(1-\phi^e)]}{\Delta_2(2-\phi^e)^3(\Delta_2+k\beta\rho)^2}B \quad (6.33)$$

其中

$$\Delta_2 = \sqrt{k^2\beta^2\ (2\delta+\rho)^2 - \frac{2\beta k\eta^2}{(2-\phi^e)}}$$

命题6.3 与命题6.1 相似。命题6.3 表明均衡的技术创新投入以及定价策略是技术先进度的线性函数。均衡的技术创新投入和产品价格随着技术先进的提升而增加。另外，云应用开发商和云服务运营商的值函数是关于技术创新投入的凸增函数。

命题6.4 在收益共享契约下，对于给定的提成比例 ϕ^e，均衡的技术创新投入和定价曲线给定为

$$b^e(t) = \frac{k\beta(2\delta+\rho)-\Delta_2}{2k\beta}(B_0-B_\infty^e)e^{-\frac{\Delta_2-k\beta\rho}{2k\beta}t} + b_\infty^e \quad (6.34)$$

$$w^e(t) = \frac{\eta(1-\phi^e)^2}{\beta(2-\phi^e)}(B_0-B_\infty^e)e^{-\frac{\Delta_2-k\beta\rho}{2k\beta}t} + w_\infty^e \quad (6.35)$$

$$p^e(t) = \frac{\eta(3-2\phi^e)}{2\beta(2-\phi^e)}(B_0-B_\infty^e)e^{-\frac{\Delta_2-k\beta\rho}{2k\beta}t} + p_\infty^e \quad (6.36)$$

技术先进度和需求曲线给定为

$$B^e(t) = (B_0-B_\infty^e)e^{-\frac{\Delta_2-k\beta\rho}{2k\beta}t} + B_\infty^e \quad (6.37)$$

$$D^e(t) = \frac{\eta}{2(2-\phi^e)}(B_0-B_\infty^e)e^{-\frac{\Delta_2-k\beta\rho}{2k\beta}t} + D_\infty^e \quad (6.38)$$

其中

$$b_\infty^e = \frac{\eta\delta(\alpha-\beta c)}{2\beta k\delta(2-\phi^e)(\delta+\rho)-\eta^2} \quad (6.39)$$

$$w_\infty^e = \frac{(1-\phi^e)\{2k\delta(\delta+\rho)[(1-\phi^e)\alpha+\beta c]-c\eta^2\}}{2\beta k\delta(2-\phi^e)(\delta+\rho)-\eta^2} \quad (6.40)$$

$$p_\infty^e = \frac{k\delta\alpha(\delta+\rho)((3-2\phi^e)+\beta c)-c\eta^2}{2\beta k\delta(2-\phi^e)(\delta+\rho)-\eta^2} \quad (6.41)$$

$$B_\infty^e = \frac{\eta(\alpha-\beta c)}{2\beta k\delta(2-\phi^e)(\delta+\rho)-\eta^2} \quad (6.42)$$

$$D_\infty^e = \frac{k\beta\delta(\delta+\rho)(\alpha-\beta c \geqslant 0)}{2\beta k\delta(2-\phi^e)(\delta+\rho)-\eta^2 \geqslant 0} \quad (6.43)$$

在收益共享契约模型下，由命题6.4可知，当t趋向于正无穷时，均衡的技术创新投入$b^e(t)$、批发价格$w^e(t)$、产品价格$p^e(t)$、技术先进度$B^e(t)$以及需求$D^e(t)$收敛于其各自的稳态b^e_∞、w^e_∞、p^e_∞、B^e_∞和D^e_∞。当$B_0 > B^e_\infty$，控制曲线随时间单调递减，这意味着供应链成员采取撇脂定价策略；当$B_0 < B^e_\infty$，控制曲线随时间单调递增，这意味着供应链成员采取渗透定价策略。

同样，对各参数求偏导可得出在收益共享契约下稳态策略、需求及技术先进度关于系统参数的比较静态分析结果，如表6-2所示。

由于表6-2所列参数的分析结果与表6-1类似，此处不再赘述，但收益共享比例ϕ^e对稳态策略、需求及技术先进度的影响却呈现出不同的结果，详见推论6.1。

表6-2　收益共享契约下的比较静态分析结果

变量	α	β	ρ	δ	η	k
b^e_∞	↑	↓	↓	↓	↑	↓
w^e_∞	↑	↓	↓	↓	↑	↓
p^e_∞	↑	↓	↓	↓	↑	↓
B^e_∞	↑	↓	↓	↓	↑	↓
D^e_∞	↑	↓	↓	↓	↑	↓

推论6.1：在收益共享契约下，在稳态时，技术创新投入b^e_∞、技术先进度B^e_∞和需求D^e_∞随着收益共享比例ϕ^e的增加而增加；当$\phi^e \leqslant 3 - \frac{\eta^2}{\beta k\delta(\delta+\rho)}$时，批发价格$w^e_\infty$随着收益共享比例的增加而降低；当$\eta > \sqrt{\frac{\beta}{k\delta(\delta+\rho)}}$时，产品价格$p^e_\infty$随着收益共享比例的增加而增加，当$\eta \leqslant \sqrt{\frac{\beta}{k\delta(\delta+\rho)}}$时，产品价格$p^e_\infty$随着收益共享比例的增加而降低。

推论6.1表明随着云应用开发商的收益共享比例的增加，云应用开发商在技术创新上进行更多投资，从而提高了云产品的技术先进度。这是由于云服务运营商把收益分享给云应用开发商，使云应用开发商获得了额外的资金。反之，云应用开发商随着收益共享比例的增加会索要相对较低的批发价格。上述推论还表明，对于相对高（低）的技术先进度敏感系数或相对较低（高）的价格敏感系数，随着收益共享比例的增加，云服务运营商设定较高

（低）的产品价格。可以理解为增加的收益共享比例导致较高的技术创新投入，相对高技术、先进度敏感系数（此时价格敏感技术较低），意味着以相同速率增加技术先进度的作用超过提高价格的作用，这为云服务运营商抬高价格增加了机会。相反，当价格敏感系数较高或者技术先进度敏感系数相对低时，增加价格对需求产生比较大的影响，因此云服务运营商设定较低的产品价格。

第四节　策略比较及行为选择

为了探究创新成本分担契约模型与收益共享契约模型对均衡稳态策略的影响，下列命题比较了不同模型下的创新投入和需求。

命题 6.5：通过对两种合作研发模型的稳态技术创新投入和需求的比较，在满足 $\phi^c > \frac{\eta^2}{4\beta k\delta(\delta+\rho)}$，$\phi^e < 2 - \frac{\eta^2}{2\beta k\delta(\delta+\rho)}$ 的条件下，当 $\phi^e < 2(1-\phi^c)$ 时，$b_\infty^c > b_\infty^e$，$B_\infty^c > B_\infty^e$，$D_\infty^c > D_\infty^e$；当 $\phi^e > 2(1-\phi^c)$ 时，$b_\infty^c < b_\infty^e$，$B_\infty^c < B_\infty^e$，$D_\infty^c < D_\infty^e$。

命题 6.5 表明，当收益共享比例 ϕ^e 高于 $2(1-\phi^c)$ 时，创新成本分担契约下的技术创新投入、技术先进度与需求都低于收益共享契约模型；当收益共享比例 ϕ^e 低于 $2(1-\phi^c)$ 时，创新成本分担契约下的技术创新投入、技术先进度与需求都高于收益共享契约模型。

尽管均衡解和云服务供应链成员利润的表达式很清晰，但是鉴于其复杂性，很难直接地比较不同情境下的利润，因此，需要通过数值方法对比分析策略选择带来的收益差别并给出管理意义。作为基准，设定相关参数值如下。

需求参数：$\alpha=1$，$\beta=0.1$，$\eta=0.002$；

成本参数：$c=0.3$，$k=4$；

技术先进度参数：$\delta=0.2$；

折现因子：$\rho=0.01$；

以上参数的选取主要基于以往的文献（刘国伟，2017；Liu 等，2016）。

首先分析技术先进度敏感系数 η 的变化对创新投入以及供应链成员分散利润的影响，此时 ϕ^e 取 0.8，ϕ^c 取 0.2。

由图 6-1 可以看出，技术先进度敏感系数的增加会使云应用开发商加大对技术创新的投入力度。且随着技术先进度敏感系数的不断增大，创新投入的速度也会越来越快。市场对技术创新越敏感，云应用开发商就会越注重技术创新，进而会加大对技术创新的投资力度。这是由于目前越来越多的企业或组织依靠云来实现数字化转型，而某种程度的同质化导致难以满足客户的多样化需求。创新日益成为市场的刚性需要，也成为云应用开发商抢占市场先机、在激烈竞争中脱颖而出的一个重要抓手。客户的技术先进敏感度越强，云应用开发商越会通过增加技术创新投入的方式来吸引更多的客户。

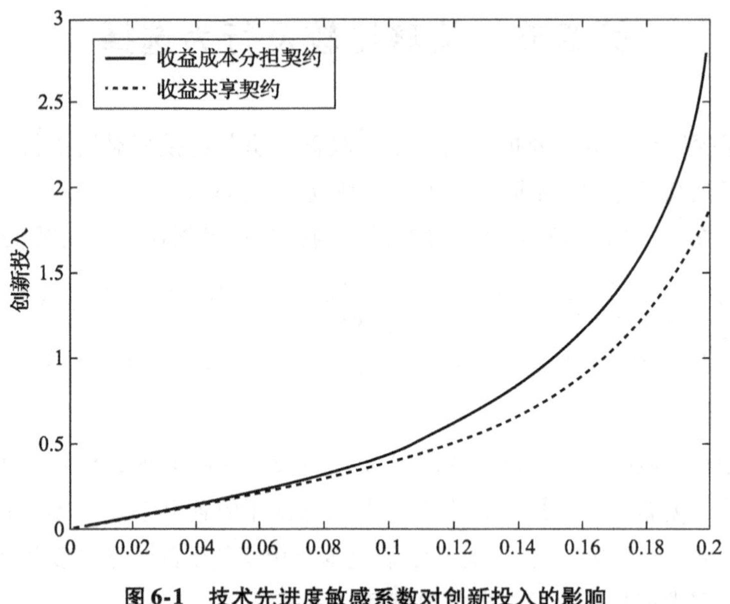

图 6-1　技术先进度敏感系数对创新投入的影响

由图 6-2 可以看到，随着技术先进度敏感系数的增加，在两种契约下云应用开发商和云服务运营商的利润分别都有增加的趋势。对于相对低的技术先进度敏感度，云应用开发商会选择收益共享契约，反之，则会选择创新成本分担契约。

这是因为当市场的技术先进度敏感性较低时，相应的创新投入也是比较低的，此时云应用开发商可以承担全部的创新成本，而更倾向于通过收益共享契约来获取下游云服务运营商的收益分成，此时分成是可以完全覆盖成本的。而当市场的技术先进度敏感性较高时，相应的创新投入也很高，云应用开发商会通过创新成本分担契约使云服务运营商帮其承担高额的成本。而无论技术先进度敏感性高低，云服务运营商均会选择创新成本分担契约以获取更高的收益。这是因为当技术先进度敏感性低时，整体的创新成本低，进而选择成本分担契约所分担的成本也会低。而当技术先进度敏感性高时，市场

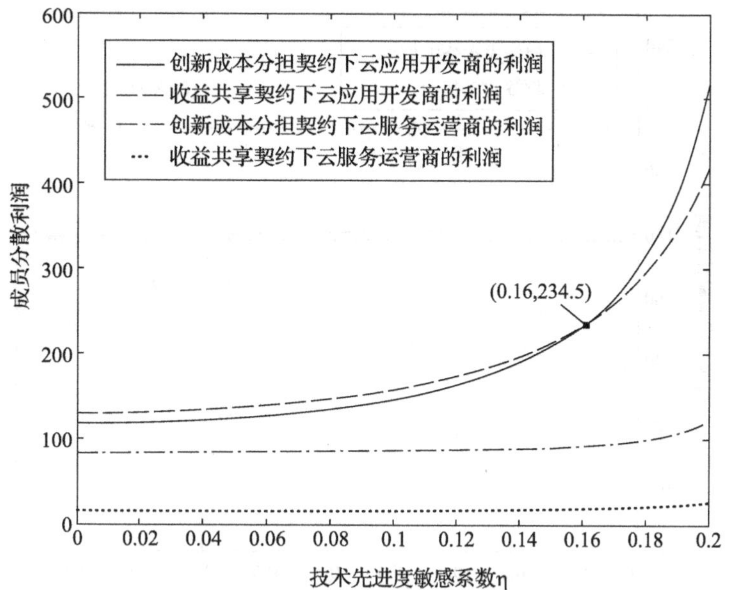

图 6-2 技术先进度敏感系数对分散利润的影响

价格提高，市场需求变大，整体收益也会提高，云服务运营商不愿意直接将其高额的收益分给云应用开发商，而更倾向于选择创新成本分担契约。

接下来分析契约系数分担比例 ϕ^c 和共享比例 ϕ^e 对云服务供应链整体利润以及分散利润的影响。

由图 6-3 可以看到随着创新成本分担比例 ϕ^c 的增加，云服务供应链的整体利润会减少，这是因为由前文比较静态分析可知，随着创新成本分担比例的增加，云服务产品价格和市场需求都会减少，相应的利润也会减少。而随着收益共享比例 ϕ^e 的增加，市场需求增加，云服务供应链的整体利润也会增加。因此，当双方选择创新成本分担契约时，创新成本分担比例越低，整个云服务供应链的利润越高；当双方选择收益共享契约时，收益共享比例越高越对整个供应链利润有好的影响。供应链合作双方需要进行谈判，选择合适的契约，以争取较低的成本分担比例或较高的收益共享比例。

如图 6-3 所示，当采用创新成本分担契约时，整个云服务供应链的利润区间为［179.3，213.2］，其上下界与收益共享契约下的整体利润曲线交点分别为（0.67，179.3）和（0.88，213.2）。由此可知，当收益共享比例较低时，如取值在［0，0.67］之间，无论创新成本分担比例的取值如何，选择创新成本分担契约的云服务供应链整体利润总是会高于收益共享契约；而当收益共

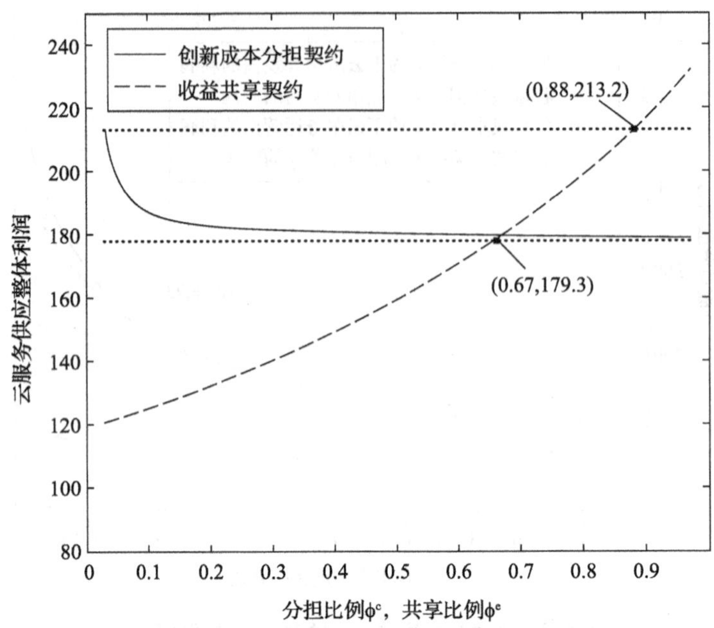

图 6-3　分担/共享比例对云服务供应链整体利润的影响

享比例较高时，如取值在［0.88，1］之间，选择收益共享契约的供应链利润总是会高于创新成本分担契约。这是由于此时收益共享比例较高，云应用开发商可以获得更多的收益分成，促进其勇于创新，且云服务产品价格和市场需求双增，供应链整体利润处于较高水平。

由图 6-4 可以看出，随着创新成本分担比例的增加，云应用开发商和云服务运营商的利润都在缓慢减少。这是由于随着创新成本分担比例的增加，云应用开发商承担的成本增加，导致其利润减少，此时云服务产品的价格和需求都会随创新成本分担比例的增加而降低，这就导致云服务运营商的利润也会缓慢减少。随着收益共享比例的增加，云应用开发商和云服务运营商的利润都会增加，但云应用开发商的利润增加幅度更大。这是由于随着收益共享比例的增加，云应用开发商从云服务运营商处分得的收益会增加，使其利润增加。云应用开发商分得较多的收益后，会降低产品的批发价格，这就导致了云服务运营商的利润也会缓慢增加。

显而易见，在 $\phi^e \leqslant 0.1$ 时供应链成员都会选择创新成本分担契约。而在 $\phi^e > 0.1$ 的情况下，双方在谈判时会遇到矛盾，云应用开发商更偏向于选择收益共享契约，而云服务运营商则更想选择创新成本分担契约。为了解决此困

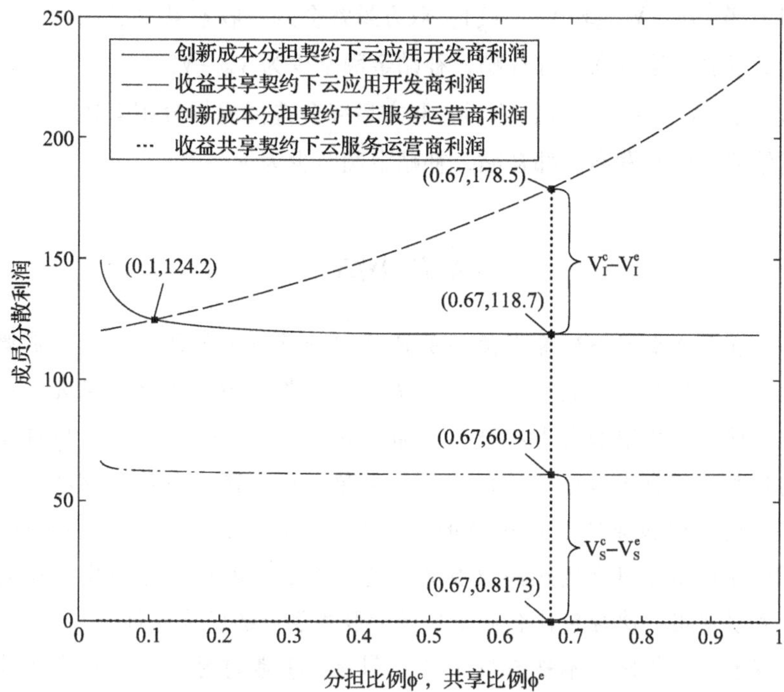

图 6-4　分担/共享比例对成员分散利润的影响

境，双方可以使用一次性转让合同（Lump Sum Transfer Contract）来协调行为矛盾，即为了达到双赢的目的，供应链一方成员须让渡自己的部分收益来弥补另一方的损失，进而促使另一方做出与自己一致的行为。具体来讲，当 $\phi^e \leqslant 0.67$ 时，云应用开发商选择成本分担契约，并且可以获得来自云服务运营商的内部补贴 $P_1(V_I^e - V_I^c < P_1 < V_S^c - V_S^e)$；当 $\phi^e \geqslant 0.67$ 时，云服务运营商按照云应用开发商的要求选择收益共享契约，并且可以获得来自云应用开发商的内部补贴 $P_2(V_S^c - V_S^e < P_2 < V_I^e - V_I^c)$。

结论 6.1：当 $(V_I^c - V_I^e) \cdot (V_S^c - V_S^e) > 0$ 时，即供应链双方选择不同契约时收益会同增或同减，供应链双方会做出一致的决策，选择相同的契约。当 $(V_I^c - V_I^e) \cdot (V_S^c - V_S^e) < 0$ 时，即供应链双方选择某一契约时，在一方收益增加的同时另一方收益减少，双方存在利润冲突，云应用开发商与云服务运营商会做出不同的决策，选择不同的契约，此时双方可以采用一次性转让合同进行协调，在保证对方不吃亏的前提下使自己获得更高收益。具体采用哪种契约，由哪一方来进行补贴，要看让渡价值所付出的代价。具体分为以下两种情形：

(1) 若$|V_I^e - V_I^c| \geqslant |V_S^c - V_S^e|$，双方最终会选择收益共享契约，由云应用开发商给云服务运营商内部补贴，补贴金额至少为$V_S^c - V_S^e$。

(2) 若$|V_I^e - V_I^c| < |V_S^c - V_S^e|$，双方最终会选择成本分担契约，由云服务运营商给云应用开发商内部补贴，补贴金额至少为$V_I^e - V_I^c$。

本章小结

本章在动态框架下研究云服务的产品定价及技术创新决策，分别探讨了在两种研发管理模式下云服务供应链成员的决策行为。研究结果表明：技术先进度敏感系数的增加会引起技术创新投入、云产品价格以及供应链各成员利润的增加；创新成本分担比例的增加会导致供应链的整体利润减少，而收益共享比例的增加会增加供应链的整体利润，因此，对于整个供应链来说，选择低创新成本分担比例或高收益共享比例更加有利；考虑到供应链利润最大化，可以使用一次性转让合同来协调云服务供应链成员的行为。

与现有研究相比，本书有以下几点创新：①考虑时间因素对产品技术先进度的影响，试图引入微分博弈的方法在动态框架下研究云服务产品技术创新问题；②分别构建在创新成本分担契约和收益共享契约两种合作研发模式下的微分博弈模型，并分析在不同契约下云服务企业的均衡技术创新投入以及动态定价策略；③系统分析供应链不同合作研发机制的优劣，探究为达到各自利润最大化，云服务供应链成员的策略调整与协调行为。

本章的结论也有一些重要的管理启示：一方面，在云服务技术日新月异的时代背景下，对云产品进行技术创新已是大势所趋。云服务提供商只有持续强化技术实力、积极构建合作生态，才能在市场中保持核心优势，在激烈的竞争中存活下来。面对越来越强调技术先进品质的客户，云服务供应链成员均可从技术创新中获益。另一方面，在多种合作研发模式存在的情况下，考虑成员双方的利润最大化，供应链成员常常有不同的行为决策，即会出现契约缔结时的矛盾，此时就需要协调供应链内部成员的决策行为，以保障供应链的整体协调。本章的局限在于未考虑多个云应用开发商同时供应多个云服务运营商的情况，且未考虑参考技术先进度对客户需求的影响，在后续的研究中可以在这几点上进行深入的分析和探讨。

第七章

基于保险机制的云服务供应链风险转移研究

对于一些在线游戏、移动领域创业的企业来说，一台服务器往往承载了整个公司的全部家产，所以，尽管钱少，但对稳定性要求却不能忽视，否则会得不偿失。例如，对于网络“坑爹游戏”的创业团队来说，早期一台配置 1.5G 内存、80G 硬盘、5M 带宽的阿里云服务器，就是其全部家当——代码、文档系统、网站、项目管理系统甚至测试服务器。由于用户密度高，服务器故障影响的用户数巨大，游戏的稳定性成了核心诉求。对于这种创业团队而言，APP 的稳定性决定了客户体验，而客户体验甚至可以决定一个 APP 的生死。华道信息处理（苏州）有限公司研发的“卡惠”在阿里云的支撑下服务了 300 万活跃客户和 850 万次下载，运行过程中的中断问题成为企业的关注焦点。

因此，云服务运营商需要对这些敏感型的客户量身定制云 SLA，而补偿金额也应充分考虑中断带给客户的实际损失。云保险（Cloud Insurance）作为风险管理的一种方法，是云服务运营商在遇到部分特定的潜在故障时向客户做出经济补偿的承诺。它既可以作为云服务运营商服务水平协议（SLA）的一部分，也可以通过第三方保险公司单独购买。云保险在云服务不可用时就会给予客户补偿，并且能为客户提供意外数据丢失或安全隐患的经济保护。因此，引入保险为云服务运营商和客户免受潜在损失提供了新的解决方案。

本章通过构建模型，对比分析三种情境：不投保、投保营业中断保险和投保产品责任保险三种情境下的云服务运营商和客户的最优决策，力求为云服务运营商提供一定的管理启示和策略建议。

第一节　问题描述和基本假设

一、问题描述

目前云服务专用保险的低普及率和日益增长的需求都在吸引着越来越多的企业进入这个市场，如 2010 年 CloudInsure 公司成立；2013 年服务供应商协会 MSP Alliance 与经纪公司 Lockton Affinity 有限责任公司合作提供云计算保险；2013 年 6 月，保险公司 Liberty Mutual 开始提供云计算保单，并将其作为与 Cloud Insure 合作的一部分。由此可见，云保险的相关实践已初见端倪，但关于云保险的理论研究目前还较少。

针对云服务中断情境，云服务运营商可以有两种选择：一种是为自身投保，自己承担对客户的中断补偿成本，同时向保险公司索取相当于其投保标的一定比例的保险赔付，从而减少由于服务中断赔偿而带来的经济损失。这种选择下的保险类型为营业中断保险。而另一种是为客户投保，云服务运营商将对客户承担的赔偿责任转移给保险公司，如果云服务发生中断，云保险机构直接对客户给予相应的保险赔付，这种选择下的保险类型为产品责任保险。表 7-1 给出了具体两种保险解决方案的对比。

表 7-1　两种保险解决方案的对比

保险解决方案	营业中断保险	产品责任保险
概念	被保险人的财产由于遭受自然灾害或意外事故造成生产停顿或营业中断而引起的间接经济损失	产品在使用过程中因其缺陷而给客户造成财产损失，被保险人对客户依法承担的民事赔偿责任
投保对象	自身	客户
损害内容	自身利益损失	客户的经济损失
保险标的	发生服务中断时云服务运营商向客户提供的损失补偿成本	客户潜在的服务中断损失
保险解决方案	营业中断保险	产品责任保险

续表

保险解决方案	营业中断保险	产品责任保险
参与各方服务关系	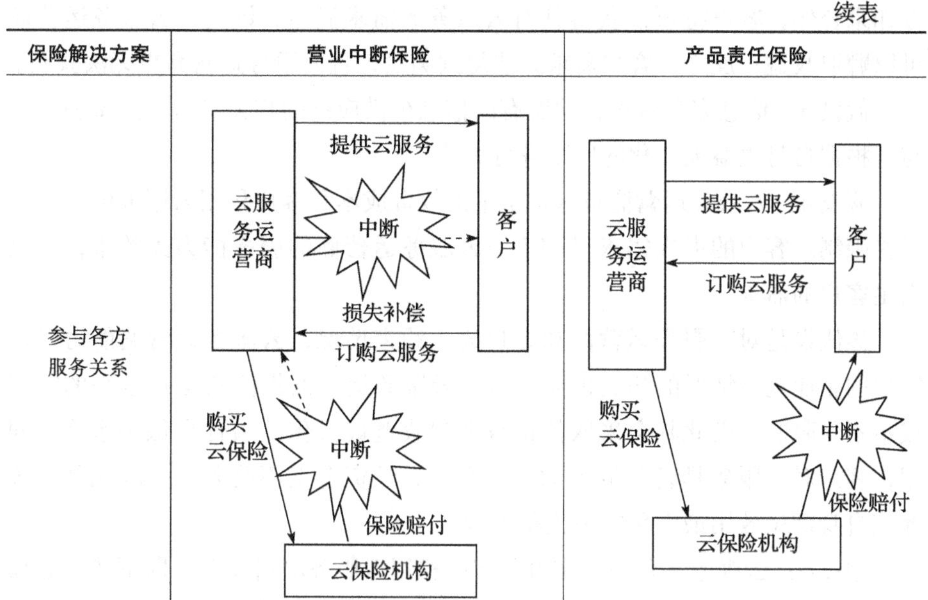	

二、基本假设

假设1：考察的时间区间为T，云服务运营商采取基于中断损失的补偿策略。

因为本章的研究对象是中断敏感型的特殊客户，服务中断对其带来的损失是巨大的，所以，云服务运营商为其制定的补偿方案会充分考虑到客户的损失。且在实践中，根据以往合作的经验以及客户历史经营数据，可以对客户的损失进行预估。

假设2：只考虑由一家云服务运营商、一家客户和一家云保险机构组成的供应链，不考虑市场竞争等问题。且不考虑云保险机构的参与问题，重点研究引入保险前后对云服务运营商和客户的影响，不研究云保险机构参与过程中的收益情况。

除了是对研究问题的简化，考虑这种假设的原因还有两个方面：一是突出供应链成员的决策过程。在这种假设下，云服务运营商与客户处于完全平等的地位，双方同时采取行动，同时决定各自的决策变量；二是不涉及客户之间的资源冲突和抢夺问题，对于特殊定制的服务水平协议，云服务运营商的潜在赔偿成本很大，因而会预留充分的资源能力，没有能力约限问题。双方如果合作，客户将可以获得其对云服务的需求满足，同时，云服务运营商可以赚取收益；反之，客户需求无法得到满足，且云服务运营商也无法获利。

假设3：信息完全对称，即所有的信息被供应链的相关参与者所掌握，参与者根据自身收益最大化的原则进行决策。

假设4：云服务运营商自保护水平的投资成本和客户租用云服务的资金均不受限制。客户的潜在需求足够大，云服务运营商的服务能力无约束，可以满足客户的需求。

该假设是对云服务运营商和客户成本约束情况，云服务运营商能力以及客户的企业规模情况的相关说明。由于云服务运营商提高自保护水平的投资成本不受限制，因此其会采取使自身期望收益最大化的最优自保护水平。同理，客户对云服务具备足够大的潜在需求，且资金上不受限制，因此其会选择使自身期望效用最大化的最优租用量。

假设5：云服务运营商的定价与客户租用云服务的量无关，即不考虑数量折扣价格策略。云保险机构的保费定价与云服务运营商的自保护水平无关，即不考虑保费折扣或保费罚值的保险激励问题。

为方便构建模型，定义本章的参数符号和含义，如表7-2所示。

表7-2 相关符号与含义

参数符号	含义
T	云服务运营商和客户签订的合同期
r_l、r_h	时间T内发生1次服务中断的概率；时间T内发生1次以上服务中断的概率
i	下角标符号，i={1，2，3}，分别对应三种情境（无投保、投保营业中断保险、投保产品责任保险）
δ_i	云服务运营商的自保护水平（抗风险服务水平）
δ_0	客户感知的云服务运营商应实现的自保护水平的基础值
p_i	云服务的单位使用价格
Q_i	客户在时间T内的云服务用量，$Q_i \geqslant 0$
$c(\delta_i)$	云服务运营商的自保护投资成本 $c(\delta_i)=\frac{1}{2}\delta_i^2$
$F(Q_i)$	客户使用云服务所获得的功能性效用感知 $F(Q_i)=K_1Q_i^2+K_2Q_i$，其中K_1、K_2为系数，且都大于0
η	在不投保和为云服务运营商自身投保情境下的客户安全效用感知系数

续表

参数符号	含义
ϕ	在为客户投保情境下的客户安全效用感知系数，且 $\phi > \eta$
γ	客户服务中断损失激增系数
$L(Q_i)$	客户在服务中断情境下遭受的损失 $L(Q_i)=\begin{cases} M_1Q_i^2+M_2Q_i & \text{服务中断发生1次，即 } r=r_l \\ \gamma(M_1Q_i^2+M_2Q_i) & \text{服务中断发生1次以上，即 } r=r_h \end{cases}$ 其中 M_1、M_2 为系数，且都大于0
β_1、β_2	在不投保或云服务运营商为自身投保的情境下，如果发生服务中断，云服务运营商对客户损失的补偿比例
β_3	在云服务运营商为客户投保的情境下，如果发生服务中断，客户从保险公司获得的赔付额相当于投保标的的补偿比率
θ_1、θ_2	云服务运营商向保险公司缴纳的相当于投保标的的保险费率
α_2	在云服务运营商为自身投保情境下，服务中断发生后，云服务运营商可以从保险公司获得的相当于投保标的的补偿比率
Π_i	云服务运营商的期望收益
U_i	客户的期望效用

在本书中，假设因自保护水平提高而带来的投资成本 $c(\delta_1)$ 是自保护水平的二次函数，即 $c(\delta_1)=0.5\delta_1^2$。该函数在刻画投资成本与改善需求和服务质量关系的相关研究中使用较为广泛（例如 Heese 和 Swaminathan，2006；Li，2013；Tang 和 Gurnani，2014）。该成本投入主要表现在增设备用电源、增设防火墙、增用杀毒软件、对自身的软件系统进行必要的更新等方面，随着自保护水平 δ_1 的提高而增加，且自保护水平越高，该成本增加得越快。由于本书重点考虑的是云服务运营商投保前后自保护水平的决策，因此，只考虑与实现自保护水平所对应的成本，云服务产品本身的研发、维护等成本忽略不计。

为了区别于较为经典的效用函数模型，本书在构建效用函数时，将云服务按使用量付费、信息产品的网络效应考虑在内（Demirhan 等，2007）。云服务对某一用户的价值取决于使用该服务的其他用户的数量。对于企业的客户而言，其内部云服务用户构成的网络的价值会随着云服务租用量的增加而呈几何级数增长，这就是网络效应。因此，本书假设客户使用云服务的效用因其租用量的增加而变大，且由于网络效用的存在，增加速度也逐渐变大，具体表达式为：$F(Q_i)=K_1Q_i^2+K_2Q_i$，其中 K_1、K_2 为常数，且都大于0。

而在刻画中断带给客户的负效用即中断损失时，参考电力负荷中断的相关研究（Fahrioglu 和 Alvatado，2001；黄海涛等，2014），中断带给客户的损失与中断量有关，且本书不考虑客户类型差异。则中断损失可以表示为：

$$L(Q_i)=\begin{cases}M_1Q_i^2+M_2Q_i & \text{服务中断发生 1 次}\\ \gamma(M_1Q_i^2+M_2Q_i) & \text{服务中断发生 1 次以上}\end{cases}$$

其中 M_1、M_2 为常数，且都大于零。

即当 $r=r_l$ 时，$L(Q_i)=L_l(Q_i)=M_1Q_i^2+M_2Q_i$；

当 $r=r_h$ 时，$L(Q_i)=L_h(Q_i)=\gamma(M_1Q_i^2+M_2Q_i)$。

具体来看客户中断损失的函数特性，中断量越大，带来的损失及其边际损失越大，即 $\partial L/\partial Q=2M_1Q+M_2>0$，$\partial^2L/\partial Q^2=2M_1>0$。

合同期内如果发生 1 次服务中断，会对客户的经济和声誉产生巨大的损害，而如果中断多次，客户的损失将呈现骤增。为了便于研究分析，我们引入客户中断损失激增系数 γ，且 $\gamma\geqslant1$。认为当中断发生 1 次以上时，客户损失达到一个新的量级，且该损失值已接近极限。由于负效用的增加速度往往大于正效用，因此有 $M_1>K_1$。

客户因使用一定自保护水平下的云服务而获得的安全性效用感知随使用量的增加而变大，单位使用量的安全性效用感知为 $\eta(\delta_1-\delta_0)$，其中 δ_0 为客户可接受的云服务运营商自保护水平的最低值。当云服务运营商的自保护水平 $\delta_1>\delta_0$ 时，即自保护水平超过客户的最低接受水平时，客户使用云服务的安全性效用感知为正；反之为负。

由于本书不考虑数量折扣价格策略，则假设云服务运营商的定价与服务水平和补偿比例有关，单位价格表示为 $p_i=a\delta_i+b\beta_i$，其中 a、b 为常数，且都大于0。

第二节　模型的构建与求解

在本节我们分析三种情境下的最优决策问题，分别为基础模型——不投保的情境，营业中断保险模型——云服务运营商为自身投保的情境和产品责任保险模型——云服务运营商为客户投保的情境。

一、基础模型——不投保

在不投保的情境下，参与方包括云服务运营商和客户。云服务运营商向客户提供一定质量的云服务，包括 SaaS、PaaS 和 IaaS 等不同的云类型。

本书假设所考察的时间区间为 T，即合同期为 T。这与现实中的 SLA 一致，一般在 SLA 中会规定时间窗，如按月、季度、年等签订合同，规定服务水平、云服务使用量、价格以及中断补偿等条款。双方按合同履行各自的责任和义务，且补偿也是针对合同期内的服务中断事件。云计算服务具有按使用量支付服务费用的特点，即客户租用云服务的费用直接取决于其租用的服务量。

云服务运营商从使自身的期望收益最大的角度出发，决定在合同期内其自保护水平 δ_1。云服务运营商的自保护水平 δ_1 反映了云服务运营商为保障云服务的持续性和稳定性所做出的努力，是体现云服务质量的一个重要方面。云服务运营商为了确保高效、快速地响应客户需求，尽量避免由于其自身服务质量问题导致服务中断的发生，做出自保护水平投资。尽管如此，由于云服务的交付依赖于网络，应对风险的自我保护及减轻风险并不能够完全消除风险，由网络病毒、互联网黑客攻击或电力、火灾等突发事故导致的服务中断风险仍然存在。当服务中断发生时，因服务中断而导致客户数据、功能的不可用是由于云服务将客户数据交由云服务运营商保管的特性所决定的，因此云服务运营商对服务中断负有责任，为了维持好与客户长期合作的关系，需给予客户一定比例（β_1）的补偿，这里补偿比例 β_1 是由双方商定的。在合同期内，客户为使自身的期望效用最大，需做出租用的云服务使用量 Q_1 的最优决策，达成契约（δ_1，Q_1，β_1）。

云服务运营商在合同期 T 内的期望收益由收入、自保护水平投资成本和潜在的损失补偿成本构成。则云服务运营商的期望收益可以表示为

$$\begin{aligned}\Pi_1(\delta_1) &= (1-r_l-r_h)\left(p_1Q_1-\frac{1}{2}\delta_1^2\right)+\\&\quad r_l\left[p_1Q_1-\frac{1}{2}\delta_1^2-\beta_1L_l(Q_1)\right]+r_h\left[p_1Q_1-\frac{1}{2}\delta_1^2-\beta_1L_h(Q_1)\right]\\&= p_1Q_1-\frac{1}{2}\delta_1^2-r_l\beta_1(M_1Q_1^2+M_2Q_1)-r_h\beta_1\gamma(M_1Q_1^2+M_2Q_1)\\&= -\frac{1}{2}\delta_1^2+aQ_1\delta_1+b\beta_1Q_1-\beta_1(r_l+r_h\gamma)(M_1Q_1^2+M_2Q_1) \qquad (7.1)\end{aligned}$$

客户在合同期 T 内的期望效用主要由使用云服务所带来的功能性效用感知、安全性效用感知、租用成本、潜在的中断损失以及获得的中断补偿金额构成。则客户的期望效用为

$$
\begin{aligned}
U_1(Q_1) &= (1 - r_l - r_h)[F(Q_1) + \eta Q_1(\delta_1 - \delta_0) - p_1 Q_1] + \\
&\quad r_l[F(Q_1) + \eta Q_1(\delta_1 - \delta_0) - p_1 Q_1 - L_l(1 - \beta_1)(Q_1)] + \\
&\quad r_h[F(Q_1) + \eta Q_1(\delta_1 - \delta_0) - p_1 Q_1 - L_h(1 - \beta_1)(Q_1)] \\
&= (K_1 Q_1^2 + K_2 Q_1) + \eta Q_1(\delta_1 - \delta_0) - p_1 Q_1 - (r_l + r_h\gamma) \\
&\quad (1 - \beta_1)(M_1 Q_1^2 + M_2 Q_1) \\
&= [K_1 - M_1(r_l + r_h\gamma)(1 - \beta_1)]Q_1^2 + [K_2 + \eta(\delta_1 - \delta_0) - \\
&\quad p_1 - M_2(r_l + r_h\gamma)(1 - \beta_1)]Q_1
\end{aligned}
\tag{7.2}
$$

上式中，$p_1 = a\delta_1 + b\beta_1$，$a > 0$，$b > 0$

为使模型符合现实，设

$$K_1 < (r_l + r_h\gamma)(1 - \beta_1)M_1 \tag{7.3}$$

$$a < \eta \tag{7.4}$$

由前文可知 $K_1 < M_1$，式（7.3）进一步刻画了 K_1 和 M_1 之间的关系。式（7.4）说明对客户来说，其购买云服务的单位安全效用感知系数应大于价格部分中自保护水平的系数，即对于固定的自保护水平来说，价值系数（功能系数/成本系数）应大于1。

双方的博弈过程为：云服务运营商从使自身期望收益最大化的角度，决定合同期 T 内的最优自保护水平 δ_1。与此同时，客户为使自身的期望效用最大，做出最优的云服务租用量 Q_1。接下来需要先求解双方的最优反应函数，并在此基础上联立方程得到最优均衡解 δ_1^* 和 Q_1^*。

首先，对式（7.1）的两端对 δ_1 求一阶和二阶导数，可以得到

$$\frac{d\Pi_1}{d\delta_1} = -\delta_1 + aQ_1 \tag{7.5}$$

$$\frac{d^2\Pi_1}{d\delta_1^2} = -1 < 0 \tag{7.6}$$

由于$\frac{d^2\Pi_1}{d\delta_1^2} < 0$，$\Pi_1$ 为 δ_1 的凹函数，存在最大值。

令$\frac{d\Pi_1}{d\delta_1} = 0$，得到 δ_1 对 Q_1 的最优反应函数

$$\delta_1^R(Q_1) = aQ_1 \tag{7.7}$$

接下来，对式（7.2）的两端对 Q_1 求一阶导数和二阶导数，得到

$$\frac{dU_c}{dQ_1} = 2[K_1 - M_1(r_1 + r_h\gamma)(1-\beta_1)]Q_1 + [K_2 + \eta(\delta_1 - \delta_0) - (a\delta_1 + b\beta_1) - M_2(r_1 + r_h\gamma)(1-\beta_1)] \tag{7.8}$$

$$\frac{d^2U_c}{dQ_1^2} = 2[K_1 - M_1(r_1 + r_h\gamma)(1-\beta_1)] < 0 \tag{7.9}$$

因此，U_1 为 Q_1 的凹函数，存在最大值。

则令$\frac{dU_1}{dQ_1}=0$，得到 Q_1 对 δ_1 的最优反应函数

$$Q_1{}^R(\delta_1) = \frac{-K_2 - \eta(\delta_1 - \delta_0) + (a\delta_1 + b\beta_1) + M_2(r_1 + r_h\gamma)(1-\beta_1)}{2[K_1 - M_1(r_1 + r_h\gamma)(1-\beta_1)]} \tag{7.10}$$

联立两个最优反应函数，得到

$$Q_1^* = \frac{-K_2 + \eta\delta_0 + b\beta_1 + M_2(r_1 + r_h\gamma)(1-\beta_1)}{2[K_1 - M_1(r_1 + r_h\gamma)(1-\beta_1)] + (\eta a - a^2)} \tag{7.11}$$

$$\delta_1^* = \frac{a[-K_2 + \eta\delta_0 + b\beta_1 + (r_1 + r_h\gamma)(1-\beta_1)M_2]}{2[K_1 - M_1(r_1 + r_h\gamma)(1-\beta_1)] + (\eta a - a^2)} \tag{7.12}$$

为使 Q_1^* 和 δ_1^* 大于零，需满足

$$[-K_2 + \eta\delta_0 + b\beta_1 + M_2(r_1 + r_h\gamma)(1-\beta_1)][2K_1 - 2M_1(r_1 + r_h\gamma)(1-\beta_1) + (\eta a - a^2)] > 0 \tag{7.13}$$

代入式（7.1）、式（7.2），得到 Π_1^*、U_1^*。

在以上参数假设关系下，客户期望效用的最优值 $U_1^* > 0$，为使所求得的云服务运营商的期望收益最优值 Π_1^* 大于零，需满足 $\Pi_1^* > 0$。

由于损失补偿比例是整个契约中的关键参变量，下面我们通过比较静态分析方法得到了损失补偿比例对决策变量和目标函数的影响，具体结论如命题7.1至7.3所示。

命题7.1：当 $r_1 + r_h\gamma < r_c$ 时，$\frac{\partial\delta_1^*}{\partial\beta_1} > 0$，即存在惩罚风险系数阈值 r_c，当云服务中断风险（中断1次和中断1次以上）的期望损失惩罚系数小于阈值 r_c 时，云服务运营商的自保护水平 δ_1^* 随服务中断发生后云服务运营商对客户的补偿比例 β_1 的增加而递增；而当 $r_1 + r_h\gamma > r_c$ 时，$\frac{\partial\delta_1^*}{\partial\beta_1} < 0$，即存在惩罚风险系数阈值 r_c 时，当云服务中断风险（中断1次和中断1次以上）的期望损失惩罚系数大于阈值 r_c 时，云服务运营商的自保护水平 δ_1^* 随服务中断发生后云

服务运营商对客户的损失补偿比例 β_1 的增加而递减。其中

$$r_c = \frac{b(-a^2 + \eta a + 2K_1)}{2M_1(b + \eta\delta_0 - K_2) + M_2(-a^2 + \eta a + 2K_1)}$$

从命题 7.1 的结论可以看出，$r_l + r_h\gamma$ 代表了期望损失的风险系数，当中断发生多次时，期望损失翻倍增长，因而 $r_l + r_h\gamma$ 是一种受到惩罚的风险系数，我们将其定义为惩罚风险系数。当惩罚风险系数较低时，随着双方协定的损失比例的增加，云服务运营商会增加自保护水平，这是因为增加自保护水平一方面可以提高云服务的单位价格（较高的自我保护水平对应较高的云服务单位价格），另一方面可以提升客户的云服务安全效用感知，从而促使客户增加云服务的租用量。此时云服务运营商利润的增加，可以抵消掉成本及潜在补偿的损失的增加，从而实现期望收益最大化。而当惩罚风险系数较高时，云服务运营商的潜在补偿风险凸显，对其期望收益构成主要的负向影响，因此，随着双方协定的损失补偿比例的增加，云服务运营商会降低自保护水平，从而避免高额的潜在补偿损失，实现期望收益最大化。

命题 7.2：当 $r_l + r_h\gamma < r_c$ 时，$\frac{\partial Q_1^*}{\partial \beta_1} > 0$，即存在惩罚风险系数阈值 r_c，当云服务中断风险（中断 1 次和中断 1 次以上）的期望损失惩罚系数小于阈值 r_c 时，客户的租用量 Q_1^* 随服务中断发生后云服务运营商对客户的损失补偿比例 β_1 的增加而递增；而当 $r_l + r_h\gamma > r_c$ 时，$\frac{\partial Q_1^*}{\partial \beta_1} < 0$，即存在惩罚风险系数阈值 r_c，当云服务中断风险（中断 1 次和中断 1 次以上）的期望损失惩罚系数大于阈值 r_c 时，客户的租用量 Q_1^* 随服务中断发生后云服务运营商随客户的损失补偿比例 β_1 的增加而递减。

由命题 7.2 可以看出，当惩罚风险系数较低时，随着双方协定的损失比例的增加，客户会增加云服务的租用量，这是因为潜在的中断损失所带来的负效用不对客户的期望效用构成主要影响，虽然客户付出的租用成本有所增加，但由客户承担的损失比例缩小，此时客户会通过租用更多的云服务而获得更大的正效用，从而达到期望效用最大化。与之相反，当惩罚风险系数较高时，由潜在中断损失带来的负效用增强，严重影响客户的租用量决策。损失补偿比例的增加并不能弥补潜在中断损失的增加和租用成本的升高，此时客户会通过减少租用量避免潜在的中断损失和高额的租用成本，进而达到期望效用最大化的目的。

命题7.3：当 $r_l + r_h\gamma > r_c$ 时，$\frac{\partial Q_1^*}{\partial \beta_1} < 0$，$\frac{\partial U_1^*}{\partial \beta_1} < 0$，即存在惩罚风险系数阈值 r_c，当云服务中断风险（中断 1 次和中断 1 次以上）的期望损失惩罚系数大于阈值 r_c 时，客户的期望效用 U_1^* 随服务中断发生后云服务运营商对客户的损失补偿比例 β_1 的增加而递减。而当 $r_l + r_h\gamma < r_c$ 时，$\frac{\partial Q_1^*}{\partial \beta_1} > 0$，$\frac{\partial U_1^*}{\partial \beta_1}$的符号不定。

由命题7.3可以看出，当惩罚风险系数较高时，随着云服务运营商损失补偿比例的增加，客户的租用量会减少，但仍避免不了巨大的中断损失，客户的期望效用也会减少。当云服务中断发生的惩罚风险系数较低时，云服务运营商损失补偿比例的增加会使客户的租用量增加，但客户的期望效用可能增加，也可能减少。

二、营业中断保险模型——云服务运营商为自身投保

在营业中断保险模型中，参与者包括云服务运营商、客户和云保险机构。云服务运营商向客户提供一定质量的云服务，同时需要向保险公司缴纳保险费用，从而将其由于服务中断所产生的潜在补偿损失风险转移给了云保险机构。当服务中断发生后，云服务运营商需要向客户提供合同中签订的相应补偿比例的损失补偿，但同时会获得保险公司相当于其投保标的一定比例的保险赔付，从而减少了由于服务中断赔偿而产生的经济损失。

同样，云服务运营商在合同期 T 内，从自身期望收益最大化角度，决定在合同期内的自保护水平 δ_2，云客户为使自身的期望效用最大，需做出租用的云服务使用量 Q_2 的最优决策，连同协定的补偿比例 β_2，达成契约（δ_2，Q_2，β_2）。

由于营业中断保险是云服务运营商为自身投保，那么保险标的就是其潜在的最大补偿损失，即 $\beta_2\gamma(M_1Q_2^2 + M_2Q_2)$。向保险公司缴纳的保险费为 $premium_{self} = \theta_2\beta_2\gamma(M_1Q_2^2 + M_2Q_2)$，其中 θ_2 为保险费率，且 $0 \leqslant \theta_2 \leqslant 1$。一旦服务中断发生，云服务运营商可以从保险公司那里获得的赔付额为 $\alpha_2\beta_2\gamma(M_1Q_2^2 + M_2Q_2)$，其中 α_2 表示赔付额相当于投保标的的比例。云服务运营商从保险公司那里获得的赔付额应不超过投保标的，因此，$0 < \alpha_2 \leqslant 1$。云服务运营商购买云保险的条件是获得的期望赔付额大于其向保险公司缴纳的保费，

因而有 $\alpha_2(r_l+r_h)>\theta_2$。

云服务运营商在合同期 T 内的期望收益除了收入、自保护水平投资成本和潜在的损失补偿损失外，还包括向云保险机构支付的保险费和获得的保险赔付额。则云服务运营商的期望收益可以表示为

$$\begin{aligned}\Pi_2(\delta_2) = & (1-r_l-r_h)[p_2Q_2-\frac{1}{2}\delta_2{}^2-\theta_2\beta_2\gamma(M_1Q_2{}^2+M_2Q_2)]+\\ & r_l[p_2Q_2-\frac{1}{2}\delta_2{}^2-\beta_2r_l(M_1Q_2{}^2+M_2Q_2)-\theta_2\beta_2\gamma(M_1Q_2{}^2+M_2Q_2)+\\ & \alpha_2\beta_2\gamma(M_1Q_2{}^2+M_2Q_2)]+r_h[p_2Q_2-\frac{1}{2}\delta_2{}^2-\beta_2r_h\gamma(M_1Q_2{}^2+M_2Q_2)-\\ & \theta_2\beta_2\gamma(M_1Q_2{}^2+M_2Q_2)+\alpha_2\beta_2\gamma(M_1Q_2{}^2+M_2Q_2)]\\ = & p_2Q_2-\frac{1}{2}\delta_2{}^2-\beta_2(r_l+r_h\gamma)(M_1Q_2{}^2+M_2Q_2)+\\ & \beta_2\gamma[\alpha_2(r_l+r_h)-\theta_2](M_1Q_2{}^2+M_2Q_2)\\ = & -\frac{1}{2}\delta_2{}^2+aQ_2\delta_2+b\beta_2Q_2-\beta_2(r_l+r_h\gamma)(M_1Q_2{}^2+M_2Q_2)+\\ & \beta_2\gamma[\alpha_2(r_l+r_h)-\theta_2](M_1Q_2{}^2+M_2Q_2)\end{aligned} \tag{7.14}$$

与不投保的情况相同，客户在合同期 T 内的期望效用主要由使用云服务所带来的功能性效用感知、安全性效用感知、租用成本、潜在的中断损失以及补偿金额构成。由于营业中断保险是云服务运营商为自身投保，与客户无关，因此，客户的安全效用感知系数不发生变化，仍为 η。则客户的期望效用为

$$\begin{aligned}U_2(Q_2) = & (1-r_l-r_h)[F(Q_2)+\eta Q_2(\delta_2-\delta_0)-p_2Q_2]+\\ & r_l[F(Q_2)+\eta Q_2(\delta_2-\delta_0)-p_2Q_2-L_l(1-\beta_2)(Q_2)]+\\ & r_h[F(Q_2)+\eta Q_2(\delta_2-\delta_0)-p_2Q_2-L_h(1-\beta_2)(Q_2)]\\ = & (K_1Q_2{}^2+K_2Q_2)+\eta(\delta_2-\delta_0)Q_2-p_2Q_2-\\ & (r_l+r_h\gamma)(1-\beta_2)(M_1Q_2{}^2+M_2Q_2)\\ = & [K_1-(r_l+r_h\gamma)(1-\beta_2)M_1]Q_2{}^2+[K_2+\eta(\delta_2-\delta_0)-\\ & p_2-(r_l+r_h\gamma)(1-\beta_2)M_2]Q_2\end{aligned} \tag{7.15}$$

同理，为使结果符合现实情况，设

$$K_1<(r_l+r_h\gamma)(1-\beta_2)M_1 \tag{7.16}$$

由前文可知 $K_1<M_1$，式（7.16）进一步刻画了 K_1 和 M_1 之间的关系。

求解这个最优化问题，首先，对式（7.14）的两端对 δ_2 求一阶和二阶导数，可以得到

$$\frac{d\Pi_2}{d\delta_2} = -\delta_2 + aQ_2 \tag{7.17}$$

$$\frac{d^2\Pi_2}{d{\delta_2}^2} = -1 < 0 \tag{7.18}$$

由于$\frac{d^2\Pi_2}{d{\delta_2}^2}<0$，$\Pi_2$ 为 δ_2 的凹函数，存在最大值。

令$\frac{d\Pi_2}{d\delta_2}=0$，得到 δ_2 对 Q_2 的最优反应函数

$$\delta_2{}^R(Q_2) = aQ_2 \tag{7.19}$$

接下来，对式（7.15）的两端对 Q_2 求一阶导数和二阶导数，得到

$$\frac{dU_c}{dQ_2} = 2Q_2[K_1 - M_1(r_1 + r_h\gamma)(1-\beta_2)] + [K_2 + \eta(\delta_2 - \delta_0) - (a\delta_2 + b\beta_2) - M_2(r_1 + r_h\gamma)(1-\beta_2)] \tag{7.20}$$

$$\frac{d^2U_2}{d{Q_2}^2} = 2[K_1 - M_1(r_1 + r_h\gamma)(1-\beta_2)] < 0 \tag{7.21}$$

因此，U_2 为 Q_2 的凹函数，存在最大值。

则令$\frac{dU_2}{dQ_2}=0$，得到 Q_2 对 δ_2 的最优反应函数

$$Q_2{}^R(\delta_2) = \frac{-K_2 - \eta(\delta_2 - \delta_0) + (a\delta_2 + b\beta_2) + M_2(r_1 + r_h\gamma)(1-\beta_2)}{2[K_1 - M_1(r_1 + r_h\gamma)(1-\beta_2)]} \tag{7.22}$$

联立两个最优反应函数，得到

$$Q_2^* = \frac{-K_2 + \eta\delta_0 + b\beta_2 + M_2(r_1 + r_h\gamma)(1-\beta_2)}{2[K_1 - M_1(r_1 + r_h\gamma)(1-\beta_2)] + (\eta a - a^2)} \tag{7.23}$$

$$\delta_2^* = \frac{a(-K_2 + \eta\delta_0 + b\beta_2 + M_2(r_1 + r_h\gamma)(1-\beta_2))}{2[K_1 - M_1(r_1 + r_h\gamma)(1-\beta_2)] + (\eta a - a^2)} \tag{7.24}$$

为使 Q_2^* 和 δ_2^* 大于零，需满足

$$[-K_2 + \eta\delta_0 + b\beta_2 + M_2(r_1 + r_h\gamma)(1-\beta_2)][2K_1 - 2M_1(r_1 + r_h\gamma)(1-\beta_2) + (\eta a - a^2)] > 0 \tag{7.25}$$

代入式（7.14）、式（7.15），得到 Π_2^*、U_2^*。

在以上参数假设关系下，客户期望效用的最优值 $U_2^*>0$，为使所求得的云服务运营商的期望收益最优值 Π_2^* 大于零，需满足 $\Pi_2^*>0$。

通过对比不投保和投保营业中断保险两种情境下的决策变量和目标函数值，我们可以得到命题7.4。

命题7.4：在相同的中断风险和损失补偿比例情况下，$\delta_1^* = \delta_2^*$，$Q_1^* = Q_2^*$，$\Pi_2^* > \Pi_1^*$，$U_2^* = U_1^*$，即相比不投保情境，在投保营业中断保险的情况下，客户的最优租用量和期望效用均不变，而云服务运营商的最优自保护水平不变，期望收益增加。

命题7.4的结果表明，由于云服务运营商选择投保营业中断保险，这种保险类型是针对其自身的潜在补偿损失进行投保，所以，客户不会得到保险公司的赔偿，也不会感觉到云服务安全性的变化，因此，其租用量和期望效用与不投保情境相同。云服务运营商以潜在补偿损失为投保标的投保后，将会获得比不投保情境下更大的期望收益，这也是其投保的动因所在。

推论7.1：①在投保营业中断保险的情况下，存在惩罚风险系数阈值 r_c，当云服务中断风险（中断1次和中断1次以上）的期望损失惩罚系数小于阈值 r_c 时，云服务运营商的自保护水平 δ_2^* 随服务中断发生后云服务运营商对客户的损失补偿比例 β_2 的增加而递增；当大于阈值 r_c 时，与之相反。②当云服务中断风险（中断1次和中断1次以上）的期望损失惩罚系数小于阈值 r_c 时，客户的租用量 Q_2^* 随服务中断发生后云服务运营商对客户的损失补偿比例 β_2 的增加而递增；当大于阈值 r_c 时，与之相反。

由于投保前后双方最优决策变量的形式相同，易得到推论7.1的结论。由此可知，在投保营业中断保险的情况下，当惩罚风险系数较小时，云服务运营商可以通过提高损失补偿比例，减少客户对潜在中断损失的顾虑，进而促使其租用更多的云服务，同时也可以促进其提供自我保护水平，提升单位服务售价，从长远来看，这将会使双方共赢。

命题7.5：①当 $r_l + r_h\gamma < r_c$ 时，$\frac{\partial Q^*}{\partial \beta} = \frac{\partial Q_1^*}{\partial \beta_2} > 0$，此时$\frac{\partial \Delta\Pi_{21}}{\partial \beta} > 0$，即存在惩罚风险系数阈值 r_c，当云服务中断风险（中断1次和中断1次以上）的期望损失惩罚系数小于阈值 r_c 时，云服务运营商的期望收益差值随服务中断发生后云服务运营商对客户的损失补偿比例的增加而递增。②当 $r_l + r_h\gamma > r_c$，$\beta < \beta'$时，$\frac{\partial \Delta\Pi_{21}}{\partial \beta} > 0$，云服务运营商的期望收益差值随服务中断发生后云服务运营商对客户的损失补偿比例的增加而递增；当 $r_l + r_h\gamma > r_c$，$\beta > \beta'$时，$\frac{\partial \Delta\Pi_{21}}{\partial \beta} < 0$，云服务运营商的期望收益差值随服务中断发生后云服务运营商对客户的损失补偿比例的增加而减小。其中

$$\beta' = \frac{M_1^* Q^2 + M_2 Q^*}{-(2M_1 Q^* + M_2)\frac{\partial Q^*}{\partial \beta}}$$

由命题 7.5 可以看出，当惩罚风险系数较小时，随着双方协定的损失比例的增加，客户会租用更多的云服务，这也导致间接的潜在中断损失的增加。云服务运营商的投保标的与潜在的中断损失成正比，因而投保标的随着补偿比例的增加而增加，其通过购买云保险获得的期望收益的增大量也越大。而当惩罚风险系数较大时，在损失补偿比例满足 $\beta = \beta'$ 时，云服务运营商因购买营业中断保险带来的期望收益增加值达到最大，这是由于云服务运营商的收益随着补偿比例的增加而产生的正负作用在该点处达到均衡。

命题 7.6：当 $r_l + r_h\gamma < r_e$ 时，$\frac{\partial Q^*}{\partial \eta} > 0$，此时$\frac{\partial \Delta\Pi_{21}}{\partial \eta} > 0$，即存在惩罚风险系数阈值 r_e，当云服务中断风险（中断 1 次和中断 1 次以上）的期望损失惩罚系数小于阈值 r_e 时，随着客户安全效用感知系数的增加，云服务运营商的期望收益差值递增；当 $r_l + r_h\gamma > r_e$ 时，$\frac{\partial Q^*}{\partial \eta} < 0$，此时$\frac{\partial \Delta\Pi_{21}}{\partial \eta} < 0$，即当云服务中断风险（中断 1 次和中断 1 次以上）的期望损失惩罚系数阈值 r_e 时，随着客户安全效用感知系数的增加，云服务运营商的期望收益差值递减。其中

$$r_e = \frac{-a^2\delta_0 + 2\delta_0 K_1 + aK_2 - ab\beta}{(1-\beta)(2\delta_0 M_1 + aM_2)}$$

由命题 7.6 可以看出，当惩罚风险系数较低时，随着客户安全效用感知系数的增加，客户会通过增加租用量来获取更高的与安全相关的效用感知和功能相关的效用感知。由于客户的租用量增加，云服务运营商会获得更多的由购买保险而带来的收益提升。而当惩罚风险系数较高时，潜在的高额中断损失成为客户决策时的首要考量因素，因此，随着客户安全效用感知系数的增加，客户会减少租用量，以避免遭受较大损失。由于客户租用量的减少，相应地，云服务集成商从购买云保险所获得的收益增加量也会减少。

三、产品责任保险模型——云服务运营商为客户投保

在投保营业中断保险的情境下，云服务运营商以自身潜在的补偿损失作为投保标的，虽然可以使其自身获得保险收益，但是客户的期望效用仍然不变。为了实现双赢，云服务运营商会考虑为客户投保，购买产品责任保险。

同样，云服务运营商在合同期 T 内，从自身期望收益最大化角度，决定在合同期内的保护水平 δ_3，云客户为使自身的期望效用最大，需做出租用的云服务使用量 Q_3 的最优决策，连同与保险公司协定的补偿比例 β_3，达成契约（δ_3、Q_3、β_3）。

当云服务运营商选择投保产品责任保险时，需要向保险公司缴纳保险费用，而被保险人是客户，一旦发生服务中断，损失补偿方由云服务运营商变成了保险公司，因此，客户的安全效用感知系数会变大，有 $\phi>\eta$。

由于产品责任保险是云服务运营商为客户投保，那么保险标的就是客户潜在的最大中断损失，即 $\gamma(M_1Q_3^2+M_2Q_3)$。向保险公司缴纳的保险费为 $premium_{consumer}=\theta_3\gamma(M_1Q_3^2+M_2Q_3)$，式中 θ_3 为保险费率，且 $0\leqslant\theta_3\leqslant1$。一旦服务发生中断，客户可以从保险公司那里获得的赔付额为 $\beta_3\gamma(M_1Q_3^2+M_2Q_3)$，其中 β_3 表示赔付额相当于投保标的的比例。客户从保险公司那里获得的赔付额应不超过投保标的，因此有 $0<\beta_3\leqslant1$。云服务运营商购买云保险的条件是客户获得的期望赔付额大于其向保险公司缴纳的保费，因而有 $\beta_3(r_l+r_h)>\theta_3$。

投保产品责任保险后，云服务运营商将潜在的补偿损失风险转移给了云保险机构，云服务运营商在合同期 T 内的期望收益包括收入、自保护水平投资成本和向云保险机构支付的保险费。则云服务运营商的期望收益可以表示为

$$\begin{aligned}\Pi_3(\delta_3) &= p_3Q_3-\frac{1}{2}\delta_3^2-\theta_3\gamma(M_1Q_3^2+M_2Q_3)\\ &= Q_3(a\delta_3+b\beta_3)-\frac{1}{2}\delta_3^2-\theta_3\gamma(M_1Q_3^2+M_2Q_3)\\ &= -\frac{1}{2}\delta_3^2+aQ_3\delta_3+b\beta_3Q_3-\theta_3\gamma(M_1Q_3^2+M_2Q_3)\end{aligned} \quad (7.26)$$

客户在合同期 T 内的期望效用主要由使用云服务所带来的功能性效用感知、安全性效用感知、租用成本、潜在的中断损失以及补偿金额构成。在投保产品责任保险情境下，客户的安全效用感知系数变为 ϕ。则客户的期望效用为

$$\begin{aligned}U_3(Q_3) &= (1-r_l-r_h)[F(Q_3)+\phi Q_3(\delta_3-\delta_0)-p_3Q_3]+r_l[F(Q_3)+\\ &\quad \phi Q_3(\delta_3-\delta_0)-p_3Q_3-\gamma(1-\beta_3)(M_1Q_3^2+M_2Q_3)]+r_h[F(Q_3)+\\ &\quad \phi Q_3(\delta_3-\delta_0)-p_3Q_3-\gamma(1-\beta_3)(M_1Q_3^2+M_2Q_3)]\\ &= (K_1Q_3^2+K_2Q_3)+\phi Q_3(\delta_3-\delta_0)-p_3Q_3-\\ &\quad \gamma(r_l+r_h)(1-\beta_3)(M_1Q_3^2+M_2Q_3)\\ &= [K_1-\gamma M_1(r_l+r_h)(1-\beta_3)]Q_3^2+[K_2+\phi(\delta_3-\delta_0)-\end{aligned}$$

$$p_3 - M_2(r_l + r_h)\gamma(1-\beta_3)]Q_3 \tag{7.27}$$

与上文求解方式一致，在满足 $K_1 < \gamma M_1 (r_l + r_2)(1-\beta_3)$，$a < \phi$ 的条件下，令 $\frac{d\Pi_3}{d\delta_3}=0$，$\frac{dU_3}{dQ_3}=0$，得到最优反应函数

$$\delta_3^R(Q_3) = aQ_3 \tag{7.28}$$

$$Q_3^R(\delta_3) = \frac{-K_2 - \phi(\delta_3 - \delta_0) + (a\delta_3 + b\beta_3) + \gamma M_2(r_l + r_h)(1-\beta_3)}{2[K_1 - \gamma M_1(r_l + r_h)(1-\beta_3)]} \tag{7.29}$$

联立两个最优反应函数，得到

$$Q_3^* = \frac{-K_2 + \phi\delta_0 + b\beta_3 + \gamma M_2(r_l + r_h)(1-\beta_3)}{2[K_1 - \gamma M_1(r_l + r_h)(1-\beta_3)] + (\phi a - a^2)} \tag{7.30}$$

$$\delta_3^* = \frac{a(-K_2 + \phi\delta_0 + b\beta_3 + \gamma M_2(r_l + r_h)(1-\beta_3))}{2[K_1 - \gamma M_1(r_l + r_h)(1-\beta_3)] + (\phi a - a^2)} \tag{7.31}$$

为使 Q_3^* 和 δ_3^* 大于零，需满足

$$[-K_2 + \phi\delta_0 + b\beta_3 + \gamma M_2(r_l + r_h)(1-\beta_3)]$$
$$[2K_1 - 2\gamma M_1(r_l + r_h)(1-\beta_3) + (\phi a - a^2)] < 0 \tag{7.32}$$

代入式（7.26）、式（7.27），得到 Π_3^*、U_3^*。

在以上参数假设关系下，客户期望效用的最优值 $U_3^* > 0$，为使所求得的云服务运营商的期望收益最优值 Π_3^* 大于零，需满足 $\Pi_3^* > 0$。

命题7.7：在满足 $\beta_1 = \beta_3 = \beta$、$\gamma = 1$ 的条件下，当 $r_l + r_h < r_{total}$ 时，$\Delta\delta_{31} > 0$，$\Delta Q_{31} > 0$，$\Delta U_{31} > 0$，即当云服务总中断风险小于阈值 r_{total} 时，相比不投保情境，购买产品责任保险会促使云服务运营商提高自保护水平，且促使客户增加租用量，客户的期望效用增加；当 $r_l + r_h > r_{total}$ 时，$\Delta\delta_{31} < 0$，$\Delta Q_{31} < 0$，$\Delta U_{31} < 0$，即当云服务总中断风险大于阈值 r_{total} 时，情况与之相反。

其中

$$r_{total} = \frac{K_2 a + 2K_1\delta_0 - \delta_0 a^2 - b\beta a}{(1-\beta)(2\delta_0 M_1 + M_2 a)}$$

由命题7.7可以看出，在补偿比例相同且损失激增系数为1的情况下，当云服务总中断风险较小时，相比不投保情境，购买产品责任保险可以促使云服务运营商提高自保护水平，客户获得更大的安全效用感知，客户也会增加租用量，客户的期望效用增加；当云服务总中断风险较大时，相比不投保情境，云服务运营商会降低自保护水平，而客户也会因考虑到潜在的巨大中断损失而减少租用量，客户的期望效用降低。而云服务运营商需通过降低自

保护水平控制成本，以实现自身收益最大化。由命题 7.4 可知，在相同补偿比例情况下，$\delta_1^* = \delta_2^*$，$Q_1^* = Q_2^*$，$U_1^* = U_2^*$，即云服务运营商投保营业中断保险和不投保两种情境下的自保护水平相等，客户的租用量相等，且客户的期望效用相等。因此，可以得到推论 7.2。

推论 7.2：在满足 $\beta_1 = \beta_2 = \beta$、$\gamma = 1$ 的条件下，即在补偿比例相同且损失激增系数为 1 的情况下，当 $r_l + r_h < r_{total}$时，$\Delta\delta_{32} > 0$，$\Delta Q_{32} > 0$，$\Delta U_{31} > 0$，即当云服务总中断风险小于阈值 r_{total}时，相比购买营业中断保险，购买产品责任保险会促使云服务运营商提高自保护水平，同时会促使客户增加租用量，使客户获得更高的期望效用；当 $r_l + r_h > r_{total}$时，$\Delta\delta_{32} < 0$，$\Delta Q_{32} < 0$，$\Delta U_{31} < 0$，即当云服务总中断风险大于阈值 r_{total}时，相比购买营业中断保险，购买产品责任保险会促使云服务运营商降低自保护水平，使客户减少租用量，使客户的期望效用降低。

第三节　数值仿真与分析

对于部分结果，我们在前文已通过比较静态分析的方法给出了相应结论，还有一些表达式较为复杂，直接进行数学分析有一定的难度，所以，为了更加直观地展示结果和探讨关系，本小节给出了具体的数值仿真。

一、损失补偿比例对决策变量和目标值的影响

损失补偿比例作为契约中的关键参变量，是由双方商议决定的。它的大小直接影响云服务运营商的自保护水平和期望收益，同理，损失补偿比例的设置也必须同时考虑到客户的切身利益。因此，也有必要对损失补偿比例变化对客户的订购量及期望收益的影响进行数值仿真分析。下面我们以不投保情境为例进行分析。

（一）损失补偿比例对云服务运营商自保护水平的影响分析

我们设参数 $K_1 = 1$，$K_2 = 198$，$M_1 = 400$，$M_2 = 50$，$\eta = 3$，$\delta_0 = 0.5$，$a = 2$，$b = 200$，参数的设定符合前文假设，此时惩罚风险系数阈值 $r_c \approx 0.267$。

在第一组仿真实验中，$\{r_l, r_h, \gamma\}$ 的集合取值满足 $r_l + r_h\gamma < r_c$，仿真结果如图 7-1 所示。

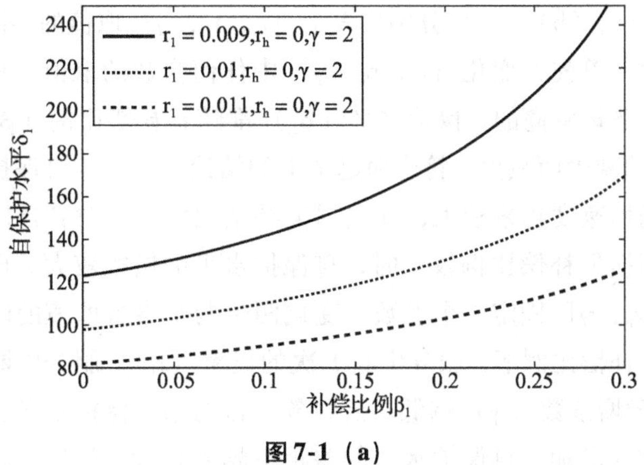

图 7-1（a）

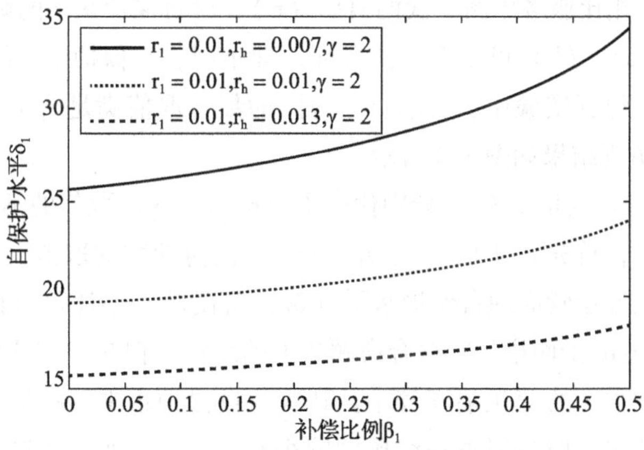

图 7-1（b）

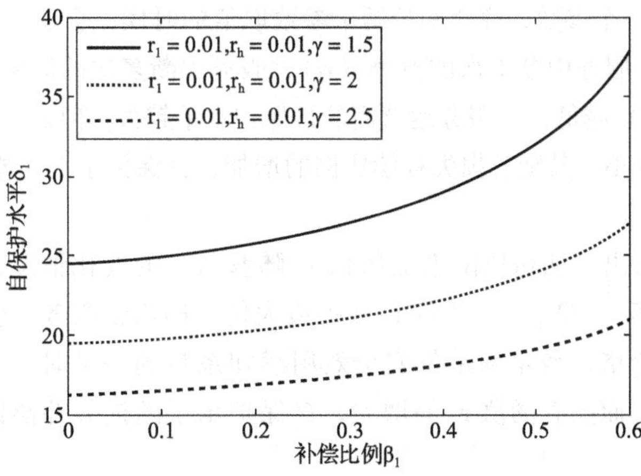

图 7-1（c） 惩罚风险系数较低时自保护水平随补偿比例的变化情况

图7-1（a）、（b）、（c）分别代表了$\{r_l, r_h, \gamma\}$取值的不同组合，从结果中可以看出，首先，变化$\{r_l, r_h, \gamma\}$中任何参数的取值，只要满足$r_l + r_h\gamma < r_c$，云服务运营商的自保护水平（δ_1）都随着补偿比例（β_1）的增加而增加，随β_1的减少而减少，符合命题7.1的结论。其次，自保护水平随损失补偿比例的增加速度越来越大，即当损失补偿比例较小时，自保护水平的增幅较小；而当损失补偿比例较大时，自保护水平的增幅较大。再次，当我们将集合$\{r_l, r_h, \gamma\}$固定一个参数，变化两位两个参数取值的时候，会发现在相同的损失补偿比例下，服务中断1次的概率（r_l）、服务中断多次的概率（r_h）或损失激增系数（γ）越低，云服务运营商的自保护水平越大，其随着损失补偿比例的增加，自保护水平的差距也越来越大。最后，服务中断多次的概率（r_h）相比服务中断1次的概率（r_l），对自保护水平的影响更为强烈，对比图7-1（a）、（b）可以看出，当对r_h赋值时，自保护水平的取值骤减。

在第二组仿真实验中，$\{r_l, r_h, \gamma\}$的集合取值满足$r_l + r_h\gamma > r_c$，$\beta_1 \in [0, 0.8]$，仿真结果如图7-2所示。

图7-2（a）、（b）、（c）分别代表了$\{r_l, r_h, \gamma\}$取值的不同组合，从结果中可以看出，首先，变化$\{r_l, r_h, \gamma\}$中任何参数的取值，只要满足$r_l + r_h\gamma > r_c$，云服务运营商的自保护水平（δ_1）都随着补偿比例（β_1）的增加而减少，随β_1的减少而增加，符合命题7.1的结论。但是，相比前一组的仿真结果，自保护水平的变化幅度较小。其次，自保护水平随损失补偿比例的减少速度越来越快，即当损失补偿比例较小时，自保护水平的减幅较小；而当损失补偿比例较大时，自保护水平的减幅较大。再次，当我们将集合$\{r_l, r_h, \gamma\}$固定一个参数，变化两位两个参数取值的时候，会发现在相同的损失补偿比例下，服务中断1次的概率（r_l）、服务中断多次的概率（r_h）或损失激增系数（γ）越低，云服务运营商的自保护水平越大，但是，相比前一组结果，该差距较小。其随着损失补偿比例的增加，自保护水平的差距逐渐变小，但不明显。

图7-3给出了惩罚风险系数阈值r_c随参数a的变化情况，如图7-3所示，当$a = 1.5 = 1/2\eta$时，阈值r_c取得最大值。即当云服务运营商将自保护水平相关的价格系数定为单位安全效用感知系数的一半时，可以使阈值r_c取得最大值，而随着阈值r_c的增大，自保护水平随损失补偿比例递增的范围也会扩大。

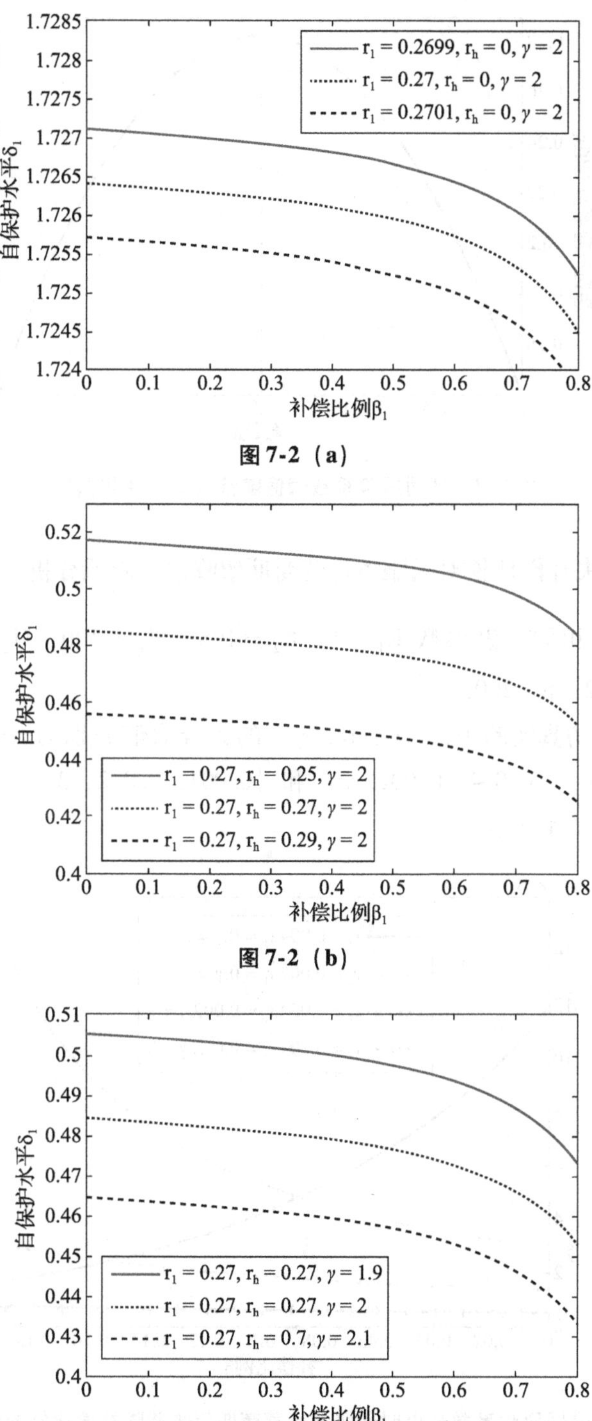

图7-2（c） 惩罚风险系数较高时自保护水平随补偿比例的变化情况

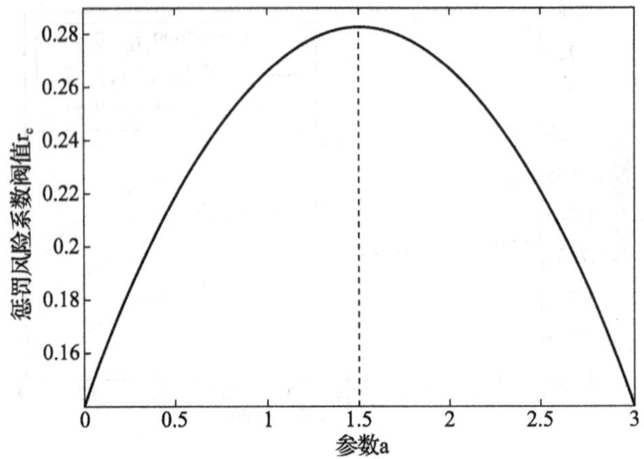

图 7-3　惩罚风险系数阈值随参数 a 的变化情况

（二）损失补偿比例对云服务运营商期望收益的影响分析

与上一节相同，设参数 $K_1=1$，$K_2=198$，$M_1=400$，$M_2=50$，$\eta=3$，$\delta_0=0.5$，$a=2$，$b=200$。

在第一组仿真实验中，$\{r_1, r_h, \gamma\}$ 的集合取值分别为 $\{0.004, 0, 2\}$，$\{0.007, 0, 2\}$，$\{0.004, 0.002, 2\}$ 和 $\{0.004, 0.002, 3\}$，$\beta_1\in[0, 0.2]$，仿真结果如图 7-4 所示。

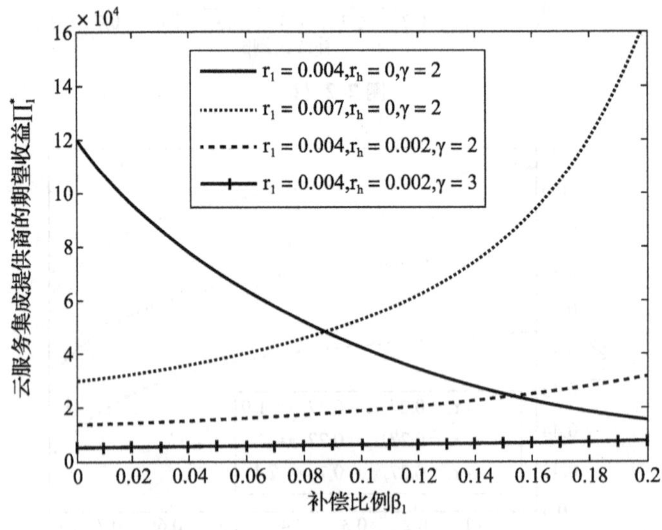

图 7-4　惩罚风险系数较小时云服务运营商期望收益随补偿比例的变化情况

从图 7-4 的结果可以看出，当惩罚风险系数很小时（取到极端情况，令中断多次概率 r_h 为 0，且中断一次概率 $r_l=0.004$），云服务运营商的期望收益随补偿比例的增加而减少，而当惩罚风险系数适当增大时（一组是也取到极端情况，即中断多次概率 r_h 为 0，且中断一次概率 r_h 为 0，且中断一次概率变为 $r_l=0.007$；另一组是保持中断一次概率 $r_l=0.004$ 不变，中断多次概率赋值为 $r_h=0.002$，且激增系数 $\gamma=2$），云服务运营商的期望收益随补偿比例的增加而增加。因此，可以推测可能存在某一阈值 r_c^{Π}（本例中介于 0.004 和 0.007 之间），使当惩罚风险系数小于该阈值时，云服务运营商期望收益随补偿比例的增加而减小，而当惩罚风险系数大于该阈值时，云服务运营商期望收益随补偿比例的增加而增加，该阈值 r_c^{Π} 小于命题 7.1 给出的阈值 r_c（本例中约为 0.267）。出现这种结果的原因可能是，当惩罚风险系数很小时，补偿比例的增加会促使云服务运营商提高其自保护水平，与之对应的成本增加。而此时收入的增加值不足以覆盖掉成本的增加量，因而总的期望收益降低。

除此之外，在相同的风险发生概率情况下，当损失激增系数 γ 由 2 变为 3 时，云服务运营商的期望收益进一步减少，且随补偿比例递增的幅度变小。

在第二组仿真实验中，$\{r_l, r_h, \gamma\}$ 的集合取值分别为 $\{0.015, 0, 2\}$，$\{0.025, 0, 2\}$，$\{0.015, 0.01, 2\}$ 和 $\{0.015, 0.01, 3\}$，$\beta_1 \in [0, 0.8]$，仿真结果如图 7-5 所示。

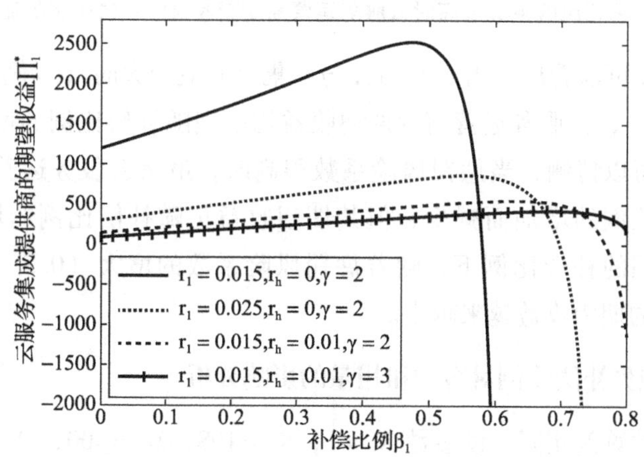

图 7-5 惩罚风险系数较大时云服务运营商期望收益随补偿比例的变化情况

图 7-5 的结果显示，在 $\{r_l, r_h, \gamma\}$ 集合取值均大于第一组数据的情况下，云服务运营商的期望收益均呈现随补偿比例的增加先增加后减少的趋势，

且在达到最大值后锐减的速度远大于最大值之前递增的速度。其次，随着损失比例的增加，云服务运营商的期望收益降为零。也就是说，在惩罚风险系数处于某一水平时，存在一个损失补偿比例，可以使云服务运营商达到期望收益最大。再次，随着惩罚风险系数的增大（0. 015→0. 025→0. 035→0. 05），期望收益扭转点的到来越来越早，即对应的补偿比例值越来越小。

在第三组仿真实验中，$\{r_l, r_h, \gamma\}$ 的集合取值分别为 {0. 3，0. 1，2}，{0. 5，0. 1，2}，{0. 3，0. 3，2}和 {0. 3，0. 3，3}，$\beta_1 \in [0, 0.8]$，仿真结果如图 7-6 所示。

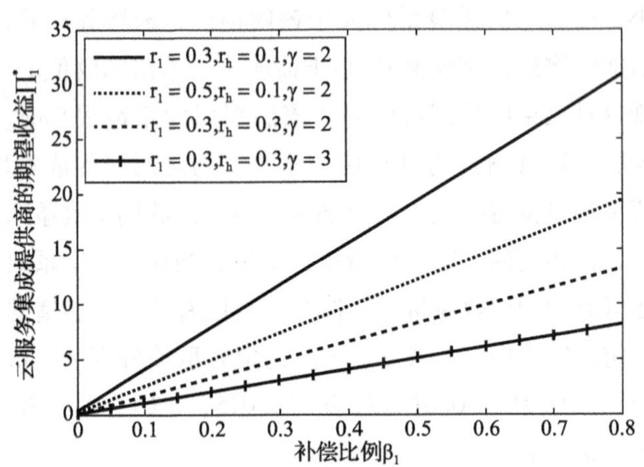

图 7-6　惩罚风险系数很高时云服务运营商期望收益随补偿比例的变化情况

从图 7-6 可以看出，当 $\{r_l, r_h, \gamma\}$ 集合取值较大时（本例中 $r_l + r_h\gamma$ 取值均大于 0. 5），云服务运营商的期望收益均呈现随补偿比例的增加而增加的趋势。因此可以猜测，当惩罚风险系数很高时，虽然云服务运营商的自保护水平随补偿比例的增加而减少，但其期望收益仍随补偿比例的增加而增加。其次，在相同的补偿比例下，随着惩罚风险系数的增大（0. 5→0. 7→0. 9→1. 2），对应的期望收益越来越小。

（三）损失补偿比例对客户租用量的影响分析

与前面的算例相同，设参数 $K_1 = 1$，$K_2 = 198$，$M_1 = 400$，$M_2 = 50$，$\eta = 3$，$\delta_0 = 0.5$，$a = 2$，$b = 200$，参数的设定符合前文假设，此时惩罚风险系数阈值 $r_c \approx 0.267$。

在第一组仿真实验中，$\{r_l, r_h, \gamma\}$ 的集合取值满足 $r_l + r_h\gamma < r_c$，$\beta_1 \in [0, 0.3]$，仿真结果如图 7-7 所示。

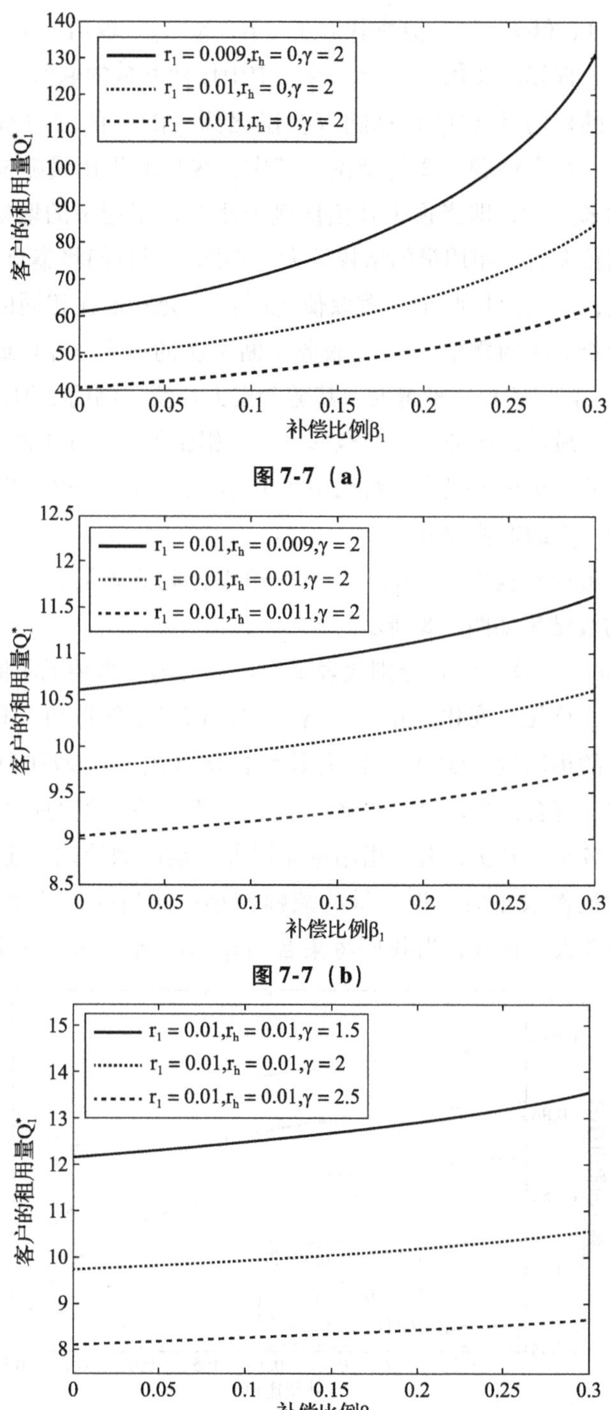

图 7-7（a）

图 7-7（b）

图 7-7（c） 惩罚风险系数较低时客户租用量随补偿比例的变化情况

图7-7（a）、（b）、（c）分别代表了｛r_l，r_h，γ｝取值的不同组合，从结果中可以看出，首先，变化｛r_l，r_h，γ｝中中任何参数的取值，只要满足$r_l + r_h\gamma < r_c$，客户的租用量（Q_1^*）都随着补偿比例（β_1）的增加而增加，随β_1的减少而减少，符合命题7.2的结论。其次，客户的租用量随损失补偿比例的增加速度越来越大，即当损失补偿比例较小时，租用量的增幅较小；而当损失补偿比例较大时，租用量的增幅较大。再次，当我们将集合｛r_l，r_h，γ｝固定一个参数，变化两位两个参数取值的时候，会发现在相同的损失补偿比例下，服务中断1次的概率（r_l）、服务中断多次的概率（r_h）或损失激增系数（γ）越低，客户的租用量越大，其随着损失补偿比例的增加，租用量的差距也越来越大。最后，服务多次的概率（r_h）相比服务中断1次的概率（r_l），对自保护水平的影响更为强烈，对比图7-7（a）、（b）可以看出，当对r_h赋值时，自保护水平的取值骤减。

在第二组仿真实验中，｛r_l，r_h，γ｝的集合取值满足$r_l + r_h\gamma > r_c$，$\beta_1 \in [0, 0.8]$，仿真结果如图7-8所示。

图7-8（a）、（b）、（c）分别代表了｛r_l，r_h，γ｝取值的不同组合，从结果中可以看出，首先，变化｛r_l，r_h，γ｝中任何参数的取值，只要满足$r_l + r_h\gamma > r_c$，客户的租用量（Q_1^*）都随着补偿比例（β_1）的增加而减少，随β_1的减少而增加，符合命题6.2的结论。但是，相比前一组的仿真结果，租用量的变化幅度较小。其次，客户租用量随损失补偿比例的减少速度越来越快，即当损失补偿比例较小时，租用量的减幅较小；而当损失补偿比例较大时，租用量的减幅较大。再次，当我们将集合｛r_l，r_h，γ｝固定一个参数，变化

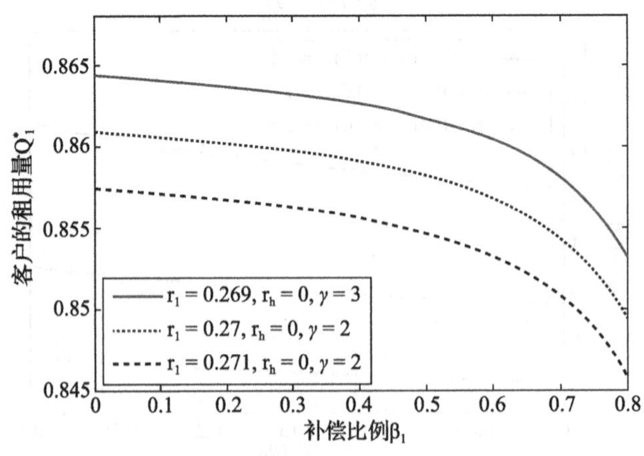

图7-8（a）

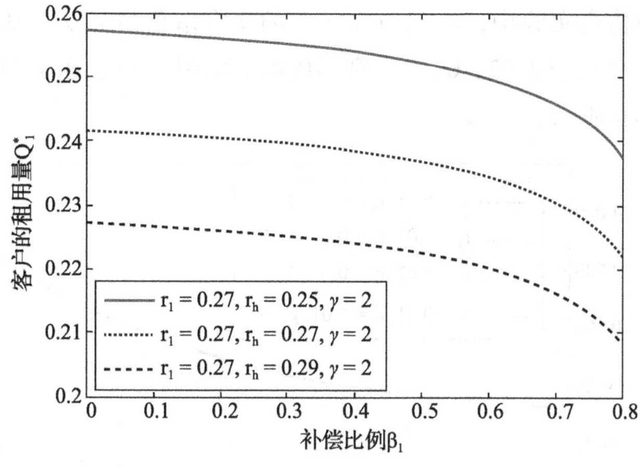

图 7-8（b）

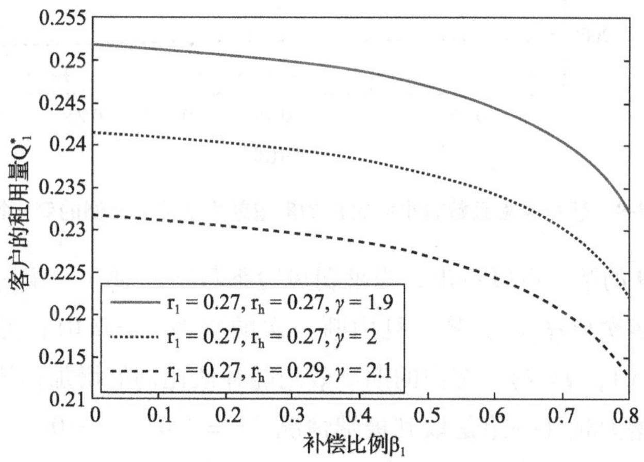

图 7-8（c） 惩罚风险系数较高时客户租用量随补偿比例的变化情况

两个参数取值的时候，会发现在相同的损失补偿比例下，服务中断 1 次的概率（r_1）、服务中断多次的概率（r_h）或损失激增系数（γ）越低，客户的租用量越大，但是相比前一组结果，该差距较小。其随着损失补偿比例的增加，租用量的差距逐渐变小。

（四）损失补偿比例对客户期望效用的影响分析

与前面的算例相同，设参数 $K_1 = 1$，$K_2 = 198$，$M_1 = 400$，$M_2 = 50$，$\eta = 3$，$\delta_0 = 0.5$，$a = 2$，$b = 200$，参数的设定符合前文假设，此时惩罚风险系数阈值 $r_c \approx 0.267$。

在第一组仿真实验中，$\{r_1, r_h, \gamma\}$ 的集合取值分别为 $\{0.01, 0, 2\}$，$\{0.01, 0.01, 2\}$，$\{0.02, 0, 2\}$ 和 $\{0.01, 0.01, 3\}$，$\beta_1 \in [0, 0.3]$，仿真结果如图 7-9 所示。

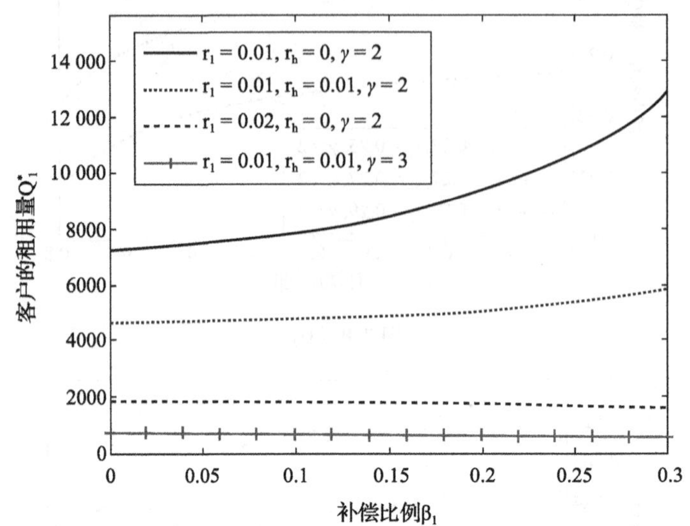

图 7-9　惩罚风险系数较小时客户的期望效用随补偿比例的变化情况

从图 7-9 的结果可以看出，当惩罚风险系数很小时（一组是取到极端情况，令中断多次概率 r_h 为零，且中断一次的概率 $r_l=0.01$；另一组取 $r_l=0.01$，$r_h=0.01$，$\gamma=2$），客户的期望效用随补偿比例的增加而增加，而当惩罚风险系数增大时（一组是取到极端情况，$r_l=0.02$，$r_h=0$，$\gamma=2$；另一组取 $r_l=0.01$，$r_h=0.01$，$\gamma=3$），客户的期望效用随补偿比例的增加而减少。因此，可以推测可能存在某一阈值 r_c^U（本例中介于 0.012 和 0.02 之间），使得当惩罚风险系数小于该阈值时，客户的期望效用随补偿比例的增加而递增，而当惩罚风险系数大于该阈值时，云服务运营商期望收益随补偿比例的增加而递减，该阈值 r_c^U 小于命题 7.1 给出的阈值 r_c（本例中约为 0.267），并大于云服务运营商期望收益随补偿比例变化的阈值 r_c^{Π}（本例中介于 0.004 和 0.007 之间）。除此之外，在相同的补偿比例下，随着惩罚风险系数的增大（0.01→0.12→0.02→0.04），对应的期望收益越来越小。

在第二组仿真实验中，$\{r_1, r_h, \gamma\}$ 的集合取值分别为 $\{0.1, 0.1, 2\}$，$\{0.1, 0.1, 3\}$，$\{0.2, 0.2, 2\}$ 和 $\{0.2, 0.2, 3\}$，$\beta_1 \in [0, 0.8]$，仿真结果如图 7-10 所示。

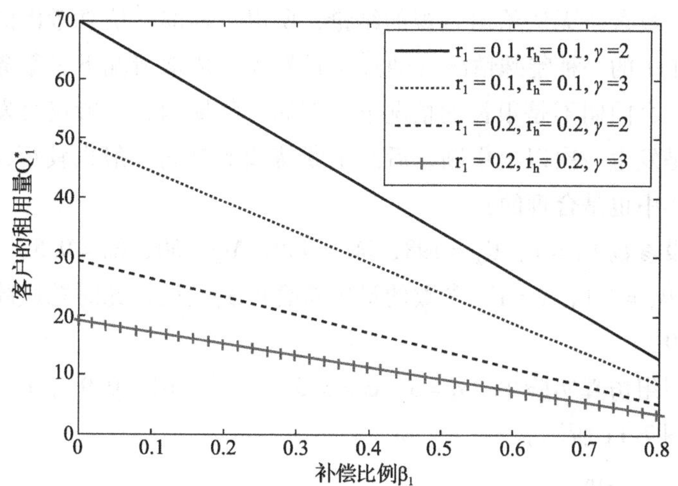

图 7-10 惩罚风险系数较大时客户的期望效用随补偿比例的变化情况

从图 7-10 可以看出，当 $\{r_l, r_h, \gamma\}$ 集合取值较大时，变化 $\{r_l, r_h, \gamma\}$ 中任何参数的取值，只要满足 $r_l + r_h\gamma > r_c$，客户的期望效用都随着补偿比例的增加而减少，随补偿比例的减少而增加，符合命题 7.3 的结论。其次，在相同的补偿比例下，随着惩罚风险系数的增大（0.3→0.4→0.6→0.8），对应的期望收益越来越小。

二、不同情境下决策变量的对比分析

当云服务运营商投保营业中断保险时，通过向保险公司缴纳保险费用，将其由于服务中断所产生的潜在补偿损失风险转移给了云保险机构，从而减少了由于服务中断赔偿而产生的经济损失；当云服务运营商选择投保产品责任保险时，通过缴纳保费将发生服务中断后对客户的补偿风险转移给了保险公司。由于承担补偿责任的主体由云服务运营商变为保险公司，因而客户的安全效用感知系数变大，期望效用也发生改变。本部分针对不同情境下双方的决策变量变化进行数值仿真。

（一）云服务运营商自保护水平的变化分析

由于不投保和投保营业中断保险两种情境下云服务运营商的自保护水平相同，因此，不再对前两种情境做对比分析。又因为当损失激增系数大于 1

的情况过于复杂，无法给出直观的结论，所以，本部分仿真考虑的是损失激增系数等于1的一种特殊情况（通过实践发现，通常情况下云服务的性能较为稳定，在合同期不是很长的情况下，例如一年期内，一般仅会发生一次中断，即便是发生一次以上中断，后续中断持续的时间一般也较短，故此特殊情况在现实中也是合理的）。

我们设参数 $K_1=1$，$K_2=198$，$M_1=400$，$M_2=50$，$\delta_0=0.5$，$a=2$，$b=200$，$\beta_1=\beta_3=0.1$，$\gamma=1$，参数的设定符合前文假设，此时总风险系数阈值 $r_{total}\approx0.789$。

在第一组仿真实验中，$\eta=3$，$\varphi=3.5$，$r_l=[0.01, 0.9]$，$r_h=0.01$，仿真结果如图7-11所示。

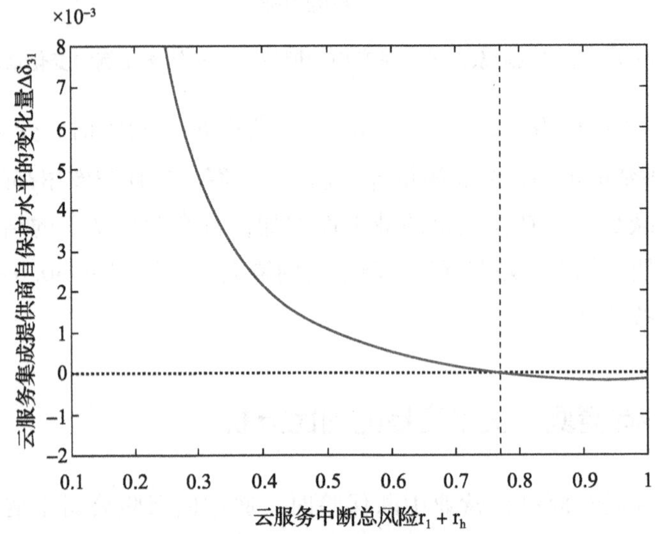

图7-11　自保护水平变化量随云服务中断总风险的变化情况

从图7-11可以看出，当云服务中断总风险 r_l+r_h 小于阈值 r_{total}（此例中约为0.789）时，云服务运营商自保护水平的变化量大于0，即相比不投保情境，云服务集成商选择投保产品责任险后的自保护水平提高了；而当云服务中断总风险 r_l+r_h 大于阈值 r_{total}（此例中约为0.789）时，云服务运营商自保护水平的变化量小于0，即相比不投保情境，云服务集成商选择投保产品责任险后的自保护水平降低了。此外，随着云服务中断总风险越来越高，因投保而带来的云服务运营商自保护水平的变化越来越不明显。

在第二组仿真实验中，φ 取值分别为3.5、4、4.5，$r_l=[0, 0.02]$，$r_h=$

0.01，仿真结果如图 7-12 所示。

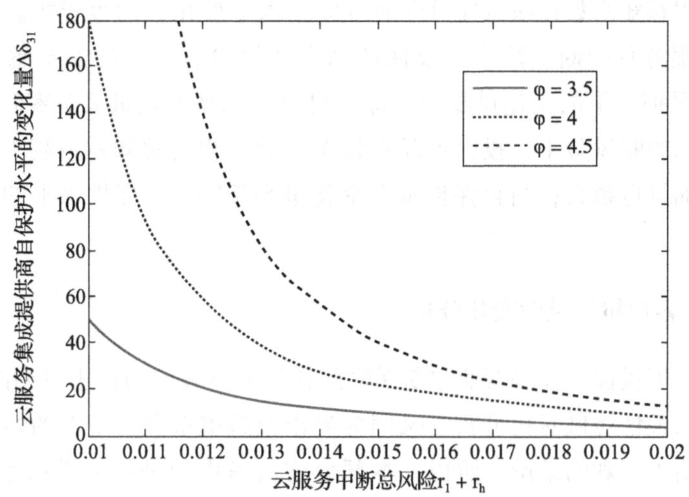

图 7-12　云服务总中断风险较低时自保护水平变化量随中断总风险的变化情况

在第三组仿真实验中，φ 取值分别为 3.5、4、4.5，$r_l = [0.4, 0.9]$，$r_h = 0.1$，仿真结果如图 7-13 所示。

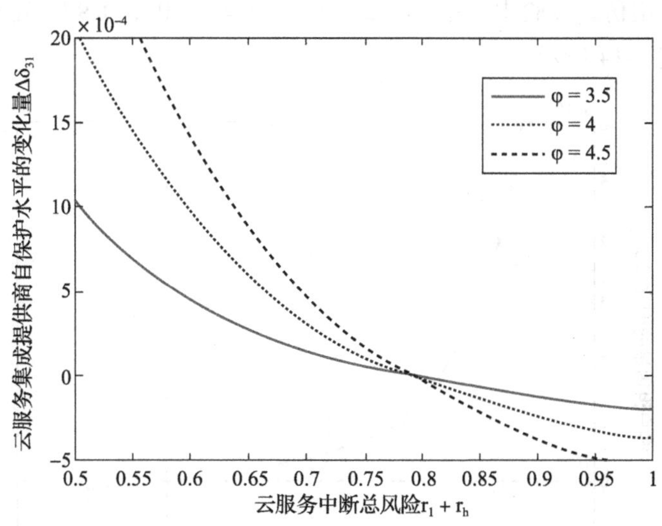

图 7-13　云服务总中断风险较高时自保护水平变化量随中断总风险的变化情况

从图 7-12 和图 7-13 分别给出了在云服务总中断风险较低和较高两种情况下，自保护水平变化量随中断总风险变化的情况。从图中结果可以看出，首先，当云服务中断总风险 $r_l + r_h$ 等于阈值 r_{total}（此例中约为 0.789）时，不同的客户效用感知系数在该点处对应的自保护水平变化量均等于零。其次，在相同的云服务总中断风险下，投保产品责任保险后客户的安全感知系数越大，则自保护水平的变化量越大，即当自保护水平变化量大于零时，在相同的云服务总中断风险下，投保产品责任保险后客户的感知系数越大，自保护水平的增加量也越大；当自保护水平变化量小于零时，保护水平的减少量也越大。

（二）客户租用量的变化分析

由于在不投保和投保营业中断保险两种情境下客户的租用量相同，因此，不再对前两种情境做对比分析。又因为当损失激增系数大于 1 的情况过于复杂，无法给出直观的结论，所以，本部分仿真考虑的是损失激增系数等于 1 的一种特殊情况。

我们设参数 $K_1 = 1$，$K_2 = 198$，$M_1 = 400$，$M_2 = 50$，$\delta_0 = 0.5$，$a = 2$，$b = 200$，$\beta_1 = \beta_3 = 0.1$，$\gamma = 1$，参数的设定符合前文假设，此时总风险系数阈值 $r_{total} \approx 0.789$。

在第一组仿真实验中，$\eta = 3$，$\varphi = 3.5$，$r_l = [0.01,\ 0.9]$，$r_h = 0.01$，仿真结果如图 7-14 所示。

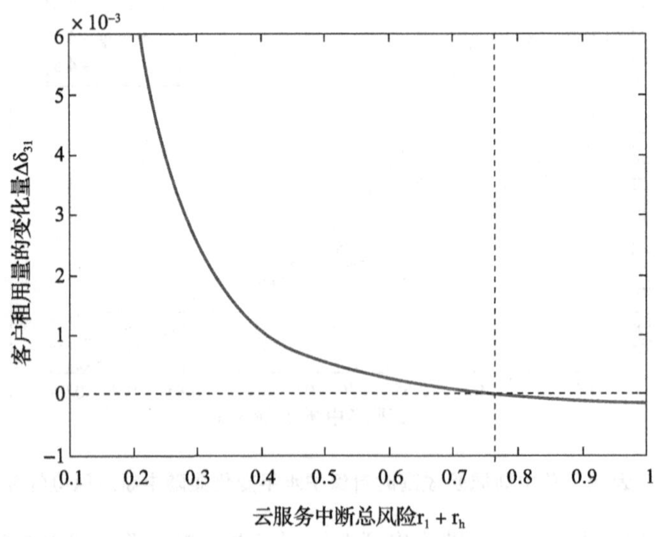

图 7-14　客户租用量的变化量随云服务中断总风险的变化情况

从图 7-14 可以看出，当云服务中断总风险 $r_l + r_h$ 大于阈值 r_{total}（此例中约为 0.789）时，客户租用量的变化量大于零，即相比不投保情境，云服务集成商选择投保产品责任险后，会促使客户租用更多的云服务；而当云服务中断总风险 $r_l + r_h$ 小于阈值 r_{total}（此例中约为 0.789）时，客户租用量的变化量小于零，即相比不投保情境，云服务集成商选择投保产品责任险后，客户的租用量减少。此外，随着云服务中断总风险越来越高，因投保而带来的客户租用量的变化越来越不明显。

在第二组仿真实验中，φ 取值分别为 3.5、4、4.5，$r_l = [0.4, 0.9]$，$r_h = 0.1$，仿真结果如图 7-15 所示。

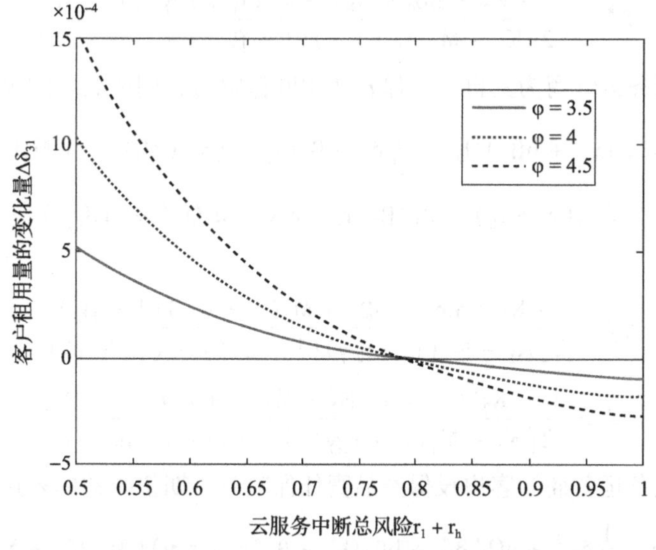

图 7-15　不同安全感知系数下客户租用量的变化量随中断总风险的变化情况

从图 7-15 中的结果可以看出，首先，当云服务中断总风险 $r_l + r_h$ 等于阈值 r_{total}（此例中约为 0.789）时，不同的客户效用感知系数在该点处对应的客户租用量的变化量均等于零。其次，在相同的云服务总中断风险下，投保产品责任保险后客户的安全感知系数越大，则租用量的变化量越大，即当自保护水平变化量大于零时，在相同的云服务总中断风险下，投保产品责任保险后客户的感知系数越大，租用量的增加量也越大；当租用量的变化量小于零时，租用量的减少量也越大。

三、不同情境下云服务运营商期望收益的对比分析

由前文可知，不投保情境下，云服务运营商的期望收益可以表示为

$$\Pi_1^* = -\frac{1}{2}\delta_1^{*2} + aQ_1^*\delta_1^* + b\beta_1 Q_1^* - \beta_1(r_1 + r_h\gamma)(M_1 Q_1^{*2} + M_2 Q_1^*)$$

其中

$$Q_1^* = \frac{-K_2 + \eta\delta_0 + b\beta_1 + M_2(r_1 + r_h\gamma)(1-\beta_1)}{2[K_1 - M_1(r_1 + r_2\gamma)(1-\beta_1)] + (\eta a - a^2)}$$

$$\delta_1^* = \frac{a[-K_2 + \eta\delta_0 + b\beta_1 + M_2(r_1 + r_h\gamma)(1-\beta_1)]}{2[K_1 - M_1(r_1 + r_2\gamma)(1-\beta_1)] + (\eta a - a^2)}$$

当云服务运营商为其自身投保营业中断保险时，期望收益的表达式为

$$\Pi_2^* = (a\delta_2^* + b\beta_2)Q_2^* - \frac{1}{2}\delta_2^2 - \beta_2(r_1 + r_h\gamma)(M_1 Q_2^{*2} + M_2 Q_2^*) + [\alpha_2(r_1 + r_h) - \theta_2]\beta_2(r_1 + r_h\gamma)(M_1 Q_2^{*2} + M_2 Q_2^*)$$

其中

$$Q_2^* = \frac{-K_2 + \eta\delta_0 + b\beta_2 + M_2(r_1 + r_2\gamma)(1-\beta_2)}{2[K_1 - M_1(r_1 + r_2\gamma)(1-\beta_2)] + (\eta a - a^2)}$$

$$\delta_2^* = \frac{a[-K_2 + \eta\delta_0 + b\beta_2 + M_2(r_1 + r_2\gamma)(1-\beta_2)]}{2[K_1 - M_1(r_1 + r_2\gamma)(1-\beta_2)] + (\eta a - a^2)}$$

当云服务运营商为客户投保产品责任保险时，期望收益的表达式为

$$\Pi_3^* = -\frac{1}{2}\delta_3^{*2} + aQ_3^*\delta_3^* + b\beta_3 Q_3^* - \theta_3(r_1 + r_h\gamma)(M_1 Q_3^{*2} + M_2 Q_3^*)$$

其中

$$Q_3^* = \frac{-K_2 + \varphi\delta_0 + b\beta_3 + M_2(r_1 + r_h)(r_1 + r_h\gamma)(1-\beta_3)}{2[K_1 - M_1(r_1 + r_h)(r_1 + r_h\gamma)(1-\beta_3)] + (\varphi a - a^2)}$$

$$\delta_3^* = \frac{a[-K_2 + \varphi\delta_0 + b\beta_3 + M_2(r_1 + r_h)(r_1 + r_h\gamma)(1-\beta_3)]}{2[K_1 - M_1(r_1 + r_h)(r_1 + r_h\gamma)(1-\beta_3)] + (\varphi a - a^2)}$$

下面通过数值仿真，对比分析三种情境下云服务运营商的期望收益情况。

（一）三种情境下云服务运营商期望收益的变化分析

因为当损失激增系数大于 1 的情况过于复杂，无法给出直观的结论，所以，本部分仿真考虑的是损失激增系数等于 1 的一种特殊情况。

与前文数值仿真数据相同，设参数 $K_1=1$，$K_2=198$，$M_1=400$，$M_2=50$，$\eta=3$，$\varphi=3.5$，$\delta_0=0.5$，$a=2$，$b=200$，$\beta_1=\beta_2=\beta_3=0.2$，$\alpha_2=0.4$，$\theta_2=0.04$，$\theta_3=0.03$，$r_h=0.01$，参数的设定符合前文假设。$r_1\in[0.08,\ 0.9]$，仿真结果如图 7-16 所示。

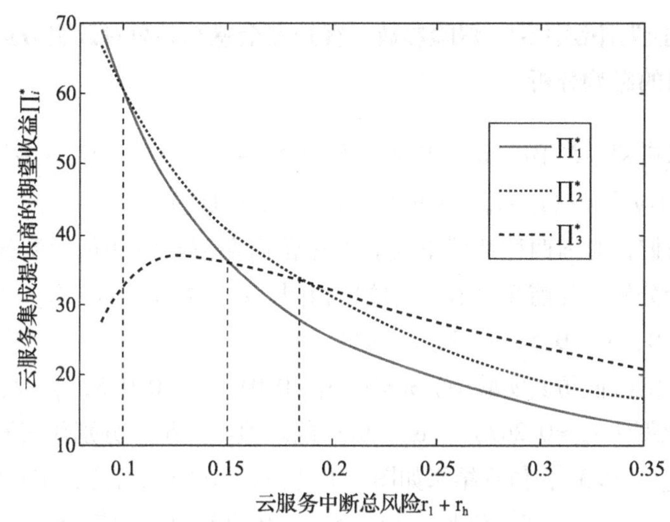

图 7-16 不同情境下云服务运营商的期望收益随中断总风险的变化情况

从图 7-16 的结果可以看出，首先，当云服务中断总风险较低时（此例中 $r_1+r_h<0.1$），不投保情境下云服务运营商的期望收益 Π_1^* 大于投保情境下的期望收益，此时云服务运营商不会选择投保。这是因为投保需要支付一定的固定成本，当风险较低时，潜在的中断损失小于投保所付出的固定成本，不能满足投保条件 $\alpha_2(r_1+r_h)>\theta_2$ 和 $\beta_3(r_1+r_h)>\theta_3$，所以，云服务运营商没有动力投保。

其次，当云服务中断总风险增加至 0.1 到 0.18 之间时，投保营业中断保险下的期望收益最大，此时云服务运营商会选择投保营业中断保险。因为当 $r_1+r_h>0.1$ 时，达到营业中断保险的投保条件 $\alpha_2(r_1+r_h)>\theta_2$，投保营业中断保险肯定优于不投保。而之所以出现营业中断保险优于产品责任保险的情况，主要是因为产品责任保险的投保标的变大，因此，保费率与赔付率的比值也会相应变大，即对于相同的赔付率，云服务运营商需缴纳更多的保险费，这就造成云服务运营商的成本增加。

最后，当云服务中断总风险继续增加，直至大于 0.18 时，投保产品责任保险下的期望收益大于另外两种情境，此时云服务运营商会选择投保产品责任保险。这也体现了两种保险的区别，虽然都是转移风险，但是营业中断保险只转移损失补偿风险，而产品责任保险则转移全部补偿风险，所以，当云服务中断总风险较高时，产品责任保险的优势才会凸显出来。

（二）损失补偿比例、保险参数、客户安全感知系数对云服务运营商期望收益变化量的影响分析

由前文可知，当 $\beta_1=\beta_2=\beta$ 时，$\delta_1^*=\delta_2^*=\delta^*$，$Q_1^*=Q_2^*=Q^*$，$\Delta\Pi_{21}=\Pi_2^*-\Pi_1^*=\beta\gamma\left[\alpha_2(r_1+r_h)-\theta_2\right](M_1Q^{*2}+M_2Q^*)$。

下面我们针对前两种情境下云服务运营商期望收益变化量受各关键参数的影响进行分析。与前文数值仿真数据相同，设参数 $K_1=1$，$K_2=198$，$M_1=400$，$M_2=50$，$\delta_0=0.5$，$a=2$，$b=200$。

在第一组数值仿真实验中，$\eta=3$，$r_l=0.01$，$r_h=0.005$，$\gamma=2$，满足 $r_l+r_h\gamma<r_c$（此例中 $r_c\approx0.267$）。$\{\alpha_2,\theta_2\}$ 的取值有三组，分别代表不同的保险参数，$\beta\in[0,0.3]$，仿真结果如图 7-17 所示。在第二组仿真实验中，$\eta=3$，$r_l=0.2$，$r_h=0.1$，$\gamma=2$，满足 $r_l+r_h\gamma>r_c$，仿真结果如图 7-18 所示。

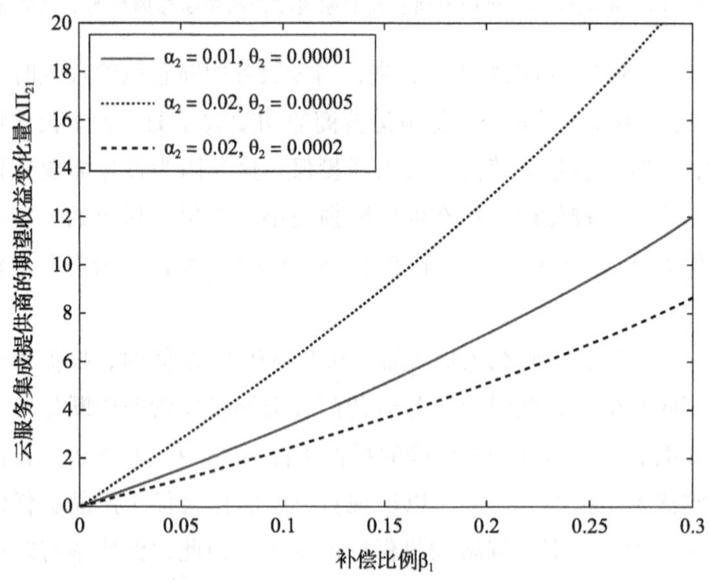

图 7-17　惩罚风险系数较低时云服务运营商期望收益增加量随补偿比例的变化情况

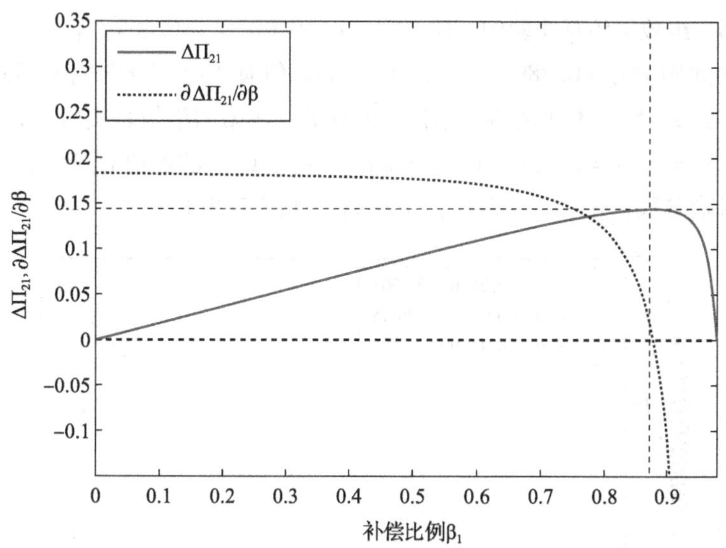

图 7-18　惩罚风险系数较高时云服务运营商期望收益增加量及增加量随补偿比例的变化情况

图 7-17 和图 7-18 分别给出了在惩罚风险系数较低和较高两种情况下，云服务运营商期望收益增加量随补偿比例的变化情况。如图 7-17 所示，当惩罚风险系数小于阈值 r_c 时，云服务运营商因购买营业中断保险而产生的期望收益增加量随补偿比例的增加呈递增趋势，与命题 7.5 结论相符。其次，我们赋予保险参数三组取值，基准情况 $\{\alpha_2, \theta_2\}$ 取值为 $\{0.01, 0.00001\}$，另外两组取值同时增加 α_2 和 θ_2 的取值，即较高的赔付率应对应较高的保费率。由于云服务运营商期望收益的增加量与 $[\alpha_2(r_l+r_h)-\theta_2]$ 直接相关。当 $\{\alpha_2, \theta_2\}$ 取值由基准情况变为 $\{0.02, 0.00005\}$ 时，$[\alpha_2(r_l+r_h)-\theta_2]$ 的值由 0.00014 增加为 0.00025，因此在相同补偿比例下，期望收益增加量会变大；而当 $\{\alpha_2, \theta_2\}$ 取值由基准情况变为 $\{0.02, 0.0002\}$ 时，$[\alpha_2(r_l+r_h)-\theta_2]$ 的值由 0.00014 减少为 0.0001，因此在相同补偿比例下，期望收益增加量会变小。也就说，云服务运营商投保时，应综合考虑保费率、赔付率与云服务中断风险直接的关系，从而做出最优决策。

图 7-18 的结果表明，当惩罚风险系数大于阈值 r_c 时，云服务运营商因购买营业中断保险而产生的期望收益增加量随补偿比例的增加呈先增后减趋势，与命题 7.5 结论相符。当 β 小于 β′（此例中约为 0.87）时，$\partial\Delta\Pi_{21}/\partial\beta>0$，期望收益的增加量随补偿比例递增，当 β 小于 β′（此例中约为 0.87）时，与之相反。当 $\beta=\beta'$时，$\partial\Delta\Pi_{21}/\partial\beta=0$，$\Delta\Pi_{21}$达到最大值。

在第三组数值仿真实验中，$\beta=0.1$，$r_l=0.01$，$r_h=0.005$，$\gamma=2$，满足$r_l+r_h\gamma<r_e$（此例中$r_e\approx0.789$）。$\{\alpha_2, \theta_2\}$的取值有三组，分别代表不同的保险参数，$\eta\in[2, 5]$，仿真结果如图7-19所示。在第四组仿真实验中，$\beta=0.1$，$r_l=0.8$，$r_h=0$，$\gamma=2$，满足$r_l+r_h\gamma>r_e$，$\{\alpha_2, \theta_2\}$的取值有三组，分别代表不同的保险参数，$\eta\in[2, 280]$，仿真结果如图7-20所示。

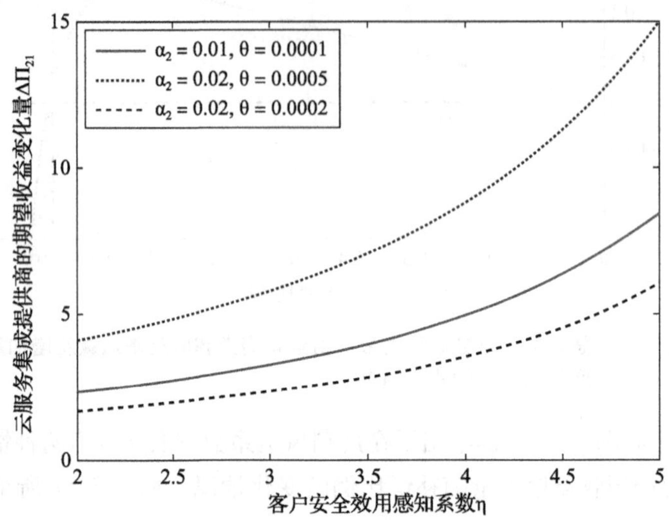

图7-19　惩罚风险系数较低时云服务运营商期望收益增加量随客户安全效用感知系数的变化情况

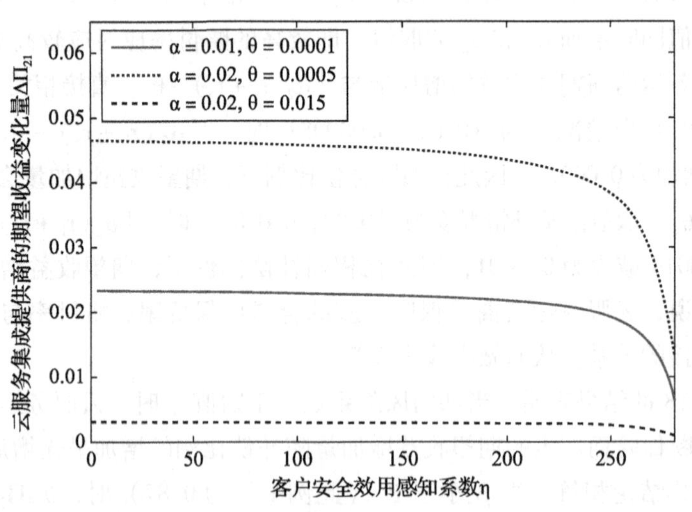

图7-20　惩罚风险系数较高时云服务运营商期望收益增加量随客户安全效用感知系数的变化情况

图 7-19 和图 7-20 分别给出了惩罚风险系数较低和较高两种情况下，云服务运营商期望收益增加量随客户安全效用感知系数的变化情况。当惩罚风险系数小于阈值 r_e 时，云服务运营商因购买营业中断保险而产生的期望收益增加量随安全效用感知系数呈递增趋势，当惩罚风险系数大于阈值 r_e 时，与之相反，与命题 7.6 结论相符。且云服务运营商期望收益的增加量与 $[\alpha_2(r_l+r_h)-\theta_2]$ 直接相关。$[\alpha_2(r_l+r_h)-\theta_2]$ 的取值越高，云服务运营商因投保而产生的期望收益增加量越高，因此，当云服务运营商投保时，需综合考虑保费率、赔付率和云服务中断风险的大小，从而做出最优决策。

四、不同情境下客户期望效用的对比分析

同样，由于在不投保和投保营业中断保险两种情境下客户的租用量相同，因此，不再对前两种情境做对比分析。因为损失激增系数大于 1 时的情况过于复杂，无法给出直观的结论，所以，本部分仿真考虑的是损失激增系数等于 1 的一种特殊情况。

当 $\beta_1=\beta_3=\beta$，$\gamma=1$ 时

$$
\begin{aligned}
\Delta U_{31} &= U_3(Q_3^*) - U_1(Q_1^*) \\
&= -[K_1 - M_1(r_l+r_h)(1-\beta_3)](Q_3^{2*} - Q_1^{*2}) \\
&= -\Delta Q_{31}[K_1 - M_1(r_l+r_h)(1-\beta_3)](Q_3^* + Q_1^*)
\end{aligned}
$$

又因为 $K_1-M_1(r_l+r_h)(1-\beta_3)<K_1-M_1(r_l+r_h\gamma)(1-\beta_3)<0$，所以，$\Delta U_{31}$ 的变化趋势与 ΔQ_{31} 相同。

设参数 $K_1=1$，$K_2=198$，$M_1=400$，$M_2=50$，$\delta_0=0.5$，$a=2$，$b=200$，$\beta_1=\beta_3=0.1$，$\gamma=1$，参数的设定符合前文假设，此时总风险系数阈值 $r_{total}\approx0.789$。

在第一组仿真实验中，$\eta=3$，$\varphi=3.5$，$r_l=[0.01,\ 0.99]$，$r_h=0.01$，仿真结果，如图 7-21 所示。

从图 7-21 可以看出，当云服务中断总风险 r_l+r_h 大于阈值 r_{total}（此例中约为 0.789）时，客户期望效用的变化量大于零，即相比不投保情境，云服务集成商选择投保产品责任险后，会使客户获得更大的期望效用；而当云服务中断总风险 r_l+r_h 小于阈值 r_{total}（此例中约为 0.789）时，客户期望效用的变化量小于零，即相比不投保情境，云服务集成商选择投保产品责任险后，客户的期望效用减少。此外，随着云服务中断总风险越来越高，因投保而带来

的客户期望效用的变化越来越不明显。

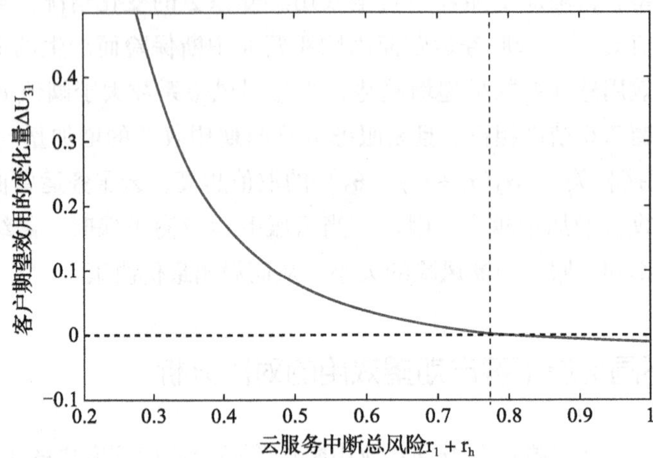

图 7-21　客户期望效用的变化量随云服务中断总风险的变化情况

在第二组仿真实验中，φ 取值分别为 3.5、4、4.5，$r_l=[0.4, 0.9]$，$r_h=0.1$，仿真结果如图 7-29 所示。

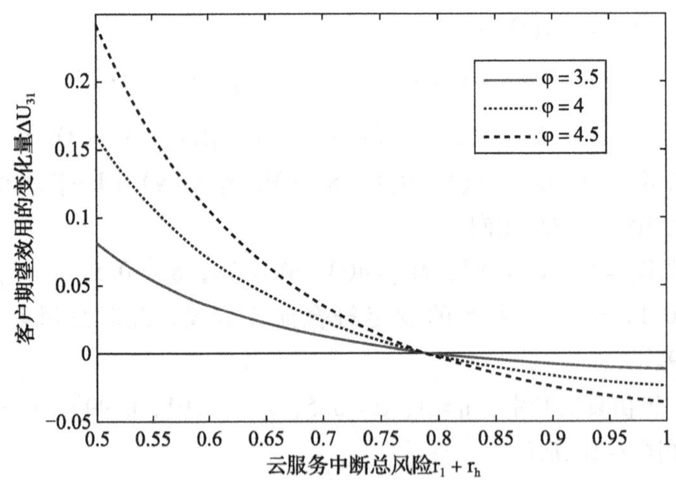

图 7-22　不同安全感知系数下客户期望效用变化量随中断总风险的变化情况

从图 7-22 中的结果可以看出，首先，当云服务中断总风险 r_l+r_h 等于阈值 r_{total}（此例中约为 0.789）时，不同的客户效用感知系数在该点处对应的客户期望效用变化量均等于零。其次，在相同的云服务总中断风险下，投保产品责任保险后客户的安全感知系数越大，则期望效用变化量越大，即当自保护水平变化量大于零时，在相同的云服务总中断风险下，投保产品责任保险后客户的感知系数越大，期望效用的增加量也越大；当租用量变化量小于零时，期望效用的减少量也越大。

本章小结

本章先从问题描述入手，指出云服务运营商需要对敏感型的客户量身定制云SLA，而补偿金额也应充分考虑中断带给客户的实际损失。云保险作为风险管理的一种方法，为云服务运营商和客户免受潜在损失提供了新的解决方案。针对云服务中断情境，提出云服务运营商可以有两种选择：一种是为自身投保，即营业中断保险；而另一种是为客户投保，即产品责任保险，并对两种保险的解决方案进行了详细对比。

模型构建部分，首先构建不投保情境下的决策模型作为比较基准，分别以期望利润最大化和期望效用最大化为目标，得到了云服务运营商和客户各自的最优决策。接着，分别讨论了营业中断保险模型和产品责任保险模型，保险的引入使云服务运营商和客户的目标函数均产生改变，进而也影响最优决策。通过比较静态分析和数值仿真方法对模型结果进行了深入探讨。研究结果如下。

情境一：在不投保情境下，云服务运营商与客户签订基于中断损失的补偿契约，补偿比例作为契约中的重要参数，对双方的决策变量和目标函数值有着显著的影响。我们将前文的分析结果总结如表7-3所示。

表7-3　损失补偿比例变化产生的影响

惩罚风险系数范围	损失补偿比例变化	决策变量、目标函数值相应的变化
$r_l + r_h\gamma < r_c^{\Pi}$	$\beta_1\uparrow$	$\delta_1^*\uparrow$，$\Pi_1^*\downarrow$，$Q_1^*\uparrow$，$U_1^*\uparrow$
$r_c^{\Pi} < r_l + r_h\gamma < r_c^{U}$		$\delta_1^*\uparrow$，$\Pi_1^*\uparrow$或先$\uparrow$后$\downarrow$，$Q_1^*\uparrow$，$U_1^*\uparrow$
$r_c^{U} < r_l + r_h\gamma < r_c$		$\delta_1^*\uparrow$，$\Pi_1^*\uparrow$，$Q_1^*\uparrow$，$U_1^*\downarrow$
$r_l + r_h\gamma > r_c$		$\delta_1^*\downarrow$，$\Pi_1^*\uparrow$，$Q_1^*\downarrow$，$U_1^*\downarrow$

（1）当惩罚风险系数相当小时，随着补偿比例的增加，云服务运营商和客户的决策变量均变大，云服务运营商的期望收益减少，而客户的期望效用变大。此时，为了增加服务销量，同时也为了吸引客户建立长期友好合作关系，云服务运营商可以考虑适当提高损失补偿比例，从长远利益的角度出让

一部分收益。

(2) 当惩罚风险系数介于云服务运营商期望收益相关阈值和客户期望效用相关阈值之间时，随着损失补偿比例的增加，云服务运营商和客户的决策变量均变大，客户的期望效用增加，云服务运营商的期望收益不定，可能增大，也可能先增后减。此时，云服务运营商可以适当提高损失补偿比例，达到双方共赢的局面。

(3) 当惩罚风险系数介于客户期望效用相关阈值和决策变量相关阈值之间时，随着损失补偿比例的增加，云服务运营商和客户的决策变量均变大，云服务运营商的收益增大，而客户的期望效用减少。此时，云服务运营商需谨慎变动损失补偿比例，以免降低客户的期望效用，进而影响长期合作关系。

(4) 当惩罚风险系数大于决策变量相关阈值时，随着损失补偿比例的增加，云服务运营商和客户的决策变量均变小，云服务运营商的收益增大，而客户的期望效用减少。此时，云服务运营商需谨慎变动损失补偿比例，以免降低客户期望效用和销售量，建议参考行业标准。

情境二：引入营业中断保险。如果选择投保营业中断保险，云服务运营商可通过调节损失补偿比例或客户安全效用感知系数等手段获得更高的收益增加量。在投保营业中断保险的情境下，云服务运营商是唯一的受益方，客户的租用量和期望效用都不变。

当惩罚风险系数较低时，云服务运营商可适当提高补偿比例，因为补偿比例设定得越高，因投保而获得的期望收益增加量越高；当惩罚风险系数较高时，存在一个使期望收益增加量达到最大值的补偿比例值，云服务运营商在与客户谈合作时，应尽可能地将补偿比例值商定得与此值接近，以获得最大的收益增加量。

当惩罚风险系数较低时，客户的安全效用感知系数越大，云服务运营商因投保而获得的收益增加量越高。因此，云服务运营商可以通过及时发布、更新网络安全防护软件和病毒库的相关信息，或在其门户网站进行成功案例分享等手段，提高客户的安全效用感知系数，进而获得更高的收益增加量。

情境三：引入产品责任保险。是否投保，如果投保应选择哪种投保方案，与云服务中断发生的总风险密切相关，云服务运营商应综合考虑成本和收益。

当云服务中断总风险非常低时，云服务运营商无论投保营业中断保险还是产品责任保险，其期望收益均小于不投保情境。这是因为投保需要支付一定的固定成本，当风险很低时，潜在的中断损失小于投保所付出的固定成本，不能满足投保条件，所以云服务运营商没有动力投保。如果云服务运营商从自身收益最大化的角度出发，可以选择不投保，但若其希望与客户建立长期友好合作关系，可以考虑投保产品责任保险，在牺牲一定自身收益的基础上提高客户的租用量和期望效用。但不建议采取此策略，因为在中断风险很低的情况下，这种收益让步会很大，且云服务运营商若再想退保，产生的影响恶劣，不利于双方长期合作。

当云服务中断总风险达到投保营业中断保险下的期望收益高于不投保情境时，云服务运营商会选择投保营业中断保险。此时同样不建议云服务运营商为获得客户当期信任而投保产品责任保险，因为产品责任保险的投保标的变大，对于相同的赔付率，云服务运营商需缴纳更多的保险费，这就造成云服务运营商的成本增加。

当云服务中断总风险比较大时，投保产品责任保险的优势凸显，此时云服务运营商会毫不犹豫地选择投保产品责任保险，在获得较高期望收益的同时，还可以提高客户的租用量和期望效用，实现双赢。

当云服务中断总风险很大时，虽然投保产品责任保险会使云服务运营商获得较高的期望收益，但此时客户的租用量和期望效用均下降。因此，从长期合作的角度来看，也不建议投保产品责任保险。云服务运营商可选择投保营业中断保险，因为投保此保险可以在保持客户租用量和期望效用不变的基础上，提高云服务运营商的期望收益。

第八章

个人云存储用户的感知威胁及应对策略研究

作为个性化信息管理的新型服务模式，云存储已经成为未来存储发展的一种趋势，但随之而来的安全风险问题一直备受关注。近年来，云数据泄露与损毁的比例迅猛增长，相关补救措施的花费惊人。2019 年 1 月，云存储服务公司 MEGA 泄露了 87GB 数据，这些数据包含约有 1.2 万个文件，其中电子邮件数量为 7.7 亿个，被泄露的唯一密码约有 2100 万个；2018 年 8 月，腾讯云因泄漏其用户北京清博数控科技有限公司的平台数据而遭索赔一千多万；2017 年 9 月，亚马逊云存储库泄露 47GB 医疗数据，导致至少 15 万名患者的个人及检查结果敏感信息以半公开形式接受网络访问。云存储失败事件的发生不仅使用户面临着巨大的风险威胁，也让企业陷入用户流失的困境。云中的信息，尤其是敏感信息，涉及个体的人性自由、人格尊严、人格完整等多方面的基本权利。云存储失败事件的发生给用户隐私安全带来了极大的威胁，也让云服务提供商面临技术和管理风险、经营风险、法律和管制风险（王晰等，2017；王世伟和赵付春，2012）。因此，如何寻找风险削弱因子，降低用户的信息隐私感知威胁，进而影响其后续的应对策略，解析用户自身复杂的信息保护行为，已经成为个人云存储领域亟待解决的难题。

第一节　问题提出与研究假设

一、问题提出

目前有许多学者对云服务的安全问题进行了大量研究，但仍有两个重要问题尚未得到解决。首先，尽管先前的研究已经从数据安全维度，即机密性、完整性以及可靠性方面提出了一些解决方案，但多数是从技术视角或企业角度出发（卢加元，2014），缺乏用户视角下对云存储风险感知威胁的相关研究。其次，对于用户在面对云存储风险时所采取的应对策略，鲜有学者涉及。虽然应对理论研究在很多领域取得进展，对于个体面对风险威胁时所采取的问题应对（Liang 和 Xue，2009；Cho 等，2014）、情绪应对（Marloes 等，2018，Delahaij 和 Dam，2017）都有一定的研究成果。但学者们多从应对评估的视角着手（Liang 和 Xue，2009），在个人云存储领域，还较少有学者从威胁评估的角度开展对个体应对策略的研究，且缺乏同时研究包含问题应对与情绪应对两种应对策略的综合研究。

对于个人云存储而言，云中的信息，尤其是敏感信息，涉及个体的人性自由、人格尊严、人格完整等多方面的基本权利。面对云服务风险时，用户会形成感知威胁。从内部因素来看，互联网用户在信息安全、云数据安全等风险感知方面存在乐观主义（Hichang 等，2010；王志英等，2016）。这些自身个人特质，如乐观偏差、使用经验等会影响其用户对云服务风险的判断，进而影响其应对策略；而从外部环境来看，工信部电信研究院测试评估的一项面向云计算服务的评估认证（官方认证），是我国唯一针对云计算信任体系的权威评估。显然，以第三方平台为代表的官方认证在云用户的感知威胁与应对策略中发挥了怎样的作用也值得我们进一步深入探讨。

虽然威胁技术规避理论提出在应对过程中包含威胁评估与应对评估，但本书聚焦在威胁评估，而非应对评估。之所以如此，主要有两点原因：①在个人云存储情境下，一旦发生云存储服务失败事件，其带来的风险、威胁会被迅速放大、广泛传播，此时用户的威胁评估是可以被量化、比较的。②在其他技术威胁领域，已有学者在应对评估过程中取得了一定的研究成果（Liang 和 Xue，2009），但由于威胁评估的测量依赖于威胁产生的情景，因此，关注威胁评估的研究迄今较少。此外，我们将工信部颁发的可信云服务认证作为一种社会影响引入模型，而不是选择同伴影响或社交关系。一方面，这与国家推行云计算行业标准、帮助用户选择可信安全的云服务情境契合；另一方面，由国家主导的第三方认证带来的社会影响在用户感知威胁及应对过程中产生的作用还未被验证，有待探究。

因此，基于现有研究的不足，本章从乐观偏差以及应对理论出发，旨在揭示个人云存储下，用户的感知威胁与应对策略的发生规律及内在机理，并为云服务提供商从用户心理安全感知层面设计并提供有效的经验推广措施及沟通渠道等给予些许建议。

二、研究模型及假设

本书以应对理论为基础，结合技术威胁规避理论，引入乐观偏差作为自变量和调节变量。此外，Baumeister 等（1996）指出，使用经验会影响个体的感知威胁，进而影响其应对意愿或应对策略。在云存储背景下，用户的使用经验是影响云服务优化的关键要素之一，其在使用过程中所形成的经验会影响其对产品的风险感知（Casas 和 Schatz，2014）。所以，本书将使用经验也作为变量引入，构建的概念模型如图 8-1 所示。

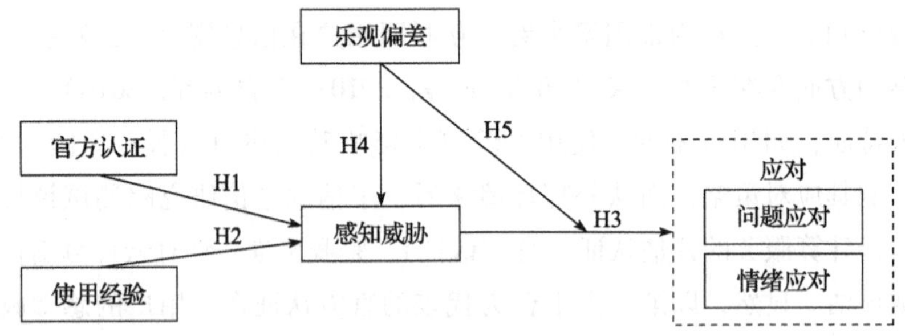

图 8-1　个人云存储用户的感知威胁及应对策略模型

（一）官方认证、使用经验与感知威胁

云服务失败事件严重制约了个人云存储的发展，被放大的感知威胁成为用户采纳个人云存储服务最大的障碍。为了削弱用户的感知威胁，企业一方

面可以通过获取工信部颁发的官方认证来验证其各类云服务保障是否达到标准，进而降低用户对云服务安全的各种顾虑；另一方面，企业还可以通过引导、激励用户使用个人云存储，如提供免费试用来促使用户形成使用经验，使经验丰富的用户能够更理性地进行风险评估。

威胁被定义为一种针对于自我概念的危害（Campbell，1999）。当对自己有利的观点受到质疑、指责或者嘲笑时，威胁就会发生（Baumeister 等，1996）。而感知威胁是一种在当前状态与结束状态之间的感知差异，也就是由实际结果引起的令人感到不舒服或厌恶的状态。在个人云存储中，感知威胁通常是指由于文件丢失、敏感数据访问等所带来的威胁。在心理弹性研究中，根据威胁因子的来源，可以将威胁因素分为外部因素和内部因素。其中，外部因素是指来自社会层面的非个体因素。如社会孤独感与社会归属感（Wehele 等，2018）、社会认同威胁（Carvalho 等，2018）、网站凭证（Özpolat 和 Jank，2015）等；而对于内部因素来说，主要是一些个体因素，包括个体需求、经验（Hoffman 和 Rosenbloom，2016）、乐观偏差（Hichang 等，2010）等。对于用户而言，存储在云端的数据脱离了自己的监管与保护，云端数据处在一种风险之中。以往研究表明，处于外部维度的官方认证（如网站凭证、第三方部门的监管审计等）不仅能够降低消费者的感知威胁（Hu 等，2010；Singh 等，2016），还能帮助企业塑造形象，赢得用户认可。工信部在我国是一个权威性官方代表机构，我们认为其提供的官方认证能够从威胁的外部层面削弱用户的感知威胁。

在同客观事物接触的过程中，人们会通过感觉器官获得关于客观事物和外部联系的认识，从而形成经验。经验在各种领域的威胁评估中经常被考虑进去。在面对风险时，使用经验会帮助个体做出判断。以往的研究表明，使用经验可以有效地削弱个体的感知威胁。如 Hoffman 和 Rosenbloom（2016）在研究中指出，驾驶经验能够同时削弱内隐性威胁和解释性威胁的影响。而在云计算背景下，也有学者证明了云服务经验可以显著减少用户对产品的风险感知（Casas 和 Schatz，2014）。此外，在对云计算解决方案的调查中，Singh 等（2016）也指出消费者的经验能够有效地减少云用户不必要的担心。所以，我们认为个人云存储用户的使用经验会削弱用户对云服务的感知威胁。基于以上分析，我们提出如下假设。

H1：云服务提供商取得的官方认证负向影响个人云存储用户的感知威胁。

H2：个人云存储用户的使用经验负向影响其感知威胁。

（二）应对策略

根据应对理论，个体会根据威胁评估的结果采取相应的应对策略。以往研究表明，威胁评估能降低人们采取风险行为的可能性，即当人们认知的威胁程度越高时，人们保护自己的动机也就越强，采取应对策略的意愿也就越强。Liang 和 Xue（2009）在技术威胁规避理论框架下，指出感知威胁是威胁评估的结果，感知威胁既会影响个体的问题应对，又会影响其情绪应对。

感知威胁对两种应对策略均有积极影响。具体来看，可以从两个角度来理解。首先，感知威胁会在一定程度上影响人们的问题应对（Dominicis 等，2015）。在面对风险时，人们通常会采取一定的保护行为以免自己受到伤害。如 Schmitt 等（2018）通过分析美国公民和加拿大公民的数据，发现人们在面对生态威胁时，感知威胁能有效地促进人们采取保护环境的行为。其次，感知威胁也会在一定程度上促进人们采取情绪应对（李华强等，2018），如 Delahaij 和 Dam（2017）根据情绪应对的表现方式为一些高危职业者缓解压力。联系到云存储失败事件，在威胁评估过程中，当用户感到较高的威胁时，一方面会选择诸如加密上传数据、备份数据等措施的问题应对策略；另一方面则会通过情绪应对策略来宣泄不满（李华强等，2018）。

因此，我们认为感知威胁对用户的问题应对、情绪应对均存在着正向促进作用，并提出如下假设。

H3a：个人云存储用户的感知威胁正向影响问题应对。

H3b：个人云存储用户的感知威胁正向影响情绪应对。

（三）乐观偏差

在之前对威胁评估的相关研究中，人们已经得到了一个强有力的结果：面对同龄人，人们更倾向于判断自己遭遇威胁的风险相对他人较低（Weinstein，1980 和 1987）。造成这种偏差判断的原因可能是乐观偏差以及风险判断的多维本质。Weinstein（1980 和 1987）指出，个体倾向于一种“自私”的方式来解释风险，因为他们会认为他人相对自己更脆弱，更容易遭遇风险。这种倾向被称为乐观偏差或者不切实际的乐观主义。研究表明，这种不切实际的乐观具有很强的鲁棒性，在各种威胁评估的领域都能得到同样的效果。比如，当人们判断遭遇车祸、地震和负面网络事件的可能性时，乐观偏差都是存在的。Hichang 等（2010）指出在网络隐私风险中，个体会倾向于认为自己相比他人而言，遭遇风险的可能性会更小。他们发现当个体具有强烈的乐观偏差时，其感受到的网络风险会更少。对云服务的研究表明，个人云存储服务属于一种网络服务，乐观偏差同样发挥作用，并且用户所存在的负向乐观偏差（悲观偏差）越大，其感知威胁就会越大，用户越具有采取措施的意愿（王志英等，2016）。

综上所述，乐观偏差与威胁感知之间均存在着密切的联系。乐观偏差的存在会影响用户对个人云存储的风险判断，削弱用户的感知威胁。因此，我们提出如下假设。

H4：个人云存储用户的乐观偏差负向影响其感知威胁。

乐观偏差是个体在判断风险与威胁时所表现出的一种较为稳定的认知偏差，并且这种稳定的、与个体相联系的认知偏差能够将用户的感知威胁与应对行为联系起来，因此，本书将重点探析乐观偏差在这一过程中的作用。

具有乐观偏差的人一般认为风险是可控的，且感知控制的程度越高，个体存在的乐观偏差也就越高。换言之，乐观偏差反映了个体对风险的感知程度以及感知控制程度。在使用个人云存储时，高乐观偏差能够带给用户较高的“安全感”，这种安全感同时会阻碍用户采取保护措施。当云存储用户的乐观偏差较高时，其感知威胁所带来的刺激作用会被削弱，刺激用户采取“冒险行为”。因此，乐观偏差揭示了个体的感知威胁与采取应对策略之间的关系。低乐观偏差的人倾向于认为风险具有不可控性，其感知到的威胁相对更高，用户会更积极地采取应对策略（范亚丽等，2010）。而高乐观偏差的人往往会低估实施控制的难度，尤其是在其需要改变行为的时候（Hichang 等，2010），他们倾向于认为风险是可控的，其感知到的威胁相对较低，更有可能采取消极应对策略。因此，高乐观偏差用户的感知威胁对应对策略的影响较弱，低乐观偏差用户的感知威胁对应对策略的影响较强。由于云服务存在一定的风险不确定性，所以，乐观偏差的高低在个人云存储中尤为重要。高乐观偏差不仅会直接影响个体的感知威胁，还会调节用户感知威胁与应对策略之间的关系。因此，我们认为乐观偏差会负向调节用户感知威胁对其应对策略的影响，并提出如下假设。

H5a：个人云存储用户的乐观偏差会负向调节感知威胁对问题应对的影响。

H5b：个人云存储用户的乐观偏差会负向调节感知威胁对情绪应对的影响。

第二节 研究设计

一、变量测量

通过借鉴整理已有的成熟量表，本书采用 likert 五点量表来对研究中的 6 个潜变量进行测量。

（一）官方认证、使用经验及乐观偏差的测量

可信云服务认证是对云服务质量安全的评估认证。由于个人云存储是一种新型 IT 服务，还没有现成的成熟量表，因此，我们选择借鉴 Olechowski A. 以及 Castillo 等（2018）在研究 ISO 认证时所使用的量表，并根据本书的研究情境进行相应调整，设计了“第三方政府机构许可牌照是对云服务提供商的肯定”在内的 5 个题项。对于使用经验的测量，本书参考了 Awad 和 Krishnan（2006）对网络情境下使用经验的相关研究，结合个人云存储的具体情境，对其使用量表进行了适应性修改，设计了包含“我有使用过云存储软件存储数据的经验”在内的 3 个题项。近几年来，乐观偏差也得到了许多学者的重视。借鉴 Cue 等（2010）所采用的乐观偏差量表，本书要求用户对自身云数据遭遇风险的可能性做出评价，据此设计了“我认为在使用云存储时，别人会比我更容易遭遇风险”等 3 个题项。

（二）感知威胁以及应对策略的测量

感知威胁涉及很多领域，本书在借鉴 James 等（2017）研究感知威胁所使用量表的基础上，结合研究情境，采用“我认为数据存储在云端是不安全的”等 4 个题项来测量感知威胁。

本书参考了 Stanton 等（2000）对应对策略编制的量表，并加以适应性调整，最后采用“我会加密上传到云存储软件的数据”等 3 个问题应对题项，以及“云数据泄露后，我会陷入困扰之中，不能摆脱”等 4 个情绪应对题项来测量用户的应对策略。

最终选取的问卷测量题项如表 8-1 所示。

表 8-1 问卷测量题项表

潜变量	编码	问题描述	题项来源
感知威胁（PT）	PT1	使用云存储时，我的云端数据处于被丢失或者泄露的威胁中	James 等（2017）
	PT2	我担心云端的数据被人泄露或丢失，导致隐私泄露	
	PT3	我认为数据存储在云端是不安全的	
	PT4	将信息存储在云端时，数据可能会泄露或丢失	
乐观偏差（OB）	OB1	我认为在使用云存储时，别人会比我更容易遭遇风险	Cue 等（2010）
	OB2	同不使用云存储产品的人相比，我会遭遇更大的风险	
	OB3	使用相同云存储产品时，相比他人而言，我不会遭遇云风险	
官方认证（OC）	OC1	我所使用的云存储产品通过了国家（国际）信息安全体系认证	Castillo 等（2018）
	OC2	第三方权威机构认证许可牌照是对云服务提供商的肯定	
	OC3	政府、工信部门正在逐步加大对云存储等云服务产品的监管	
	OC4	权威机构作为官方代表，其存在会加大对云服务提供商的约束，监督其维护用户数据机密性与完整性	
	OC5	政府权威机构颁发的云服务许可证能够保护云服务的安全	
使用经验（PE）	PE1	我有过使用云存储软件存储数据的经验	Awad 等（2006）
	PE2	我曾用过类似云存储的产品存储数据	
	PE3	我所了解的云存储产品曾经有过数据泄露的经历	
问题应对（PC）	PC1	加密上传到云存储软件的数据	Stanton 等（2000）
	PC2	自己努力寻求解决云存储数据丢失的办法（做好数据备份）	
	PC3	我已经为云存储可能带来的风险做好了计划和准备	
情绪应对（EC）	EC1	持续关注解决云存储数据泄露或丢失问题的处理过程	
	EC2	云数据泄露后，我会陷入困扰之中，不能摆脱	
	EC3	云数据发生泄露或丢失后，会引起自己的担忧，引起情绪波动	
	EC4	当我的云数据遭遇风险后，我会花费时间来调整自己的心情	

二、数据收集

本书通过问卷星线上发放问卷，并在问卷上设置了甄别问题，要求填卷人必须了解并使用过个人云存储产品才能继续答题，否则终止调查。共计发放回收325份问卷，剔除无效网络问卷（如陷阱题前后观点不一致），最终有效问卷245份，有效问卷率75.4%，是量表中观测变量数的9.4倍，属于样本量为变量数5～10倍的范围内，符合结构方程模型分析的要求。具体的人口统计学特征信息如表8-2所示。

表8-2　样本的人口统计学特征

特征变量	类型	频率/个	百分比/%
性别	男	91	37.1
	女	154	62.9
年龄	18岁以下	1	4
	18～23岁	119	48.6
	24～29岁	37	45.1
	30～35岁	40	16.3
	36～41岁	27	11.0
	42岁以上	21	8.6
职业	学生	132	53.9
	教师	61	24.9
	企事业单位员工	36	14.7
	政府单位员工	4	1.6
	创业者	2	0.8
	其他	10	4.1
调查对象是否有信息专业背景	是	146	59.6
	否	99	40.4

从表8-2可知，调查对象中学生人数较多，占53.9%，教师次之，占据24.9%。由于该调查要求被调查者使用过个人云存储或者对个人云存储具有一定的了解，因此，调查样本应具备一定的信息知识，而大学生和教师由于日常的学习和工作需要对个人云存储具有一定的诉求。另外，18～23岁占48.6%，24～29岁占45.1%，具有信息专业背景的人占59.6%。可见，在人

口统计特征上，数据都近似符合正态分布，所以，样本具有代表性。

第三节 数据结果与分析

一、信效度分析

如表8-3所示，在PLS方法中，通过对测量模型的分析，可知所有潜变量的Cronbach's Alpha系数处于0.6~0.8，表明设计的量表达到较好的内部一致性信度。组合信度（CR）也均超过0.7，表明所用量表具有较好的内部一致性。同时，各潜变量的AVE值均高于0.5，意味着潜变量能够解释超过50%的观测变量方差，说明模型拥有较好的收敛效度。

表8-3 信度和收敛效度

潜变量	显变量	载荷系数	α	CR	AVE
乐观偏差	OB1	0.644	0.6359	0.7645	0.5098
	OB2	0.884			
	OB3	0.270			
使用经验	PE1	0.697	0.6089	0.7687	0.5260
	PE2	0.711			
	PE3	0.766			
官方认证	OC1	0.627	0.8678	0.9034	0.6545
	OC2	0.816			
	OC3	0.863			
	OC4	0.892			
	OC5	0.821			
感知威胁	PT1	0.847	0.8618	0.9061	0.7072
	PT2	0.867			
	PT3	0.838			
	PT4	0.811			

续表

潜变量	显变量	载荷系数	α	CR	AVE
问题应对	PC1	0.710	0.6500	0.8113	0.5900
	PC2	0.829			
	PC3	0.762			
情绪应对	EC1	0.495	0.7847	0.8626	0.6209
	EC2	0.831			
	EC3	0.899			
	EC4	0.861			

本书判别效度依据 Fornell-Lacker 准则，如表 8-4 所示，对角线上为 AVE 的算术平方根，非对角线上为各潜变量之间的相关系数，显然，对角线上的数字都大于非对角线上的数字，说明本书的量表具有良好的判别效度。

表 8-4　判别效度

潜变量	乐观偏差	使用经验	官方认证	感知威胁	问题应对	情绪应对
乐观偏差	0.714	—	—	—	—	—
使用经验	0.260	0.725	—	—	—	
官方认证	0.072	0.317	0.809	—	—	—
感知威胁	-0.513	-0.440	-0.152	0.841	—	—
问题应对	-0.074	-0.273	-0.327	0.204	0.768	—
情绪应对	-0.223	-0.260	-0.298	0.373	0.307	0.788

二、研究假设检验

为了检验本书提出的 7 条假设内容，本书利用 Smart PLS 2.0 M3 对结构方程建模的潜变量路径以及调节效应一起进行了分析。结果中的 R^2 值反映了潜变量被原因变量解释的程度，Falk、Miller 指出 R^2 高于 10% 即可，Hair 和 Sarstedt 认为不同领域内对 R^2 的要求存在差异，在消费者行为领域内，超过 0.2 可以视为拟合较好。本书中的结构方程模型分析如图 8-2 所示，其中感知威胁的方差解释率为 36.4%，情绪应对为 24.7%，问题应对为 12.9%，因此，模型具有一定的解释力，可以接受。

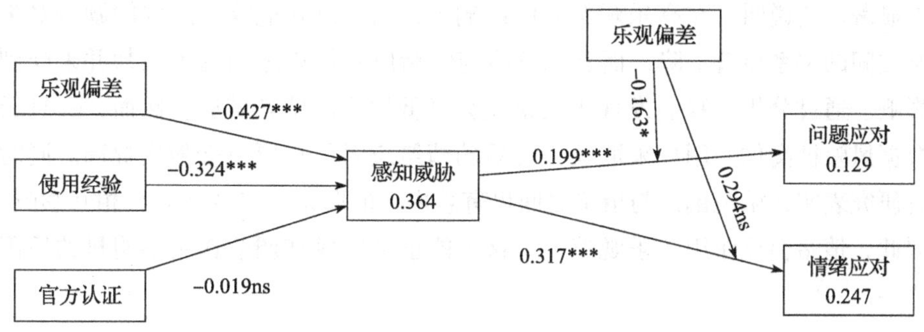

注："***"表示p<0.001，"**"表示p<0.01，"*"表示p<0.05，"ns"表示不显著。

图 8-2 假设检验分析结果

（一）结构模型路径分析

利用 Smart PLS 中的 Bootstrap 方法可以求得路径系数，设定 Cases 为 245，Samples 为 5000。研究表明在进行显著性检验时，除了官方认证（$\beta = -0.019$，$p > 0.05$）对感知威胁的影响不显著外，乐观偏差（$\beta = -0.427$，$p < 0.001$）、使用经验（$\beta = -0.324$，$p < 0.001$）对感知威胁的影响都达到了显著性水平。假设 3 未得到支持的原因可能有三：首先，目前个人云存储用户对可信云服务认证还没有深刻的了解，并且云存储软件也没有醒目标志来表明其具备官方认证。其次，我们分析，官方认证是对个人云存储一种过往的正向肯定，而对于云服务风险所带来的感知威胁，并不能起到显著的负向削弱作用。最后，即使是权威部门本身，如 DRA，也有可能发生数据泄露问题，因此，云用户会对其提供的官方认证表示一定怀疑。此外，相比于问题应对（$\beta = 0.199$，$p < 0.001$），感知威胁对情绪应对（$\beta = 0.317$，$p < 0.001$）的影响是更加明显的。这可能是因为采取问题应对需要一定的技术能力，云用户会根据"性价比"来决定是否付出时间、技术甚至金钱成本来衡量是否采取问题应对。但情绪应对不需用户付出更多的时间、技术和金钱，同时，在多媒体时代下，人人参与的信息舆论也会促使用户采取情绪应对策略。

（二）调节效应分析

研究同时发现，乐观偏差对感知威胁到问题应对的调节作用（$\beta = -0.163$，$p < 0.05$）显著，而对感知威胁到情绪应对的调节作用（$\beta = 0.294$，$p > 0.05$）

不显著。这说明，在高乐观偏差的影响下，用户感知危险与采取问题应对策略之间的关系显著下降，而感知危险与情绪应对策略之间的关系却并未受到影响。通过分析，我们发现乐观偏差会降低用户的感知威胁。然而，一旦云数据风险被高估，用户采取较为容易的情绪应对的意愿也会随之提高。同时有研究表明，乐观偏差与情绪之间也有着内在的联系，二者之间会相互影响，因此，情绪会反作用于乐观偏差，这可能也是造成其调节作用不明显的原因之一。

本章小结

本章从乐观偏差、使用经验、官方认证三个维度分析了其对感知威胁的不同影响，并验证了乐观偏差对感知威胁到应对策略的调节作用。具体研究结果如下：

第一，使用经验、乐观偏差作为内部因素会显著削弱用户的感知威胁，且乐观偏差影响更大。但官方认证作为一种外部因素并没有发挥明显作用。

第二，感知威胁对云存储用户的应对策略具有显著性影响，这与应对理论中的要素关系保持一致。感知威胁对两种应对策略的影响程度不同，相比问题应对，感知威胁对情绪应对的影响更强烈。

第三，乐观偏差对两种应对策略存在不同程度的调节作用，能够显著地负向调节感知威胁对问题应对的影响，却不会影响感知威胁与情绪应对的关系。

本书进一步拓展并丰富了应对理论及乐观偏差理论在个人云存储用户信息安全心理学方面的研究成果，具体体现在以下三个方面：

（1）本书对探索云存储用户感知威胁的前置削弱因子有重要贡献。首先，从内部维度来看，验证了使用经验和乐观偏差两大要素对用户感知威胁的显著削弱作用。不同于以往的研究，本书在验证云服务领域乐观偏差存在的基础上，进一步探究了其对用户感知威胁的负向作用。其次，从外部维度看，本书从云服务市场的现实应用出发，提炼出官方认证这一因子（而不是传统的社会孤独感与社会归属感、社会认同威胁等），不同于以往文献主要关注于官方认证如何增强用户的信任，本书从用户的视角分析了其对感知威胁的削弱作用。但与其他研究不同，本书发现这种削弱作用在个人云存储领域并不显著。

（2）补充并扩展了云存储情境下应对理论的应用。应对理论在心理学、组织行为、消费者研究等诸多学术领域都卓有建树。而个人云存储是一种全新的信息技术应用领域，目前对于个人云存储用户的应对策略研究较少。本书结合个人云存储的情景，首次聚焦于威胁评估视角，同时考虑了问题应对和情绪应对两种策略，研究发现，个人云存储用户的感知威胁是个体采取应对策略的主要影响因素。当用户的感知威胁较高时，用户一方面会选择诸如加密上传数据、备份数据等措施的问题应对策略，另一方面则会通过情绪应对策略来宣泄不满。且相对问题应对，情绪应对的强度是更加明显的。云用户会根据“性价比”来决定是否采取以付出时间、技术甚至是金钱为代价的问题应对策略。但情绪应对不需用户付出更多的时间、技术和金钱，同时，在新媒体时代下，人人参与的信息舆论也会促使用户采取情绪应对策略。本书验证了感知威胁对两种应对策略的不同影响，拓展了应对理论的应用领域。

（3）探明了乐观偏差对感知威胁与应对策略关系的调节作用。在云服务情境下，乐观偏差导致用户在担心数据安全风险的同时仍然乐于享受便捷的信息服务，用户心理上的感知偏差会影响其有效的安全管理决策。在王志英等（2017）研究乐观偏差对用户数据安全风险感知影响的基础上，我们将该研究拓展了一步，分析了乐观偏差对用户感知威胁与应对策略关系的调节作用。研究发现，高乐观偏差者，感知威胁对问题应对策略的积极影响会被削弱；而感知威胁对情绪应对的影响未受到影响。本书拓展了乐观偏差理论的应用领域。

管理启示1：对于云服务提供商来说，一方面可以通过免费试用等推广手段引导用户使用云存储服务，以积累和发展更为丰富的使用经验，克服用户非理性感知威胁；另一方面，还需要合理引导用户树立适度的数据风险信息安全意识，避免乐观偏差带来的感知威胁偏差，根据乐观偏差的高低引导用户合理的应对策略，降低乐观偏差的不利影响。

管理启示2：对于政府而言，其作为第三方权威机构提供的官方认证，目前来看对降低用户的感知威胁还未发挥预期的效果，需等待用户的进一步成熟及中国云服务市场认证的再发展。

尽管本书为理论延伸和实践拓展提供了有价值的见解，但我们注意到，本书仍有许多局限性。首先，对于削弱感知威胁的影响因素研究并不全面，除官方认证、乐观偏差、使用经验外，感知威胁还会受到企业口碑、感知敏感性、威胁严重性等因素的影响，未来研究可以考虑这些削弱因子在具体事件特征下的作用效果。其次，在验证乐观偏差的调节效应时，发现乐观偏差与情绪之间的内在联系限制了调节效果的有效性，了解二者之间的作用机制将有助于深入准确地解析云存储用户的安全风险认知以及应对策略机制。

第九章

个人云存储用户的信任破损与修复研究

对于个人云存储而言，用户在使用个人云存储时，就已经与云存储服务提供商建立了初步的信任关系。云存储服务提供商有义务和责任保护云存储用户的云端数据。但由于用户对处于云端的数据缺少掌控度，对于企业的使用情况仍缺少知情度。云存储服务提供商要想拥有长远的发展，就必须保障用户对其的信任，而泄露用户的私人信息会影响用户对云存储服务提供商的信任，失去信任会将会导致一系列无法弥补的损失。

目前国内外学术界对于数据泄露的研究，多偏向于如何避免泄露事件的发生与如何改善相关保护技术，而缺乏对泄露事件发生后云存储服务提供商应采取的信任修复手段的研究。基于此，本书着眼于数据泄露事件，对事件发生后云存储服务提供商所采取的修复策略及其修复效果进行分析，以此帮助云存储服务提供商最大限度地降低云计算环境下由于数据泄露所造成的信任破损风险。

第一节　问题提出与研究假设

一、问题提出与研究框架

（一）问题提出

近年来，各类隐私数据泄露事件层出不穷。根据 Gemalto 发布的《数据泄露水平指数（Breach Level Index）》，仅在2018年上半年，全球就发生了945起较大型的数据泄露事件，共计导致45亿条数据泄露，与2017年相比数量增加了133%，是2017年全年报告数量20亿的两倍多。例如，2018年10月，某社交网络被曝出存在重要安全漏洞，致使外部开发者可能在2015年到2018年3月份期间获得几十万用户的私人概况数据。但这还不是全部，2018年12月，该社交网络再次曝出安全漏洞，应用开发者使用程序接口（API）在11月的6天时间中，访问5250万用户的姓名、电子邮箱、职业和年龄及其他详细信息，即使用户把个人资料设置为“非公开”。此外，不仅是社交行业，信息泄露涉及的行业广泛，医疗行业、酒店行业、快递行业都是数据泄露的重灾区。泄露的信息包括用户的手机号、密码、身份证号、邮箱、家庭住址等。信息泄露事件一而再、再而三地被曝出，信息泄露问题究竟该如何避免，用户数据究竟该如何保护成了当前亟待解决的问题。

随着大数据时代的到来，个人隐私数据受到侵犯、遭遇泄露的频率也在与日俱增。作为承载了用户诸多数据信息，尤其是一些隐私信息的个人云存储平台，其安全性、可靠性及保密性也备受关注。RedLock公司的调查报告（2018）发现，由于云安全故障，27%的组织在过去一年遇到了潜在的账户安全问题。近1/4的企业（24%）已经在公共云中丢失了高严重性漏洞补丁，这意味着对网络犯罪分子开放了门户。数据泄露不仅造成云存储用户的信任破损，而且为修复信任所采取的补救措施花费也十分惊人。无论是外部威胁，还是内部威胁，由人为因素或技术因素所导致的用户数据泄露问题都严重侵犯了云存储用户的隐私权，使用户对云存储服务提供商的信任遭到损害，进而影响云平台的稳健运行与可持续发展。在2011年的一项对583家公司的调查中，90%的人说，他们至少被黑客攻击过一次，其中50%的人对自己能否防止被黑客攻击没有信心。

当用户使用云存储时，用户与云存储平台就已经建立了一种信任关系。当云存储服务失败事件发生时，这种信任就会破损。数据泄露给用户的隐私安全带来极大的风险，降低数据泄露风险不仅要做好数据保护工作，还要考虑如何修复数据泄露造成的用户信任破损。信任作为个人云存储服务中的重要组成部分，直接影响了个人云存储用户的产品感知，进而直接影响到个人云存储用户的使用意愿。在个人云存储用户与云存储服务提供商建立起的信任关系中，结合以往的研究结果及近期频发的云存储服务失败事件来看，若其中一方遭到另一方的信任违背，引起信任破损（能力型破损、诚信性破损)，常用的信任修复策略主要包括言语型修复策略（如道歉、否认等），以及实质型修复策略（如经济补偿等）。

目前已有的研究较少关注个人云存储领域中用户的信任修复问题，此外，在不同类型的信任破损下，不同信任修复策略的比较研究也为数不多。因此，对于不同类型的信任破损，探讨云服务提供商不同修复策略的效果差异将是本章的研究重点。

（二）研究框架

本书结合信任理论以及归因理论，建立了动态的信任破损及修复过程理论模型，采用实验法对个人云存储服务提供商选择信任修复策略进行系统研究，模拟在不同的破损情境（能力型破损如黑客攻击等，诚信型破损如未授权的数据使用等）下数据泄露事件发生的场景，观察云存储用户在个人云存储服务提供商采取不同修复策略下，其信任的动态变化过程，并根据实验结果总结出最优修复方案。其基本模型如图 9-1 所示。

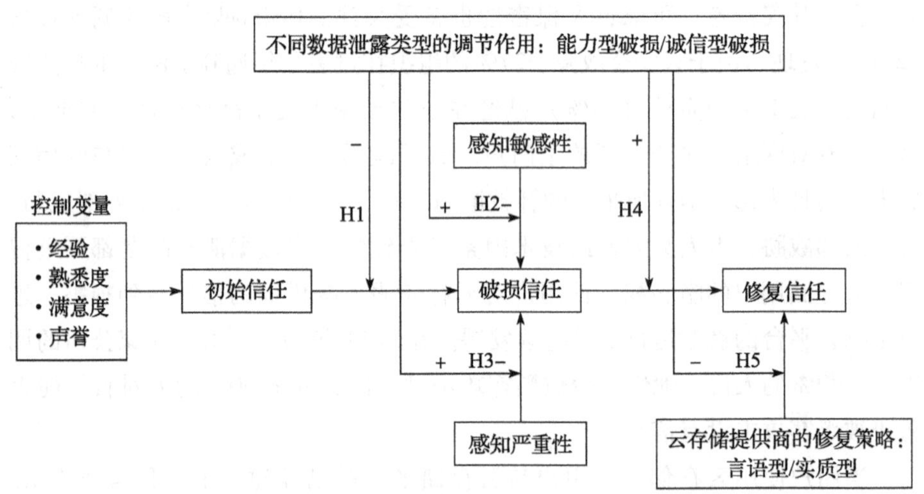

图 9-1　个人云存储用户的信任破损及修复模型

针对每一部分可能出现的问题，做了如下研究：

（1）探究云存储用户信任的生命周期以及信任破损、修复动态过程。

（2）探究不同数据泄露类型对信任破损的影响程度。

（3）探究云存储服务提供商针对不同程度的信任破损应该采取何种相应的修复策略。

二、研究假设

云存储用户对云存储服务提供商的信任并不是一成不变的，用户的信任会随着云存储服务提供商的行为或服务而动态变化。当云存储服务提供商遭遇到信任破损事件时，破损的信任会受初始信任的影响，并且这种影响是正向的（Mayer 等，1995；Zahedi 和 Song，2008）。

H1a：初始信任对破损信任有着积极的影响。

根据 Tomlinson 和 Mayer（2009）的研究，只有当用户已经对云存储服务提供商产生了某种程度的信任（初始信任），然后由于对信任破损事件结果的归因感知到不可靠因素时，信任才会下降。能力型信任破损事件发生后，积极的能力展示将弱化信任破损被作为能力不足的一个可靠指标（Giliespie 和 Dietz，2009）。由于诚信型破损比能力型破损的不可靠程度更强，因此我们认为，当信任破损的类型为诚信型破损时，初始信任对破损信任的积极影响会减弱。

H1b：当信任破损类型是诚信型破损时，初始信任对破损信任的积极影响会更弱。

感知敏感性是指个人所感知到的恶意事件会影响到自己的概率（Liang 和 Xue，2009）。每个人对信息的感知敏感程度都是不同的（Bergström，2015；Phelps 等，2000；Sheehan 和 Hoy，2006）。Bansal 等（2010）的研究表明，那些时刻关注医疗数据的人对健康信息更敏感，并对健康信息的关注也更高，同理，那些时刻关注个人隐私的用户对信任破损事件更为敏感。用户的感知敏感度越高，感知到的问题越严重（Hills，2006），因此，当信任破损事件发生后，高感知敏感性用户对云存储服务提供商的信任会降得更多。

H2a：感知敏感性对破损信任有消极的影响。

信任破损事件发生后，用户对信任破损事件发生原因的可控性、稳定性、责任归属的感知能够影响破损信任的程度（徐彪，2013）。能力型破损是用户在技术或人际能力方面，对云存储服务提供商不能满足其期望的感知；诚信型破损是用户对云存储服务提供商不能满足自己预期的可信性方面的感知（林红焱和周星，2012）。Schoorman 等（2007）的研究发现，当发生信任破损事件时，信任下降主要是由于三个归因维度：因果的来源、可控性和稳定性。由于诚信型破损的可控性和稳定性都要高于能力型破损，所以，用户对诚信型破损事件更敏感。综上所述，当信任破损类型是诚信型破损时，感知敏感性对破损信任的消极影响会更强。

H2b：当信任破损类型是诚信型破损时，感知敏感性对破损信任的消极影响会更强。

感知严重性是指个人感知到的恶意事件所造成的负面影响的严重程度（Liang 和 Xue，2009）。感知严重性存在个人差异，针对同样的信任破损事件，每个人感知的事件的严重性是不同的（Weiner，1985）。那些感知事件越严重的人，越会丧失信任。因此，用户的感知严重性越高，对云存储服务提供商的破损信任就会越低。Goles 等（2009）的研究也认为感知严重性会导致信任的下降。

H3a：感知严重性对破损信任有消极的影响。

根据归因理论，当云存储服务提供商由于可控因素未能控制而导致信任破损事件发生时，用户会感知到云存储服务提供商的做法严重损害了自己的信任（Kim 等，2006）。由于诚信型破损比能力型破损的可控因素更强（Colquitt 等，2013），因此，当发生诚信型破损时，感知严重性对破损信任的消极影响会变强。对于能力型破损来说，由于能力型破损事件是因外界的不可控的未知因素导致的，所以，能力型破损事件对于用户来说的归因程度更低（Tomlinson 和 Mayer，2009），用户的感知严重性更低，因此，当信任破损类型是能力型破损时，感知严重性对破损信任的消极影响会更弱。

H3b：当信任破损类型是诚信型破损时，感知严重性对破损信任的消极影响会更强。

Tomlinson（2012）的研究表明破损信任对后续的信任行为有着积极的影响。Tomlinson 等（2004）观察，信任建立在先前的信任关系之上，信任方（用户）在这种信任关系下评估被信任方（云存储服务提供商）的行为。Tomlinson 等（2004）还认为，当信任破损事件发生时，若信任方与被信任方有良好的历史关系，信任的偏离会被认为是常理之外的事情。根据以往文献的研究，我们认为破损信任对修复信任有积极的影响。

H4a：破损信任对修复信任有积极的影响。

破损信任是在信任破损事件发生之后用户对云存储服务提供商的信任程度，代表了信任破损行为发生之后双方的信任关系的强度。Tomlinson 等（2004）的研究表明，在信任破损事件更为严重时，双方的信任关系在信任方的和解意愿中发挥了更大的作用。根据假设 1 可知，诚信型破损事件比能力型破损事件的侵权行为严重，因此，我们认为当信任破损类型是诚信型破损时，破损信任对修复信任的积极影响会更强。当侵权行为更加严重时，用户会更加依赖历史的信任关系（即破损信任），破损信任越高，用户与云存储服务提供商的信任关系越牢固，这有助于云存储服务提供商的信任修复。

H4b：当信任破损类型是诚信型破损时，破损信任对修复信任的积极影响会更强。

信任一旦破损，云存储服务提供商面临的问题就是如何重建用户信任。大量的研究结果表明，破损信任能够被修复（Schweitzer，2006；Tomlinson 和 Mayer，2009；Kim 等，2009）。根据 Kim 等（2004）的研究，当用户对云存储服务提供商的信任水平从破损信任的最低点有所回升时，即表明破损信任得到了修复。Dunn 和 Schweitzer（2005）研究发现，积极情绪可以提高信任方对被信任方可信度的积极评价，反之，消极情绪则会降低其对被信任方的积极评价。信任破损事件发生后，云存储服务提供商的言语型或实质型修复策略都是为了调节云存储用户的情绪，尽量减少消极情绪、增加积极情绪，因此，我们认为云存储服务提供商的修复程度对修复信任有积极的影响。

H5a：云存储服务提供商的修复程度对修复信任有积极的影响。

云存储服务提供商的修复程度对修复信任的影响也会因信任破损类型的不同而有所差异（Tomlinson，2012）。根据归因理论，相比于能力型信任破损，诚信型信任破损事件是发生于云存储服务提供商内部的、可以控制的。对于诚信型破损事件，用户产生的消极情绪会更多（Tomlinson 和 Mayer，2009；Haden 和 Hojjat，2006），并且会将结果归因于云存储服务提供商自身，想让云存储服务提供商为自己的行为承担责任。因此，在诚信型信任破损类型下，任何补救措施都没有能力型破损有效。

H5b：当信任破损类型是诚信型破损时，云存储服务提供商的修复程度对修复信任的积极影响会更弱。

第二节　实验设计与实施

一、实验设计

鉴于研究目的和内容的需要，加之实验方法已被证明是信任研究的有效方法，本书以实验法为主要研究方法，主要研究信任破损后云存储服务提供商的修复策略及在不同的信任破损类型情况下云存储用户信任修复的效果。

通过模拟在现实背景下，云存储服务提供商的两种信任破损类型，设计实验场景。实验采用基于情境的对照实验法。在实验中，为探究实验因子的影响，要控制其他无关因素，并允许研究人员隔离在其他环境中难以操作的特定变量的影响。时间是影响和解进程的一个重要变量，为此，在云存储用户信任破损之后，我们通过一次性连续收集数据的方法来规避时间的影响。根据不同的信任破损类型与修复策略，实验将设计成双因子实验，共6种（2×3)种实验情境，如表9-1所示。

表9-1　基于数据泄露类型与修复策略的双因子实验设计

实验因子1	实验因子2	实验设计分析概述
能力型破损（如黑客攻击）	言语型	在黑客攻击下，云存储提供商采取言语型修复策略
	实质型	在黑客攻击下，云存储提供商采取实质型修复策略
诚信型破损（如未经授权使用）	言语型	在未经授权使用下，云存储提供商采取言语型修复策略
	实质型	在未经授权使用下，云存储提供商采取实质型修复策略

实验分为三个阶段：第一个阶段根据参与者对云存储提供商的了解程度，测量其初始信任；第二个阶段向参与者展示黑客攻击与未经授权使用两种数据的泄露场景，测量被试者破损的信任（信任破损事件实验场景如表9-2所示)；第三个阶段向参与者展示云存储提供商的回应措施，测量其修复后的信任（云存储提供商修复策略实验场景如表9-3所示)。

表9-2　信任破损事件实验场景

信任破损类型	实验场景设计
能力型破损	上周日，有用户发现，一些主流媒体爆出，有黑客上传了恶意版本的浏览器扩展程序到Cloud后台系统，用来窃取用户的云存储信息。爆料称，此次受影响的用户大概超过三千万个，黑客在窃取信息后，将这些信息提供给其他互联网服务商
诚信型破损	上周日，JD新闻接到爆料称，云存储提供商Cloud在未经用户许可下，擅自向一家数据挖掘公司分享了可能超过三千万个用户的云存储信息，但该信息用途尚未可知

表 9-3 云存储提供商修复策略实验场景

信任修复策略	实验场景设计
言语型修复策略	该爆料发布后，云存储提供商 Cloud 针对上述事件发布了道歉声明。该提供商的首席执行官称：我们没有保护好用户数据，给一些用户带来了不愉快的使用体验，对此，我们深表歉意。在这里，我们要对每一名受到影响的用户诚挚地说一声"对不起"，希望能得到用户的谅解
实质型修复策略	爆料发布后，云存储提供商 Cloud 针对上述事件发布了补偿声明，同意向其中受影响的三千多万名用户支付约 1202.8 千万元的经济补偿，平均约 388 元/人，以此来补偿这些用户的损失

实验数据主要来自于大学生，共有 215 名参与者完成了这项研究。在剔除因参与而未通过陷阱题测试及未用过云存储软件的学生后，分析中包括了 190 名学生。样本统计量如下表 9-4 所示。

表 9-4 样本统计量

破损类型	修复策略	合计/个	年龄		
			分布	均值	标准差
能力型破损	言语型（道歉）	45	18～50 岁	24.35	6.006
	实质型（经济补偿）	47	18～40 岁	23.54	4.5028
诚信型破损	言语型（道歉）	50	18～40 岁	23.03	4.2549
	实质型（经济补偿）	48	18～50 岁	23.45	5.3462
共计	—	190	18～50 岁	23.59	5.0764

二、实验实施

我们随机选取了 215 名大学生作为被试者参与了此次实验。实验分为三个阶段：第一个阶段根据参与者对云存储服务提供商的了解程度，测量其初始信任；第二个阶段向参与者展示黑客攻击与未经授权使用两种信任的破损场景，测量被试者破损的信任（信任破损事件实验场景如表 9-2 所示）；第三个阶段向参与者展示云存储服务提供商的回应措施，测量其修复后的信任（云存储服务提供商修复策略实验场景如表 9-3 所示）。

潜变量通过借鉴整理已有的成熟量表进行测量，具体量表设计详见表 9-5。

表 9-5　变量测量量表设计

变量	编码	题项	来源
信任（TR）	TR1	我认为云存储提供商是安全的	Wu（2011）；Martin（2018）；Bansal 等（2015）；Chang 等（2018）
	TR2	一般来说，我信任云存储提供商	
	TR3	我相信云存储提供商是可靠的	
	TR4	总的来说，我的云存储提供商是值得信赖的	
	TR5	即使没有受到监督，我也相信我的云存储提供商会做好云存储服务工作	
感知严重性（SER）	SER1	我认为云存储数据泄露是一个很严重的情况	Camacho 等（2017）；Chou 和 Chou（2016）
	SER2	如果我遭遇了云存储数据泄露，这将会对我的生活产生重大影响	
	SER3	如果我遭遇了云存储数据泄露，这将会严重影响他人对我的看法	
	SER4	在使用云存储的时候，我很担心我的个人数据泄露了	
	SER5	如果我存储在云端上的数据被泄漏了，这会让我很困扰	
感知敏感性（SEN）	SEN1	当我不确定云存储产品是否可靠时，我宁愿不使用云存储产品	Torrubia 等（2006）
	SEN2	对于新兴的、不了解的云存储产品，我会表示担忧	
	SEN3	对于不曾使用过的云存储产品，我很难选择去使用	
	SEN4	在使用云存储产品时，我经常会有数据泄露的担忧	
声誉（RE）	RE1	众所周知，我的云存储提供商是可靠的	Burda 和 Teuteberg（2014）；Pavlou（2003）；Bansal 和 Zahedi（2015）
	RE2	我的云存储提供商在市场上享有良好的声誉	
	RE3	我的云存储提供商以可靠性著称	
	RE4	我的云存储提供商在市场上评级很高	
使用经验（EX）	EX1	我有过使用云存储产品存储数据的经验	Qing 等（2017）；Liu 等（2015）；Chang（2018）
	EX2	大多数时候，我会将数据存储在云存储产品上	
	EX3	我曾用过类似云存储产品的软件存储过数据	
熟悉度（FM）	FM1	我熟悉在云端存储数据	Burda 和 Teuteberg（2014）；Gefen（2000）；Bansal 和 Zahedi（2015）
	FM2	我熟悉云存储	
	FM3	我熟悉在云存储上管理我的个人数据	
	FM4	我认为我对云存储的熟悉程度很高	

续表

变量	编码	题项	来源
满意度（SA）	SA1	总体而言，我对云存储提供商过去与当前的使用情况感到满意	Burda 和 Teuteberg（2014）；Pavlou（2003）
	SA2	我对云存储提供商的整体体验感到满意	
	SA3	总的来说，我对我的云存储提供商感到满意	
	SA4	我对过去从云存储提供商那里得到的产品和服务感到满意	

第三节　数据结果与分析

本书通过使用 SPSS 21.0、AMOS 21.0 对实验收集的数据进行分析。估计结果如图 9-2 所示。在图 9-2 中，能力型破损的估计标准化系数值显示为 H，而诚信型破损的系数值显示为 S。

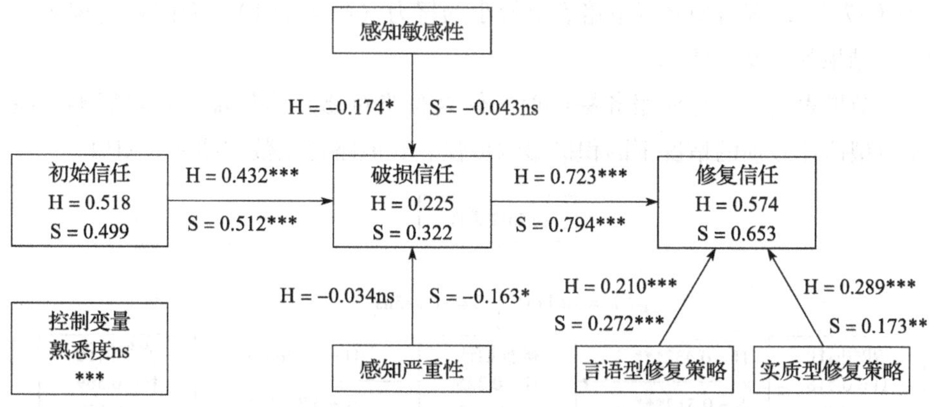

图 9-2　不同信任修复策略下的信任破损和修复模型效果估计

实验模型估计结果与假设 1 所提出的内容一致，在不同类型的信任破损下，初始信任对破损信任的积极影响是显著的。由于诚信型破损路径系数值要高于能力型破损，因此，在诚信型破损类型下，初始信任对破损信任的积极影响会更弱。

同理，根据假设 4，破损信任对修复信任亦有着积极的影响，当信任破损类型是诚信型破损时，破损信任对修复信任的积极影响会更强。云存储服务提供商的修复措施会对修复信任有着积极的影响，与假设 5a 所提出的假设内容一致。对于能力型信任破损而言，实质型修复策略的积极影响要高于言语型修复策略；对于诚信型信任破损而言，言语型修复策略要好于实质型修复策略。

实验结果与假设 2、假设 3 提出的假设内容存在不一致的现象，下文进行具体的分析。

对于诚信型破损，感知敏感性对破损信任的影响并不显著。在能力型破损的情况下，感知敏感性对破损信任有着消极的影响，这表明对云存储提供商来说，高感知敏感性的人的信任更加难以修复。

若信任破损类型为能力型破损，感知严重性对破损信任影响较小，若信任破损类型为诚信型破损，感知严重性对破损信任有消极的影响。根据假设 3b，在诚信型破损的情况下，感知严重性对破损信任的消极影响会远远强于能力型破损。

云存储服务提供商的修复策略可以被概念化为云存储服务提供商的努力程度，即修复策略可以被编码为有序变量。实质性修复策略表示更大的努力（编码为 2），言语型修复策略表示较小的努力（编码为 1），无回复（编码为 0），结果如图 9-3 所示。

结果表明，云存储服务提供商的修复策略对修复信任都有积极影响，在能力型信任破损的情况下的积极影响更强。其他路径系数与图 9-2 相似。

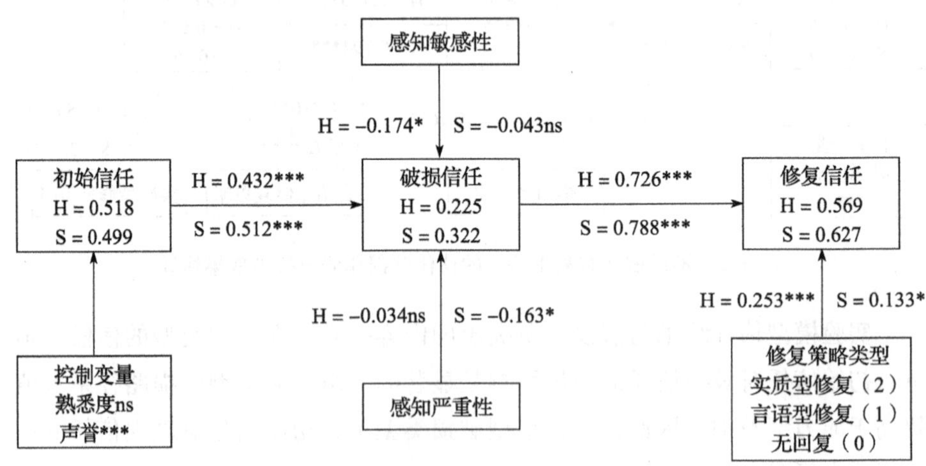

图 9-3 基于信任修复策略的信任破损和修复模型效果估计

为了更深入地了解破损信任和修复过程中信任演变的本质，我们通过可视化研究了信任变化的对比图，如图 9-4 所示。

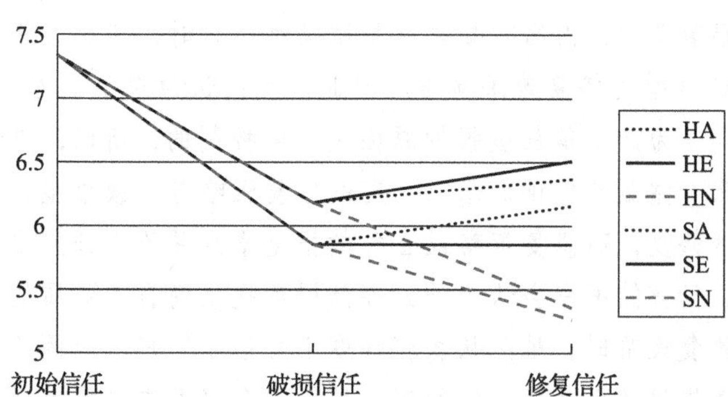

图 9-4　信任破损与不同信任修复策略下的信任演变

图 9-4 展示出了信任在三个阶段（初始信任、破损信任、修复信任）的平均值。通过可视化信任演变对比图可以看出，诚信型信任破损对信任的影响要远远大于能力型破损。无论是能力型破损还是诚信型破损，云存储提供商的实质型修复策略与言语型修复策略对信任均有修复作用。若云存储提供商采取无回复措施，会导致信任的进一步下降。

在能力型信任破损的情况下，实质型修复策略的修复效果要好于言语型修复策略。而在诚信型信任破损的情况下，云存储提供商的实质型修复策略就没有多大的修复效果，言语型修复策略却能够很好地修复破损信任，这是由于云存储用户将信任破损结果归因于云存储服务提供商自身，想让云存储提供商对信任破损行为给出一个诚恳的态度来反省自身的不正当行为。

通过图 9-4 也可以观察到两个有意义的结论：一是当信任破损类型为诚信型破损时，云存储用户想让云存储服务提供商为自己的行为承担责任，因此，任何补救措施都没有能力型破损有效；二是对初始信任、破损信任及修复信任的信任比较显示，没有一个修复策略能够完全将信任修复到初始的水平，即信任破损事件破坏的信任永远无法完全恢复。

本章小结

本章通过实验法来探析不同信任修复策略对不同破损信任类型的信任修复作用。通过实验结果，验证了言语型修复策略及实质型修复策略对信任的修复作用。通过比较来看，当信任破损类型是诚信型破损时，信任修复策略的修复效果均不如能力型破损下的修复效果。

此外，我们发现，当破损类型是能力型破损时，两种修复策略之间的修复效果均无显著差异，而当破损类型是诚信型破损时，实质型修复策略的修复效果不如言语型的修复效果显著。对此，我们认为对于能力型破损而言，云存储用户会认为产生信任破损的原因是不受控制的，所以，当信任破损发生时，如果云存储服务提供商采取一定的修复策略与补救措施，信任就能得到一定程度的修复，而修复策略或者补救措施本身并不十分重要。对于诚信型破损而言，云存储用户会认为是云存储服务提供商自身品质的问题，当其采取实质型修复策略时，虽然从客观程度上补偿了用户一定的损失，但由于是云存储服务提供商主观意念的问题，虽然云存储用户更希望得到云存储服务提供商态度上的保证，如道歉。但其言语型修复策略的修复能力也同样被削弱。

在当前的信息数据时代，无论是个人还是企业，无论是能力问题还是诚信问题，发生信任破损总是难免的。尽管有研究证明，实质型修复策略及言语型修复策略能够有效地修复破损信任。但对于信任违背者——云存储服务提供商而言，其付出的代价还是较大的。根据研究结果，我们可以看出，云存储用户十分看重云存储服务提供商的数据保护能力，但更加注重云存储服务提供商的品质问题。因此，云存储服务提供商必须要严守自身的管理制度，避免发生内部数据泄露问题。此外，在处理信任危机问题时，不同的信任破损情境下不同的修复策略带来的修复效果也有所差异。本章从实践角度为云存储服务提供商提供了一定的策略指导，为实现修复效果最大化提供了一定的操作思路。

第十章

研究结论与展望

本章对全书的研究内容和研究结论进行了总结，并归纳了本书得出的一些管理启示；最后提出了研究的几点不足之处，并提出了未来可以扩展的研究方向。

第一节　研究工作与结论

对于云生态系统来说，深入理解云服务行业的演进机理和各渠道角色间的绩效关系将进一步提升 IT 系统效能，发挥云服务在信息技术产业中的引领和支撑作用，为经济社会持续、健康的发展注入新的动力；对于云服务供应链来说，成员之间需要通过合理、有效的契约设计，提出满足客户个性化需求的高质量产品与服务，并通过一系列有效的技术创新和风险转移手段，寻求与供应链链上及链下成员间的合作；对于用户来说，揭示用户的感知威胁、应对策略及信任破损与修复的发生规律、内在机理，有助于云服务提供商从用户心理安全感知层面设计更精准化的服务，进而实现云服务产业的健康、可持续发展。基于以上分析，本书以云服务企业创新发展为立足点，从宏观、中观、微观三个层面考虑云服务企业的共生演进、合作创新与风险应对问题，本书的研究工作及研究结论总结如下。

（1）云计算服务业演进机理研究。本章运用系统动力学的方法，通过因果关系图和流图等工具对云计算服务业的演进进行了仿真模拟分析，得到了以下结论。

①云计算服务业演进动因包括 Web 技术、虚拟化技术、安全性技术、SOA、数据存储等技术的不断创新，企业运用 IT 产品时日益增长的效益性需求、简单性需求、可扩展性需求、创新性需求，资本市场上投资者对云计算服务的青睐，高水平劳动力资源向云计算的聚集，政府产业政策的引导，政府采购对云计算服务业的拉动，科技中介机构对技术标准、行业规范等的制定。

②云计算服务业的发展趋势与互联网的发展相类似，现在处于快速发展阶段，互联网的普及程度是影响其采纳率的一个主要原因。

③仿真结果证实政府、金融机构的支持是云计算服务业能够起飞的重要保证。在云计算服务业的萌芽阶段，政府利用引导效应通过产业联盟、行业协会的建立促进了技术标准和制度的制订，并聚集了大量的人才。另外，直接通过政府采购促进了云计算服务质量的提高。金融机构则为其提供了发展资金，使其能够进行基础设施的建设和新技术的研发。政府的支持力度要保持在合理的范围内，过度支持对云计算服务业演进的效用不大，可能会造成资源的浪费。

④云计算服务业作为一种新兴的服务业，同样具有技术含量高、人力资本含量高、成长性高的特点，技术创新是其发展的关键内部因素。服务提供商的技术水平在很大程度上决定了云计算服务的可靠性、安全性、适用性，因此，服务提供商要加大 R&D 经费和人员的投入，积极参与产学研合作，充分利用高校、科研机构的研究成果，实现技术和商业模式的创新，以提供更多样的云计算服务来满足用户日益增长的效益性需求、简单性需求、创新性需求和可扩展性需求。在技术水平发展到一定程度时，服务提供商要关注云基础设施的完善，避免由于基础设施的限制而降低用户感受到的服务质量。云计算服务在其他行业的应用中面临着知识产权、安全性、技术标准的制订等问题，解决这些问题的滞后性将严重影响云计算服务质量的提高。

（2）云生态系统渠道角色共生关系研究。本章利用共生理论中 Lotka - Volterra 模型对云生态系统中的各渠道角色之间的关系进行了理论分析与检验，得出如下结论。

①阿里云与 AWS 在全球云市场的竞争环境下存在共生关系，AWS 作为全球领先的云计算企业，其先进的理念和技术，以及对市场的开发创新程度值得其他云计算公司学习和借鉴。阿里云作为中国的本土产业，其有先天的地理优势和对国情文化的切合，二者之间是一种相互促进的状态，即“强强”

角色的存在能促进整个行业的发展。

②在以阿里云为核心的云生态子系统中，用友云与阿里云之间是互惠共生的关系，但双方关系并不对等，阿里云对用友云的贡献和帮助更大。可见，云服务运营商与云应用开发商之间存在着很密切的联系，云服务运营商为云应用开发商提供平台，借此来达到聚拢客户、扩大市场的目的。不同渠道角色之间存在一个稳定的联系，共同发展、瓜分云市场。

③云生态系统中现存的各种关系并不是绝对的、一成不变的，而是随着时间的发展，将发生动态改变。例如，现阶段阿里云与 AWS 之间的关系并不是普遍所认为的纯粹此消彼长的竞争关系，而是合作共赢，共同发展。对于云生态系统本身来说，它并没有达到稳定、饱和的状态，而是处于发展、扩充、完善阶段，正如提出搭建云生态系统的云计算高层人员所说的，单个公司的能力、服务、资源是有限的，而整体是无穷的，合作与创新才是未来发展的主流。云生态战略的提出与发展能够催化企业创新，更加有效、合理地利用资源，发展壮大云市场。

（3）基于竞合博弈的云服务供应链合作与技术创新决策研究。本章构建了包含一个云应用开发商和两个云服务运营商的云服务供应链，利用竞合博弈框架研究了基本服务单元的供应决策及下游云服务运营商的技术创新决策问题。

首先，把基本服务单元供给问题抽象为一个成分贴标签博弈模型，并分析了云应用开发商在不同信心指数下的策略；然后，根据信心指数的不易测量性，利用竞合博弈的分析框架，在合作博弈阶段采用 Shapley Value 分配利润，给出了云应用开发商的决策依据；最后，考虑下游云服务运营商能够进行技术创新，在合作博弈阶段采用 Shapley Value 分配利润时各方的决策情况，并通过数值算例对模型进行了分析，验证了模型的有效性。

本书的研究结果表明，在不考虑下游技术创新时，云应用开发商不论是极度乐观还是极度悲观，都会选择与知名的云服务运营商进行合作；且只有在“贴专利标签”成本较低时，才会选择“贴标签”；而在考虑下游技术创新时，云服务运营商都会选择投入创新研发以获取更高的利润分配额，且在云应用开发商选择与其合作时投入更多。

（4）基于动态定价及技术创新的云服务供应链成员决策研究。本章在动态框架下研究云服务产品定价及技术创新决策，分别探讨了在两种研发管理模式下云服务供应链成员的决策行为。研究结果表明：技术先进度敏感系数的增加会引起技术创新投入、云产品价格及供应链各成员利润的增加；创新成本分担比例的增加会导致供应链的整体利润减少，而收益共享比例的增加会增加供应链的整体利润，因此，对于整个供应链来说，选择低创新成本分担比例或高收益共享比例更加有利；考虑到供应链利润最大化，可以使用一次性转让合同来协调云服务供应链成员的行为。

研究结论也有一些重要的管理启示：①在云服务技术日新月异的时代背景下，对云产品进行技术创新已是大势所趋。客户的技术先进度敏感系数越强时，云应用开发商将投入更多研发成本以开发高新技术产品，并通过云服务运营商以高价销售给最终客户。②在多种管理模式存在的情况下，考虑成员双方的利润最大化，供应链成员常常有不同的行为决策，此时，就需要协调供应链内部成员的决策行为，以保障整体协调。③由于云产品技术先进度受时间因素的影响，云厂商在动态框架下研究更能贴近现实的决策行为。本章未考虑多个云应用开发商同时供应多个云服务运营商的情况，且未考虑参考技术先进度对客户需求的影响，在后续的研究中可以在这几点上进行深入的分析和探讨。

（5）基于保险机制的云服务供应链风险转移研究。本章通过构建模型，对比分析三种情境：不投保、投保营业中断保险和投保产品责任保险三种情境下的云服务运营商和客户的最优决策，力求为云服务运营商提供一定的管理启示和策略建议。研究结果如下。

情境一：在不投保情境下，云服务运营商与客户签订基于中断损失的补偿契约，补偿比例作为契约中的重要参数，对双方的决策变量和目标函数值有着显著的影响。当惩罚风险系数相当小时，随着补偿比例的增加，云服务运营商和客户的决策变量均变大，云服务运营商的期望收益减少，而客户的期望效用变大。此时，为了增加服务销量，同时也为了吸引客户建立长期友好合作关系，云服务运营商可以考虑适当提高损失补偿比例，从长远利益角度出让一部分收益；当惩罚风险系数介于云服务运营商期望收益相关阈值和客户期望效用相关阈值之间时，随着损失补偿比例的增加，云服务运营商和客户的决策变量均变大，客户的期望效用增加，云服务运营商的期望收益不定，可能增大，也可能先增后减。此时，云服务运营商可以适当提高损失补偿比例，达到双方共赢的局面；当惩罚风险系数介于客户期望效用相关阈值和决策变量相关阈值之间时，随着损失补偿比例的增加，云服务运营商和客户的决策变量均变大，云服务运营商的收益增大，而客户的期望效用减少。

此时，云服务运营商需谨慎变动损失补偿比例，以免降低客户期望效用，进而影响长期合作关系；当惩罚风险系数大于决策变量相关阈值时，随着损失补偿比例的增加，云服务运营商和客户的决策变量均变小，云服务运营商的收益增大，而客户的期望效用减少。此时，云服务运营商需谨慎变动损失补偿比例，以免既降低客户期望效用又降低销售量，建议参考行业标准。

情境二：如果选择投保营业中断保险，云服务运营商可通过调节损失补偿比例或客户安全效用感知系数等手段获得更高的收益增加量。在投保营业中断保险的情境下，云服务运营商是唯一的受益方，客户的租用量和期望效用都不变。当惩罚风险系数较低时，云服务运营商可适当提高补偿比例，因为补偿比例设定得越高，因投保而获得的期望收益的增加量越高；当惩罚风险系数较高时，存在一个使期望收益增加量达到最大值的补偿比例值，云服务运营商在与客户谈判时，应尽可能地将补偿比例值商定得与此值接近，以获得最大的收益增加量；当惩罚风险系数较低时，客户的安全效用感知系数越大，云服务运营商因投保而获得的收益增加量越高。因此，云服务运营商可以通过及时发布、更新网络安全防护软件和病毒库的相关信息，或在其门户网站进行成功案例分享等手段，提高客户的安全效用感知系数，进而获得更高的收益增加量。

最后，是否投保，如果投保应选择哪种投保方案，与云服务中断发生的总风险密切相关，云服务运营商应综合考虑成本和收益。当云服务中断总风险非常低时，云服务运营商无论投保营业中断保险还是产品责任保险，其期望收益均小于不投保情境。当云服务中断总风险达到投保营业中断保险下的期望收益高于不投保情境时，云服务运营商会选择投保营业中断保险。此时同样不建议云服务运营商为获得客户当期信任而投保产品责任保险，因为产品责任保险的投保标的变大，对于相同的赔付率，云服务运营商需缴纳更多的保险费，这就造成云服务运营商的成本增加；当云服务中断总风险比较大时，投保产品责任保险的优势凸显，此时云服务运营商会毫不犹豫选择投保产品责任保险，在获得较高期望收益的同时，还可以提高客户的租用量和期望效用，实现双赢；当云服务中断总风险很大时，虽然投保产品责任保险会使云服务运营商获得较高期望收益，但此时客户的租用量和期望效用均下降。

（6）个人云存储用户的感知威胁及应对策略研究。本章从乐观偏差、使用经验、官方认证三个维度分析了其对感知威胁的不同影响，并验证了乐观偏差对感知威胁到应对策略的调节作用。具体研究结果如下。

首先，使用经验、乐观偏差作为内部因素会显著地削弱用户的感知威胁，且乐观偏差影响更大。但官方认证作为一种外部因素并没有发挥明显作用。其次，感知威胁对云存储用户的应对策略具有显著性影响，这与应对理论中的要素关系保持一致。感知威胁对两种应对策略的影响程度不同，相比问题应对，感知威胁对情绪应对的影响更强烈。最后，乐观偏差对两种应对策略存在不同程度的调节作用，能够显著地负向调节感知威胁对问题应对的影响，但却不会影响感知威胁与情绪应对的关系。

本书进一步拓展并丰富了应对理论及乐观偏差理论在个人云存储用户信息安全心理学方面的研究成果，具体体现在以下三个方面：①对探索用户感知威胁的前置削弱因子有重要贡献。②补充并扩展了云存储情境下应对理论的应用。③探明了乐观偏差对感知威胁与应对策略关系的调节作用。

管理启示1：需要认识到削弱感知威胁的因子影响是不同的。从缓解威胁的效用来看，使用经验和乐观偏差发挥着更为重要的作用。而第三方权威机构提供的官方认证，目前来看不是最有用的，还需等待用户的进一步成熟及中国云服务市场认证的再发展。对于云服务提供商来说，一方面可以通过免费试用等推广手段引导用户使用云存储服务，以积累和发展更为丰富的使用经验，克服用户非理性感知威胁；另一方面，还需要合理引导用户树立适度的数据风险信息安全意识，避免乐观偏差带来的感知威胁偏差。此外，对于政府而言，虽然对云计算企业进行了一系列的监管，但这些监管认证并没能有效发挥作用。因此，深入宣传推广可信的云服务认证，加强和提高认证工作的质量和有效性还需要进一步落实。

管理启示2：根据乐观偏差的高低引导用户采取合理的应对策略。由于乐观偏差的负向调节效应，使人们倾向于低估自己的感知威胁，认为不幸只会降临到他人身上，所以，不需要采用必要的应对行为。因此，对云服务提供商而言，应当与用户建立起有效的沟通渠道，指导其采取积极、有效的预防措施，降低乐观偏差的不利影响。

（7）个人云存储用户的信任破损与修复研究。本章通过实验法来探析不同信任修复策略对于不同破损信任类型的信任修复作用。通过实验结果，验证了言语型修复策略及实质型修复策略对信任的修复作用。通过比较来看，当信任破损类型是诚信型破损时，信任修复策略的修复效果均不如能力型破损下的修复效果。

此外，研究发现，当破损类型是能力型破损时，两种修复策略之间的修复效果均无显著差异，而当破损类型是诚信型破损时，实质型修复策略的修复效果不如言语型的修复效果显著。对此，我们认为对于能力型破损而言，云存储用户会认为产生信任破损的原因是不受控制的，所以，当信任破损发生时，如果云存储服务提供商采取一定的修复策略与补救措施，信任就能得到一定程度的修复，而修复策略或者补救措施本身并不十分重要。对于诚信型破损而言，云存储用户会认为是云存储服务提供商自身品质的问题，当其采取实质型修复策略时，虽然从客观程度上补偿了用户一定的损失，但由于是云存储服务提供商主观意念的问题，虽然云存储用户更希望得到云存储服务提供商态度上的保证，如道歉。但其言语型修复策略的修复能力也同样被削弱。

在当前的信息数据时代，无论是个人还是企业，无论是能力问题还是诚信问题，发生信任破损总是难免的。尽管有研究证明，实质型修复策略及言语型修复策略能够有效地修复破损信任。但对于信任违背者——云存储服务提供商而言，其付出的代价还是较大的。根据研究结果可以看出，云存储用户十分看重云存储服务提供商的数据保护能力，但更加注重云存储服务提供商的品质问题。因此，云存储服务提供商必须要严格遵守自身的管理制度，避免发生内部数据泄露问题。此外，在处理信任危机问题时，不同的信任破损情境下不同的修复策略带来的修复效果也有所差异。本书从实践角度为云存储服务提供商提供了一定的策略指导，为实现修复效果最大化提供了一定的操作思路。

第二节　未来研究与展望

本书对云服务企业的共生演进、合作创新与风险应对进行了系统研究，取得了一些创新性研究成果，达到了本书预期的研究目标，在理论和实践方面均有一定的研究价值。但是由于各种条件的限制，本书还存在一些不足，需要进一步深入研究。

（1）多云应用开发商和多云服务运营商的合作创新和风险应对问题。

在实践中，一个企业可能处在多条供应链上，云服务系统也是一个复杂的网络结构，同样有终端供应商、供应商、集成商、客户等不同主体的参与，且这些主体的角色也在动态变化之中。因此，多云应用开发商、多云服务集成提供商合作创新和风险应对问题的相关研究极具现实意义。此外，云应用开发商之间、云服务运营商之间的竞争及不同的竞争模式如何影响合作创新策略、风险共担模式也是亟待解决的问题。

（2）云服务风险治理研究。

安全风险问题已经成为阻碍云计算普及和推广的主要因素之一，这不仅是信息安全问题，对个人、企业乃至全社会都将是巨大的风险。从治理角度探讨云服务供应链成员的原则、规则和行为方式，不仅可以帮助企业理解责任边界，共同承担风险责任，还可以为企业提供有效的信息安全对策，进而有助于创建一个安全、问责和可靠的云环境。此外，云提供商能否通过订立契约来消除企业客户对隐私安全和标准化问题的担扰，将直接影响客户的采纳意愿和云计算的发展。因此，云服务风险治理问题具有很强的时间紧迫性和重要实践意义，未来研究也可以考虑将政府角色加入到模型中。

（3）探索数学建模与实证研究的有机结合。

本书通过模型的方法对云服务参与各方的决策进行了刻画，得出了一些研究结论，并利用数值仿真进行了模型分析。如何进一步利用模型结合实际数据分析用户行为，借助实证方法来检验模型构建的合理性，提高云服务提供商的决策效率是下一步亟待深入研究的问题。

此外，由于研究者时间、精力、物力的局限，本书中调查样本的结构和数量、调查方法仍有待于做进一步的完善。在未来的研究中需要更加合理、科学地选择调查样本，扩大样本量，使样本更具有代表性，从而使研究结果更为客观、准确地反映用户的行为规律。

本章小结

本章对全书的研究内容和研究结论进行了总结，并归纳了本书得出的一些管理启示。最后指出了本书的不足之处，并提出了未来可以在多云应用开发商和多云服务运营商的合作创新和风险应对问题、云服务风险治理研究和探索数学建模与实证研究的有机结合三个方向进一步拓展研究。

参考文献

[1] 蔡永顺，雷葆华．云计算标准化现状概览［J］．电信网技术，2012（2）：22-26.

[2] 曹晓明，邓少灵．系统动力学视角下的云计算产业链发展研究［J］．科技和产业，2012，12（9）：32-36.

[3] 曹勇，赵莉．专利获取、专利保护、专利商业化与技术创新绩效的作用机制研究［J］．科研管理，2013，34（8）：42-52.

[4] 曹越，毕新华．云存储服务用户采纳影响因素实证研究［J］．情报科学，2014，32（9）：137-146.

[5] 陈银法，叶金国．产业系统演化与主导产业的产生发展——基于自组织理论的阐释［J］．河北经贸大学学报，2003，24（2）：46-50.

[6] 程风刚．基于云计算的数据安全风险及防范策略［J］．图书馆学研究，2014（02）：15-17.

[7] 程慧平．基于解释结构模型的个人云存储服务使用影响因素研究［J］．图书馆学研究，2017（17）：48-54.

[8] 程慧平，王建亚．面向个人用户的云存储服务质量测量量表探讨［J］．情报科学，2017，35（11）：66-71.

[9] 但斌，宋寒，张旭梅．服务外包中双边道德风险的关系契约机理机制［J］．系统工程理论与实践，2010，30（11）：1944-1953.

[10] 邓永翔，贾仁安．江西软件产业系统动力学模型构建及仿真分析［J］．工业技术经济，2007，26（1）：105-108.

[11] 邓仲华，李志芳，黎春兰．云服务质量的挑战及保障研究［J］．图书与情报，2012（4）：6-11.

[12] 范波，孟卫东，代建生．具有协同效应的合作研发利益分配模型［J］．系统工程学报，2015，30（1）：34-43.

[13] 冯登国，张敏，张妍，等．云计算安全研究［J］．软件学报，2011，22（1）：71-83.

[14] 范亚丽，甘怡群，郑威，等．乐观悲观与应对灵活性的关系［J］．中国临床心理学杂志，2010，18（6）：775-779.

[15] 冯锋，肖相泽，张雷勇．产学研合作共生现象分类与网络构建研究——基于质参量兼容的扩展 Logistic 模型［J］．科学学与科学技术管理，2013，34（2）：3-11.

[16] 高富平．云计算的法律问题及其对策［J］．法学杂志，2012，33（6）：7-11.

[17] 耿成轩，周晨，吴泽民．人工智能产业创新能力与融资生态耦合演进——基于系统动力学视角［J］．科技管理研究，2019，39（23）：114-122.

[18] 龚国华，田圣海．行业发展行为的系统动力学模型［J］．复旦学报：自然科学版，2001，40（2）：147-152.

[19] 郭彦丽．基于收益分配的 SaaS 服务供应链协调契约研究［D］．天津：南开大学，2011.

[20] 郭彦丽，严建援．IT 服务供应链协调［M］．北京：电子工业出版社，2012.

[21] 海然．云计算风险分析［J］．信息网络安全，2012，12（8）：94-96.

[22] 黄茂生，王新华，王俊鹏．产业系统的构成及其要素分析［J］．大众科技，2005，11（85）：252-253.

[23] 胡昌平，万莉．云环境下国家学术信息资源安全全面保障体系构建［J］．情报杂志，2017，36（05）：124-128.

[24] 胡水晶．云生态系统市场发展及监管探讨［J］．商业时代，2014（13）：63-64.

[25] 胡小菁，范并思．云计算给图书馆管理带来挑战［J］．大学图书馆学报，2009，27（4）：7-12.

[26] 艾铜青．云计算技术及安全［J］．电脑知识与技术，2011，6（17）：4608-4609.

[27] 姜力文，戢守峰，孙琦等．基于竞合博弈的 O2O 品牌制造商定价与订货联合策略［J］．系统工程理论与实践，2016，36（8）：1951-1961.

[28] 姜茸，马自飞，李彤，等．云计算安全风险因素挖掘及应对策略［J］．现代情报，2015，35（01）：85-90.

[29] 蒋建春，文伟平．“云”计算环境的信息安全问题［J］．信息网络安全，2009（6）：61-63.

[30] 蒋昭侠．产业结构问题研究［M］．北京：中国经济出版社，2005.

[31] 金志敏．基于云计算下的高校图书馆数据安全策略的探讨［J］．计算机安全，2011（6）：96-99.

[32] 李洪波，熊励，刘寅斌．基于系统动力学的信息管理研究：框架与综述［J］．情报科学，2017，35（02）：164-170.

[33] 李华强，周雪，万青，等．网络隐私泄露事件中用户应对策略的形成机制研究——基于 PADM 理论模型的扎根分析［J］．情报杂志，2018，37（7）：113-120.

[34] 李满意．聚焦云计算热议云安全——第四届中国云计算大会侧记［J］．保密科学技术，2012（7）：69-72.

[35] 李泉林，段灿，鄂成国，等．云资源提供商的合作博弈模型与收益分配研究［J］．运筹与管理，2014（4）：274-279.

[36] 李盛竹，马建龙．国家科技创新能力影响因素的系统动力学仿真——基于 2006—2014 年度中国相关数据的实证［J］．科技管理研究，2016，36（13）：8-15.

[37] 李新明，廖貅武，陈刚．基于ASP模式的应用服务供应链协调分析［J］．系统工程理论与实践，2011，31（8）：1489-1496.

[38] 李新明，廖貅武，刘洋．基于SaaS模式的服务供应链协调研究［J］．中国管理科学，2013，21（2）：98-106.

[39] 林红焱，周星．归因视角的消费者信任违背修复［J］．现代管理科学，2012（12）：95-97.

[40] 林建宗．ASP模式的外包关系研究［M］．厦门：厦门大学出版社，2009.

[41] 刘彬芳，刘越男，钟端洋．欧美电子政务云服务安全管理框架及其启示［J］．现代情报，2018，38（10）：32-37.

[42] 刘波．云计算的安全风险评估及其应对措施探讨［J］．移动通信，2011（9）：34-37.

[43] 刘和东，胡涛洋．制造商与云服务商合作创新的信任度研究——基于演化博弈视角下的分析［J］．科技管理研究，2018（6）：144-149.

[44] 刘猛．探析云计算中的信息安全［J］．电脑编程技巧与维护，2010（24）：133-134.

[45] 刘楷华，李雄．云计算的安全模型和策略分析［J］．电脑知识与技术，2011，7（8）：1750-1751.

[46] 龙跃．有限理性下竞争性联盟成员合作创新博弈分析［J］．软科学，2013，27（9）：84-89.

[47] 陆国庆．论产业演进的系统动力机理——兼论产业衰退的原因［J］．江汉论坛，2002（4）：15-18.

[48] 鲁馨蔓．基于云生态系统的渠道角色共生关系研究［J］．企业经济，2020（4）：119-128.

[49] 鲁馨蔓，李艳霞，王君，等．云服务供应链技术创新与动态定价的微分博弈分析［J］．运筹与管理，2020.

[50] 鲁馨蔓，李艳霞，张初兵．个人云存储用户的信息隐私感知威胁及应对策略的实证研究［J］．图书情报工作，2020，64（6）：10-19.

[51] 鲁馨蔓，王君，姚松，等．基于竞合博弈的云服务供应链合作与技术创新决策［J］．软科学，2018，32（11）：39-43.

[52] 鲁馨蔓，严建援，秦芬．我国云计算服务业演进机理的系统动力学建模与仿真［J］．系统工程，2017（1）：138-144.

[53] 卢加元．中小企业云服务选择风险与应对策略研究［J］．南京社会科学，2014（3）：57-61.

[54] 吕进．引领潮流打造云端的商业银行［J］．中国金融电脑，2014（09）：78-81.

[55] 吕文豪，高雷．论建立我国网络信息安全保险体系［J］．保险研究，2011（7）：86-91.

[56] 马如飞，王嘉．动态研发竞争与合作：基于微分博弈的分析［J］．科研管理，2011，32（5）：36-42.

[57] 马晓亭，陈臣．数字图书馆云计算安全分析及管理策略研究［J］．情报科学，2011，29（8）：1186-1191.

[58] 马士华．新编供应链管理［M］．北京：中国人民大学出版社，2008.

[59] 孟令淼．浅议云计算技术在卫生监督信息化领域软硬件平台托管服务的应用［J］．黑龙江科技信息，2016（13）：170.

[60] 牛铁，朱鹏，曹宗雁，等．超级计算集群的安全防护［J］．科研信息化技术与应用，2011，2（6）：45-51.

[61] 欧阳俊林．云计算应用现状研究［J］．硅谷，2013（19）：14-15.

[62] 潘文宇，段勇．云计算在电信行业的应用研究［J］．电信科学，2010（6）：25-29.

[63] 仁怀飞，张旭梅．ASP 模式下关键业务应用服务外包中的激励契约研究［J］．科研管理，2012，33（11）：68-75.

[64] 孙坦，黄国彬．基于云服务的图书馆建设与服务策略［J］．图书馆建设，2009（09）：1-6.

[65] 孙铁．云环境下开展等级保护工作的思考［J］．信息网络安全，2011(6)：11-13.

[66] 佟贺丰，崔源声，屈慰双，等．基于系统动力学的我国水泥行业 CO2 排放情景分析［J］．中国软科学，2010（3）：40-50.

[67] Vic Winkler. 云计算安全：架构、战略、标准与运营［M］．刘戈舟，杨泽明，徐俊峰译．北京：机械工业出版社，2012，11.

[68] 王笃鹏，王虹，周晶．共生理论视角下物流金融服务价值分析［J］．软科学，2010，24（10）：15-17.

[69] 王发明，刘丹．产业技术创新联盟中焦点企业合作共生伙伴选择研究［J］．科学学研究，2016，34（2）：246-252.

[70] 王建亚．个人云存储用户采纳行为影响因素的质性研究［J］．情报杂志，2017（06）：181-185.

[71] 王丽莎，赵建东．被捕食者感染疾病的 Lotka- Volterra 捕食——被捕食模型的研究［J］．鲁东大学学报（自然科学版），2018，34（1）：38-43.

[72] 王念新，施慧，王志英，等．信息安全威胁的应对行为——基于云计算情境的实证研究［J］．系统管理学报，2018，27（04）：86-96.

[73] 王玮，陈丽华．技术溢出效应下供应商与政府的研发补贴策略［J］．科学学研究，2015，33（3）：363-368.

[74] 王伟军，刘凯，鲍丽倩，等．云计算生态系统计量研究：形成、群落结构及种群边界［J］．情报理论与实践，2014，37（9）：11-15.

[75] 王庆金，田善武．区域创新系统共生演化路径及机制研究［J］．财经问题研究，

2016（12）：108-113.

[76] 王贻志，孙阳，阮大成．应用二级 CES 生产函数对中国制造业 R&D 投入产出效应的实证研究［J］. 数量经济技术经济研究，2006，23（8）：56-67.

[77] 王志英，葛世伦，苏翔．云用户数据安全风险感知乐观偏差及其影响实证［J］. 管理评论，2016，28（9）：121-133.

[78] 魏依．云服务的相关法律问题研究——以百度云存储服务为例［J］. 法制与经济，2016（09）：202-204.

[79] 邬爱其，贾生华．产业演进与企业成长模式适应性调整［J］. 外国经济与管理，2003，25（4）：15-20.

[80] 吴砥，彭娴，张家琼，等．教育云服务标准体系研究［J］. 开放教育研究，2015，21（05）：92-100.

[81] 许丽霞，徐琪，刘续．基于多制造商竞合博弈的供应链契约［J］. 工业工程与管理，2016，21（4）：67-73.

[82] 徐常梅．营业中断保险学［M］. 上海：复旦大学出版社，2007.

[83] 徐彪．公共危机事件后的政府信任修复［J］. 中国行政管理，2013(2)：31-35.

[84] 严建援，乔艳芬．云生态系统形成动因的多视角分析：以阿里云生态系统为例［J］. 科学学与科学技术管理，2015，36（11）：56-68.

[85] 严建援，甄杰，张甄妮．双边道德风险下 SaaS 供应链质量担保契约设计［J］. 软科学，2015，29（7）：118-124.

[86] 严建援，胡海清，郭海玲．混合渠道竞争与协调：基于软件即服务背景［M］. 北京：科学出版社，2014.

[87] 杨宝华．营业中断险：业务持续管理与保险产品创新的契合［J］，华东经济管理，2011(2)：49-52.

[88] 杨洪涛，左舒文．基于系统动力学的创新投入与区域创新能力关系研究——来自天津的实证［J］. 科技管理研究，2017，37（03）：22-28.

[89] 杨俭．云计算在现代物流中的应用［J］. 物流技术，2012，31（11）：415-416.

[90] 杨乐，郑宁宁，刘晓京．云计算在地震行业信息网络服务中的框架研究与设计［J］. 国际地震动态，2015（06）：6-12.

[91] 叶加龙，张公让．云计算与信息安全［J］. 价值工程，2011（1）：184-185.

[92] 余勇，林为民，邓松，等．智能电网中的云计算应用及安全研究［J］. 信息网络安全，2011（6）：41-43.

[93] 余江，万劲波，张越．推动中国云计算技术与产业创新发展的战略思考［J］. 中国科学院院刊，2015，30（2）：181-186.

[94] 俞金国．产业结构演进过程及机理探究——以安徽省为例［J］. 人文地理，2006，20（5）：103-107.

[95] 于斌斌，余雷．基于演化博弈的集群企业创新模式选择研究［J］．科研管理，2015，36（4）：30-38.

[96] 袁斌，黎文伟．个人云存储体验质量测量工具的设计与实现［J］．计算机应用，2016，36（9）：2409-2415.

[97] 张丽，严建援．基于 SaaS 模式的 IT 服务供应链框架研究［J］．信息系统工程，2010（12）：37-40.

[98] 张学龙，王军进．基于 Shapley 值法的新能源汽车供应链中政府补贴分析［J］．软科学，2015，29（9）：54-58.

[99] 张亚红，郑利华，邹国霞．云计算环境下的信息安全探讨［J］．网络安全技术与应用，2010（10）：76-77.

[100] 张艳，胡新和．云计算模式下的信息安全风险及法律规制［J］．自然辩证法研究，2012，28（10）：59-63.

[101] 张叶红．云中漫步：图书馆云计算应用［J］．农业图书情报学刊，2010，22（012）：211-214.

[102] 张瑜，菅利荣，刘思峰，等．基于优化 Shapley 值的产学研网络型合作利益协调机制研究——以产业技术创新战略联盟为例［J］．中国管理科学，2016，24（9）：36-44.

[103] 张显龙．云计算 IT 外包模式下的风险管控机制［J］．信息网络安全，2013，3（24）：89-92.

[104] 赵锦晓．基于营业中断保险的供应链风险管理策略研究［D］．上海：上海交通大学，2013.

[105] 赵雅琴．以客户为中心的云计算服务存在的问题［J］．信息系统工程，2012，24（3）：152-153.

[106] 郑声安．产业发展，演进的动因及其机制分析［J］．求索，2006（7）：26-28.

[107] 周昕．“云计算”时代的法律意义及网络信息安全法律对策研究［J］．重庆邮电大学学报，2011，23（4）：39-47.

[108] 周贵川，张黎明．资源型企业间合作技术创新影响因素的博弈分析［J］．管理世界，2014（1）：184-185.

[109] 周龙涛．基于云计算的企业财务管理信息化建设方案研究［J］．财经界（学术版），2016（24）：240.

[110] 仲伟俊，梅姝娥，谢园园．产学研合作技术创新模式分析［J］．中国软科学，2009（8）：174-181.

[111] 朱永达，张涛，李炳军．区域产业系统的演化机制和优化控制［J］．管理科学学报，2001，4（3）：73-78.

[112] 祝洁．基于云计算的档案信息安全风险及防范策略［J］．浙江档案，2017（02）：

14-16.

[113] Armbrust M, Fox A, Griffith R, et al. A View of Cloud Computing[J]. Communications of the ACM, 2010, 53(4): 50-58.

[114] Aubert B A, Dussault S, Patry M, et al. Managing the Risk of IT Outsourcing[C]. Proceedings of the 32nd Annual Hawaii International Conference on System Sciences, 1999, 26(7): 10-16.

[115] Awad N F, Krishnan M S. The Personalization Privacy Paradox: An Empirical Evaluation of Information Transparency and the Willingness to be Profiled Online For Personalization [J]. Mis Quarterly, 2006, 30(1): 13-28.

[116] Bachmann R, Gillespie N, Priem R. Repairing Trust in Organizations and Institutions: Toward a Conceptual Framework[J]. Organization Studies, 2015(36): 1123-1142.

[117] Bansal G, Zahedi F M, Gefen D. The Impact of Personal Dispositions on Information Sensitivity, Privacy Concern and Trust in Disclosing Health Information Online[J]. Decision Support Systems, 2010(49): 138-150.

[118] Bansal G, Zahedi F M. Trust Violation and Repair: The Information Privacy Perspective [J]. Decision Support Systems, 2015(71): 62-77.

[119] Baumeister R F, Smart L, Boden J M. Relation of Threatened Egotism to Violence and Aggression: the Dark Side of High Self- Esteem[J]. Psychological Review, 1996, 103 (1): 5-33.

[120] Baek Y M, Kim E M, Bae Y. My Privacy is Okay, but Theirs is Endangered: Why Comparative Optimism Matters in Online Privacy Concerns[J]. Computers in Human Behavior, 2014, 31(2): 48-56.

[121] Bergström A. Online Privacy Concerns: A Broad Approach to Understanding the Concerns of Different Groups for Different Uses[J]. Computers in Human Behavior, 2015(53): 419-426.

[122] Bhattacharyya S, Sen M, Agarwal S. Battling the Fear of Heights: Pros and Cons of the "Personal Cloud"[C]. International Conference on Communication Systems and Network Technologies. Washington, DC, USA: IEEE, 2012: 726-730.

[123] Bitner M J, Booms, B H, Tetreault M S. The Service Encounter: Diagnosing Favorable and Unfavorable Incidents[J]. Journal of Marketing, 54(1): 71-84.

[124] Bocchi E, Drago I, Mellia M. Personal Cloud Storage: Usage, Performance and Impact of Terminals[C]. Proceedings of the 2015 IEEE 4th International Conference on Cloud Networking. Piscataway, NJ: IEEE, 2015: 106-111.

[125] Bolot J C, Lelarge M. A New Perspective on Internet Security Using Insurance[C]. The 27th Conference on Computer Communications, 2008, 71-75.

[126] Bottom W P, Gibson K, Daniels S E, Murnighan J K. When Talk Is not Cheap: Substantive Penance and Expressions of Intent in Rebuilding Cooperation[J]. Organization Science, 2002(13): 497-513.

[127] Brandenburger A, Stuart H. Biform Games[J]. Management Science, 2007, 53(4): 537-549.

[128] Burda D, Teuteberg F. The Role of Trust and Risk Perceptions in Cloud Archiving-Results From an Empirical Study[J]. Journal of High Technology Management Research, 2014, 25(2): 172-187.

[129] Carvalho S W, Fazel H, Trifts V. Transgressing a Group Value in a Transcultural Experience: Immigrants' Affective Response to Perceived Social Identity Threats[J]. Journal of Business Research, 2018(91): 326-333.

[130] Camacho S, Hassanein K, Head M. Cyberbullying Impacts on Victims' Satisfaction with Information and Communication Technologies: The Role of Perceived Cyberbullying Severity[J]. Information & Management, 2018, 55(4): 494-507.

[131] Campbell W K, Sedikies C. Self-Threat Magnifies the Self-Serving Bias: A Meta-Analytic Integration[J]. Review of General Psychology, 1999, 3(1): 23-43.

[132] Carroll G R. Organizational Ecology[J]. Annual Review of Sociology, 1984(10): 71-93.

[133] Casas P, Schatz R. Quality of Experience in Cloud Services: Survey and Measurements [J]. Computer Networks, 2014, 68(11): 149-165.

[134] Castaldo S, Premazzi K, Zerbini F. The Meaning(s) of Trust. A Content Analysis on the Diverse Conceptualizations of Trust in Scholarly Research on Business Relationships[J]. Journal of Business Ethics, 2010(96): 657-668.

[135] Castejón H N, Gavras A, Gonçalves J M, et al. Towards a Dynamic Cloud-Enabled Service Eco-System[C]. Berlin: 15th International Conference on Intelligence in Next Generation Networks, 2011: 259-264.

[136] Castejón H N, Cohen B, Baudoin C R, et al. The Emerging Cloud Ecosystem: Innovative New Services and Business Models[J]. The Journal of Information Technology Management, 2013, 26(3): 1-32.

[137] Castillo-Peces C D, Mercado-Idoeta C, Prado-Roman M, et al. The Influence of Motivations and Other Factors on the Results of Implementing ISO 9001 Standards[J]. European Research on Management & Business Economics, 2018, 24(1): 33-41.

[138] Cellini R, Lambertini L. Dynamic R&D with spillovers: Competition vs Cooperation[J]. Journal of Economic Dynamics & Control, 2009(33): 568-582.

[139] Chang S. Experience Economy in Hospitality and Tourism: Gain and Loss Values for Service and Experience[J]. Tourism Management, 2018(64): 55-63.

[140] Chang Y, Wong S F, Libaque-Saenz C F, et al. The Role of Privacy Policy on Consumers' Perceived Privacy[J]. Government Information Quarterly, 2018, 35(3): 445-459.

[141] Chinaveh M. The Effectiveness of Problem-Solving on Coping Skills and Psychological Adjustment[J]. Procedia-Social and Behavioral Sciences, 2013, 84(3): 4-9.

[142] Cho E H, Lee D G, Ji H L, et al. Meaning in Life and School Adjustment: Testing the Mediating Effects of Problem-Focused Coping and Self-Acceptance[J]. Procedia-Social and Behavioral Sciences, 2014, 114(8): 777-781.

[143] Choi E, Song H, Lee J, et al. Application Context Aware Management Scheme for Application Synchronization Among Mobile Devices[R]. International Coverage and Transmission Conference. Washington, DC, USA: IEEE, 2013: 91-95.

[144] Chou H L, Chou C. An Analysis of Multiple Factors Relating to Teachers' Problematic Information Security Behavior[J]. Computers in Human Behavior, 2016(65): 334-345.

[145] Christopher M. Logistics and Supply Chain Management: Creating Value-adding Networks [M]. London: Pearson Education, 2005.

[146] Clemons E K, Chen Y Y. Making the Decision to Contract for Cloud Services: Managing the Risk of and Extreme Form of IT Outsourcing[C]. Proceeding of the 44th Hawaii International Conference on System Sciences, 2011.

[147] Clemons E K, Row M C. Information Technology and Industrial Cooperation: The Changing Economics of Coordination and Ownership[J]. Journal of Management Information Systems, 1992, 9(2): 9-28.

[148] Clemons E K, Hitt L. Poaching and the Misappropriation of Information: Transaction Risks of Information Exchange[J]. Journal of Management Information Systems, 2004, 21(2): 87-107.

[149] Cremer D D. To Pay or to Apologize? On the Psychology of Dealing with Unfair Offers in a Dictator Game[J]. Journal of Economic Psychology, 2010(31): 843-848.

[150] Cue K L, George W H, Norris J. Women's Appraisals of Sexual-Assault Risk in Dating Situations[J]. Psychology of Women Quarterly, 2010, 20(4): 487-504.

[151] Dahbur K, Mohammad B, Tarakji A B. A Survey of Risks, Threats and Vulnerabilities in Cloud Computing[C]. Proceeding of the International Conference on Intelligent Semantic Web-Services and Applications, New York, USA, 2011(12): 1-6.

[152] D'Arcy, John Teh, Pei-Lee. Predicting Employee Information Security Policy Compliance on a Daily Basis: The Interplay of Security-Related Stress, Emotions, and Neutralization [J]. Information & Management, 2019, 56(7): 1-14.

[153] Delahaij R, Dam K V. Coping with Acute Stress in the Military: The Influence of Coping Style, Coping Self-efficacy and Appraisal Emotions[J]. Personality & Individual Differ-

ences, 2017, 119(12): 13-18.

[154] Demirkan H, Cheng H K. The Risk and Information Sharing of Application Service Supply Chain[J]. European Journal of Operation Research, 2008, 187(2): 756-784.

[155] Demirkan H, Cheng H K, Bandy S. Coordination Strategies in a SaaS Supply Chain[J]. Journal of Management Information Systems, 2010, 26(4): 119-143.

[156] Dha S. From Outsourcing to Cloud Computing: Evolution of IT Services[J]. Management Research Review, 2012, 35(8): 664-675.

[157] Dionne G. Handbook of Insurance[D]. Boston: Kluwer Academic Publishers, 2000.

[158] Djemame K, Barnitzke B, Corrales M, et al. Legal Issues in clouds: Towards a Risk Inventory[J]. Philosophical Transactions, 2012(11): 1-17.

[159] Dominicis S D, Fornara F, Cancellieri U G, et al. We are at Risk, and So What? Place Attachment, Environmental Risk Perceptions and Preventive Coping Behaviours[J]. Journal of Environmental Psychology, 2015, 43(3): 66-78.

[160] Dorsch C, Hcke B. Combining Models of Capacity Supply to Handle Volatitle Demand: The Economic Impact of Surplus Capacity in Cloud Service Environments[J]. Decision Support Systems, 2014(58): 3-14.

[161] Duellman S, Hurwitz H, Sun Y. Managerial Overconfidence and Audit Fees[J]. Journal of Contemporary Accounting & Economics, 2015, 11(2): 148-165.

[162] Dunn J R, Schweitzer M E. Feeling and Believing: The Influence of Emotion on Trust [J]. Journal of Personality and Social Psychology, 2005, 88(5): 736-748.

[163] Durukal E, Erdik M. Physical and Economic Losses Sustained by the Industry in the 1999 Kocael, Turkey Earthquake[J]. NatHazards, 2008(46): 153- 178.

[164] Ellram L M, Cooper M C. Supply Chain Management, Partnership, and the Shipper-Third Party Relationship[J]. The International Journal of Logistics Management, 1990, 1(2): 1-10.

[165] Ernst H. Patent Applications and Subsequent Changes of Performance, Evidence from Time-Series Cross- Section Analyses on the Firm Level[J]. Research Policy, 2001, 30(1): 143-157.

[166] Felici M, Koulouris T, Pearson S. Accountability for Data Governance in Cloud Ecosystems[C]. Bristol: 5th International Conference on Cloud Computing Technology and Science, 2013: 327-332.

[167] Feess E, Thun J H. Surplus Division and Investment Incentives in Supply Chains: A Biform- game Analysis[J]. European Journal of Operational Research, 2014, 234(3): 763-773.

[168] Fischer F, Turner F. Cloud Computing as a Supply Chain[R]. Minneapolis, Minnesota:

Walden University, 2009.

[169] Folkman S. Stress: Appraisal and Coping[M]. New York: Springer, 2013.

[170] Fouad E O, Steffen J, Federico P. A Dynamic Game with Monopolist Manufacturer and Price-Competing Duopolist Retailer[J]. OR Spektrum, 2013, 35(4): 1059-1084.

[171] Fulmer C A, Gelfand M J. At What Level (and in Whom) We Trust Across Multiple Organizational Levels[J]. Journal of Management, 2012, 38(1): 1167-1230.

[172] Gaalanti S, Vaubourg A G. Optimism Bias in Financial Analysts' Earnings Forecasts: Do Commissions Sharing Agreements Reduce Conflicts of Interest? [J]. Economic Modelling, 2017, 67(8): 325-337.

[173] Gefen D. E-Commerce: The Role of Familiarity and Trust[J]. Omega, 2000(28): 725-737.

[174] Genaro J G, He X L. Life-Cycle Coordination Issues in Launching an Innovative Durable Product[J]. Production and Operations Management, 2011, 20(2): 268-279.

[175] Gentzoglanis A. Evolving Cloud Ecosystems: Risk, Competition and Regulation[J]. Digiworld Economic Journal, 2012, 85(1): 87-106.

[176] Gillespie N, Dietz G. Trust Repair After Organization-Level Failure[J]. Academy of Management Review, 2009, 34(1): 127-145.

[177] Goles T, Lee S, Rao S V, et al. Trust Violation in Electronic Commerce: Customer Concerns and Reactions[J]. The Journal of Computer Information Systems, 2009(49): 1-9.

[178] Gracia T R, Artigas M S, Moreno M A, et al. Activity Measuring Personal Cloud Storage [C]. Proceedings of the 2013 IEEE Sixth International Conference on Cloud Computing. Piscataway, NJ: IEEE, 2013: 301-308.

[179] Greenberg J. Looking Fair vs. Being Fair: Managing Impressions of Organizational Justice [J]. Research in Organizational Behavior, 1990, 12(1): 111-157.

[180] Gupta M, Banerjee S, Agrawal M, et al. Security Analysis of Internet Technology Components Enabling Globally Distributed Workplaces-A Framework[J]. ACM Transactions on Internet Technology, 2008, 8(4): 1-38.

[181] Haden S C, Hojjat M. Aggressive Responses to Betrayal: Type of Relationship, Victim Sex, and Nature of Aggression[J]. Journal of Social & Personal Relationships, 2006 (23): 101-116.

[182] Hannan M T, Freeman J. The Population Ecology of Organizations[J]. American Journal of Sociology, 1977(82): 929-964.

[183] Han K, Kauffman R J, Nault B. Information Exploitation and Inter-Organizational Systems Ownership[J]. Journal of Management Information Systems, 2004, 21(2): 109-135.

[184] Hartwig R P. Florida Case Study: Economic Impacts of Business Closures in Hurricane

Prone Counties[R]. Insurance Information Institute, 2002.

[185] Hashizume K, Rosado D G, Fernndez-Medina E, et al. An Analysis of Security Issues for Cloud Computing[J]. Journal of Internet Services and Applications, 2013, 4(1): 1-13.

[186] Hay B, Nance K, Bishop M. Storm Clouds Rising: Security Challenges for IaaS Cloud Computing[C]. The 44th Hawaii International Conference on System Sciences (HICSS), Hawaii, 2011.

[187] Hichang, Lee, Chung, et al. Optimistic Bias about Online Privacy Risks: Testing the Moderating Effects of Perceived Controllability and Prior Experience[J]. Computers in Human Behavior, 2010, 26(5): 987-995.

[188] Hills P. International Journal of Information Management[J]. International Journal of Information Management, 2006, 26(3): 1-180.

[189] Ho V T, Ang S, Sträub D. When Subordinates Become IT Contractors: Persistent Managerial Expectation in IT Outsourcing[J]. Information Systems Research, 2003(14): 66-86.

[190] Hoffman Y, Rosenbloom T. Driving Experience Moderates the Effect of Implicit Versus Explicit Threat Priming on Hazard Perception Test[J]. Accident Analysis & Prevention, 2016, 92(7): 82-88.

[191] Hu X, Wu G, Wu Y, et al. The Effects of Web Assurance Seals on Consumers' Initial Trust in an Online Vendor: A Functional Perspective[J]. Decision Support Systems, 2010, 48(2): 407-418.

[192] Iansiti M, Levien R. The New Operational Dynamics of Business Ecosystems: Implications for Policy[R]. Operations and Technology Strategy, Harvard Business School, 2002, Cambridge, MA.

[193] Iansiti M, Levien R. The Keystone Advantage: What the New Dynamics of Business Ecosystems Mean for Strategy, Innovation, and Sustainability[M]. Boston: Harvard Business School Press, 2004.

[194] Colquitt J A, Scott B A, Rodell J B, et al. Justice at the Millennium, a Decade Later: a Meta-Analytic Test of Social Exchange and Affect-Based Perspectives[J]. Journal of Applied Psychology, 2013(98): 199-236.

[195] Janson W A. Cloud Hooks: Security and Privacy Issues in Cloud Computing[C]. The 44th Hawaii International Conference on System Sciences(HICSS), Hawaii, 2011.

[196] Jay B, Mike W. The Resource-Based View of the Firm: Ten Years after 1991[J]. Journal of Management, 2001, 27(6): 625-647.

[197] James T L, Wallace L, Warkentin M, et al. Exposing Others' Information on Online Social Networks(OSNs): Perceived Shared Risk, its Determinants, and its Influence on

OSN Privacy Control use[J]. Information & Management, 2017, 54(7): 851-865.

[198] Jula A, Sundararajan E, Othman Z. Cloud Computing Service Composition: A Systematic Literature Review[J]. Expert Systems with Applications, 2014, 41(8): 3809-3284.

[199] Jung Y, Park J. An Investigation of Relationships Among Privacy Concerns, Affective Responses, and Coping Behaviors in Location-Based Services[J]. International Journal of Information Management, 2018(43): 15-24.

[200] Kalpesh K D, Kevin L K. The Effects of Ingredient Branding Strategies on Host Brand Extendibility[J]. Journal of Marketing, 2002, 66(1): 73-93.

[201] Kemahlioglu-Ziya E, Bartholdi J J III. Centralizing Inventory in Supply Chains by Using Shapley Value to Allocate the Profits[J]. Manufacturing & Service Operations Management, 2011, 13(2): 146-162.

[202] Kim P H, Dirks K T, Cooper C D, et al. When More Blame is Better Than Less: The Implications of Internal vs. External Attributions for the Repair of Trust After a Competence-vs. Integrity-based Trust Violation. Organizational[J]. Behavior and Human Decision Processes, 2006(99): 49-65.

[203] Kim P H, Ferrin D L, Cooper C D, et al. Removing the Shadow of Suspicion: The Effects of Apology Versus Denial for Repairing Competence-Versus Integrity-Based Trust Violations[J]. Journal of Applied Psychology, 2004, 89(1): 104-118.

[204] Kim P H, Dirks K T, Cooper C D. The Repair of Trust: A Dynamic Bilateral Perspective and Multilevel Conceptualization[J]. The Academy of Management Review, 2009, 34(3): 401-422.

[205] Klette T J, Kortum S. Innovating Firms and Aggregate Innovation[J]. Journal of Political Economy, 2004(112): 896-1018.

[206] Kramer R M, Lewicki R J. Repairing and Enhancing Trust: Approaches to Reducing Organizational Trust Deficits[J]. The Academy of Management Annals, 2010(4): 245-277.

[207] Kushida K E, Murray J, Zysman J. The Gathering Storm: Analyzing the Cloud Computing Ecosystem and Implications for Public Policy[J]. Digiworld Economic Journal, 2012, 85(1): 63-85.

[208] Kushida K E, Murray J, Zysman J. Cloud Computing: From Scarcity to Abundance[J]. Journal of Industry, Competition & Trade, 2015, 15(1): 5-19.

[209] Lai F J, Li D H, Chang-Tesh H. Fighting Identity Theft: The Coping Perspective[J]. Decision Support Systems, 2012, 52(2): 353-363.

[210] Lazarus R S. Coping Theory and Research: Past, Present, and Future[J]. Psychosomatic Medicine, 1993, 55(3): 234.

[211] Lee S J, Lee D J, Oh H S. Technological Forecasting at the Korean Stock Market: A Dynamic Competition Analysis Using Lotka-Volterra Model[J]. Technological Forecasting and Social Change, 2005, 72(8): 1044-1057.

[212] Lentz R, Mortensen D T. An Empirical Model of Growth Through Product Innovation[J]. Econometrica, 2008, 76(6): 1317-1373.

[213] Lewicki R J, Bunker B B. Developing and Maintaining Trust in Work Relationships[M]. Thous and Oaks, Calif: Sage, 1996: 114-139.

[214] Lewicki R J, Wiethoff C, Tomlinson E C. What is the Role of Trust in Organizational Justice[J]. Handbook of Organizational Justice, 2005: 247-270.

[215] Li H, Po Y, Lu J. A Cloud Computing Resource Pricing Strategy Research-Based on Resource Swarm Algorithm[C]. International Conference on Computer Science and Service System, Nanjing, China, 2012.

[216] Liang H, Xue Y. Avoidance of Information Technology Threats: A Theoretical Perspective [J]. MIS Quarterly, 2009, 33(1): 71-90.

[217] Liu W, Peng S, Du W, et al. Security-Aware Intermediate Data Placement Strategy in Scientific Cloud Workflows[J]. Knowledge Information System, 2014, 41(2): 423-447.

[218] Liu Y C, Li C, Yang Z. Tradeoff Between Energy and User Experience for Multimedia Cloud Computing[J]. Computers & Electrical Engineering, 2015(47): 161-172.

[219] Lu X M, Li Y X, Zhang C B. Personal Cloud Storage Users' Risk Coping Based on the Optimism Bias[C]. International Conference on Electronic Commerce, Tianjin, China, Jul. 6-7, 2018.

[220] Lu X M, Yu B Q, Yan J Y. Research on Coordinating Cloud Service Supply Chain Considering Service Disruption[C]. International Conference on Electronic Business, Xiamen, China, Dec. 4-8, 2016.

[221] Luttmer E G J. On the Mechanics of Firm Growth[J]. The Review of Economic Studies, 2011, 78(3): 1042-1068.

[222] Marakas G M, Hornik S. Passive Resistance Misuse: Overt Support and Covert Recalcitrance in IS Implementation[J]. European Journal of Information Systems, 1996, 5(3): 208-219.

[223] Marloes L C, Konijn E A, Hoorn J F. Perceptions of Healthcare Robots as a Function of Emotion-Based Coping: the Importance of Coping Appraisals and Coping Strategies[J]. Computers in Human Behavior, 2018, 85(8): 308-318.

[224] Martens B, Teuteberg F. Decision-Making in Cloud Computing Environments a Cost and Risk Based Approach[J]. Information Systems Frontiers, 2012, 14(4): 871-893.

[225] Martin K. The Penalty for Privacy Violations: How Privacy Violations Impact Trust Online

[J]. Journal of Business Research, 2018(82): 103-116.

[226] Mayer R C, Davis J H, Schoorman F D. An Integrative Model of Organizational Trust[J]. Academy of Management Review, 1995(20): 709-734.

[227] Mentzer J T, DeWitt W, Keebler J S, et al. Defining Supply Chain Management[J]. Journal of Business Logistics, 2011, 22(2): 1-25.

[228] McKnight D H, Choudhury V, Kacmar C. Developing and Validating Trust Measures for Ecommerce: An Integrative Typology[J]. Information Systems Research, 2002(13): 334-359.

[229] Koufaris M, Hampton-Sosa W. The Development of Initial Trust in an Online Company by New Customers[J]. Information and Management, 2004(41): 377-397.

[230] Li Q, YE A-Yong, XU L. Research on Privacy Attack Based on Location Cheating in Social Network[J]. Netinfo Security, 2017(5): 51-56.

[231] MODIS T. Technological Forecasting at the Stock Market[J]. Technological Forecasting and Social Change, 1999, 62(3): 173-202.

[232] Moore J F. Predators and Prey: A New Ecology of Competition[J]. Harvard Business Review, 1993, 71(3): 73-86.

[233] Morris S A, Pratt D. Analysis of the Lotka-Volterra Competition Equations as a Technological Substitution Model[J]. Technological Forecasting & Social Change, 2003, 70(2): 103-133.

[234] Moorman C, Deshpande R, Zaltman G. Factors Affecting Trust in Market Research Relationships[J]. Journal of Marketing, 1993, 57(1): 81-101.

[235] Morgan R M, Hunt S D. The Commitment-Trust Theory of Relationship Marketing[J]. Journal of Marketing, 1994: 20-38.

[236] Morin P J. Community Ecology[M]. Oxford: Wiley-Blackwell Press, 1999.

[237] Mukhopadhyaya A, Chatterjeeb S, Sahac D, et al. Cyber-Risk Decision Models: To Insure IT or not? [J]. Decision Support Systems, 2013, 56(1): 11-26.

[238] Murat S. A Structural Model of Firm and Industry Evolution: Evidence from Chile[J]. Journal of Economic Dynamics & Control, 2012, 36(6): 891-913.

[239] Ostermann S, Iosup A, Yigitbasi N, et al. A Performance Analysis of EC2 Cloud Computing Services for Scientific Computing[M]. Berlin: Springer Berlin Heidelberg, 2010.

[240] Özpolat K, Jank W. Getting the Most out of Third Party Trust Seals: An Empirical Analysis[J]. Decision Support Systems, 2015, 73(5): 47-56.

[241] Paquette S, Jaeger P T, Wilson S C. Identifying the Security Risks Associated with Governmental use of Cloud Computing[J]. Government Information Quarterly, 2010, 27(3): 245-253.

[242] Patel A, Taghavi M, Bakhtiyari K, et al. An Intrusion Detection and Prevention System in Cloud Computing: A Systematic Review[J]. Journal of Network and Computer Applications, 2013(36): 25-41.

[243] Pavlou P A. Consumer Acceptance of Electronic Commerce: Integrating Trust and Risk with the Technology Acceptance Model[J]. International Journal of Electronic Commerce, 2003(7): 101-134.

[244] Paya A, Dan C Marinescu. Energy-Aware Load Balancing Policies for the Cloud Ecosystem[C]. Phoenix, AZ: International Parallel & Distributed Processing Symposium Workshops, 2014: 823-832.

[245] Phelps J, Nowak G, Ferrell E. Privacy Concerns and Consumer Willingness to Provide Personal Information[J]. Journal of Public Policy & Marketing. 2000(19): 27-41.

[246] Pietro De Giovanni. Environmental Collaboration in a Closed-loop Supply Chain with a Reverse Revenue Sharing Contract[J]. Annals of Operations Research, 2014(220): 135-157.

[247] Pistorius C W I, Utterback J M. Multi-Mode Interaction Among Technologies[J]. Research Policy, 1997, 26(1): 67-84.

[248] Popovic K, Hocenski Z. Cloud Computing Security Issues and Challenges[C]. Proceeding of the 33rd International Convention. 2010, 344-349.

[249] Rabai L B A, Jouini M, Aissa A B, et al. A Cybersecurity Model in Cloud Computing Environments[J]. Journal of King Saud University-Computer and Information Sciences, 2013, 25(1): 63-75.

[250] Rahman N H A, Choo K R. A Survey of Information Security Incident Handling in the Cloud[J]. Computers & Security, 2015(49): 45-69.

[251] Rimal B P, Choi E, Lumb I. A Taxonomy and Survey of Cloud Computing Systems[C], The Fifth International Joint Conference on INC, IMS and IDC, 2009: 44-51.

[252] Rose A. Business Interruption Impacts of a Terrorist At Tack on the Electric Power System of Losangeles: Customer Resilience to a Total blockout[J]. Risk Analysis, 2007(27): 513-531.

[253] Rousseau D M, Sitkin S B, Burt R S, et al. Not So Different After All: A Cross-Discipline View of Trust[J]. Academy of Management Review, 1998(23): 393-404.

[254] Sampson S E. Customer-Supplier Duality and Bidirectional Supply Chains in Service Organizations[J]. International Journal of Service Industry Management, 2000, 11(4): 348-364.

[255] Sandén B A, Hillman K M. A Framework for Analysis of Multi-Mode Interaction Among Technologies with Examples from the History of Alternative Transport Fuels in Sweden

[J]. Research Policy, 2011, 40(3): 403-414.

[256] Saure D, Sheopuri A, Qu H M, et al. Time-Of-Use Pricing Policies for Offering Cloud Computing as a Service[C]. IEEE International Conference on Service and Operations and Logistics and Informatics(SOLI), 2010.

[257] Schmitt M T, Aknin L B, Axsen J, et al. Unpacking the Relationships Between Proenvironmental Behavior, Life Satisfaction, and Perceived Ecological Threat[J]. Ecological Economics, 2018, 143(1): 130-140.

[258] Schoorman F D, Mayer R C, Davis J H. An Integrative Model of Organizational Trust: Past, Present, and Future[J]. Academy of Management Review, 2007(32): 344-354.

[259] Schweitzer M E, Hershey J C, Bradlow E T. Promises and Lies: Restoring Violated Trust [J]. Organizational Behavior and Human Decision Processes, 2006, 101(1): 1-19.

[260] Sheehan K B, Hoy M G. Dimensions of Privacy Concern Among Online Consumers[J]. Journal of Public Policy & Marketing. 2006(19): 62-73.

[261] Shinohara M. Maritime Cluster of Japan: Implications for the Cluster Formation Policies [J]. Maritime Policy Management, 2010, 37(4): 377-399.

[262] Singh J V, Lumsden C J. Theory and Research in Organizational Ecology[J]. Annual Review of Sociology, 1990(16): 161-195.

[263] Singh S, Jeong Y S, Park J H. A Survey on Cloud Computing Security: Issues, Threats, and Solutions[J]. Journal of Network and Computer Applications, 2016, 75(17): 200-222.

[264] Smith A K, Bolton R N, Wagner J. A Model of Customer Satisfaction with Service Encounters Involving Failure and Recovery[J]. Journal of Marketing Research, 1999, 36 (3): 356-372.

[265] Sookhak M, Talebian H, Ahmed E, et al. A Review on Remote Data Auditing in Single Cloud Server: Taxonomy and Open Issues[J]. Journal of Network and Computer Application, 2014(43): 121-141.

[266] Stanton A L, Kirk S B, Cameron C L, et al. Coping Through Emotional Approach: Scale Construction and Validation[J]. Journal of Personality & Social Psychology, 2000, 78 (6): 1150-69.

[267] Stecke K E, Kumar S. Sources of Supply Chain Disruptions, Factors that Breed Vulnerability, and Mitigating Strategies[J]. Journal of Marketing Channels, 2009, 16(3): 193-226.

[268] Talukder A K, Zimmerman L, Prahalad H A. Cloud Economics: Principles, Costs, and Benefits[J]. Cloud Computing: Computer Communication and Networks, 2010(5): 343-360.

[269] Tanimoto S. Risk Management on the Security Problem in Cloud Computing[C]. Computers Networks Systems and Industrial Engineering(CNSI) First ACIS/JNU International

Conference, 2011: 147-152.

[270] Tanner J F, Hunt J B, Eppright D R. The Protection Motivation Model: A Normative Model of Fear Appeals[J]. Journal of Marketing, 1991, 55(3): 36-45.

[271] Tansley A G. The Use and Abuse of Vegetational Terms and Concepts[J]. Ecology, 1935, 16(3): 284-307.

[272] Tierney K J. Business Impacts of the Northridge Earthquake[J]. Journal of Contingencies and Crisis Management, 1997(5): 87-97.

[273] Tomlinson E C, Dineen B R, Lewicki R J. The Road to Reconciliation: Antecedents of Victim Willingness to Reconcile Following a Broken Promise[J]. Journal of Management, 2004(30): 165-187.

[274] Tomlinson E C, Mayer R C. The Role Of Causal Attribution Dimensions In Trust Repair [J]. Academy of Management Review, 2009, 34(1): 85-104.

[275] Tomlinson E C. The Impact of Apologies and Promises on Post-Violation Trust: the Mediating Role of Interactional Justice[J]. International Journal of Conflict Management, 2012 (23): 224-247.

[276] Tomlinson E C, Dineen B R, Lewicki R J. The Road to Reconciliation: Antecedents of Victim Willingness to Reconcile Following a Broken Promise[J]. Journal of Management, 2004(30): 165-187.

[277] Torrubia R, Ávila C, Moltó J, et al. The Sensitivity to Punishment and Sensitivity to Reward Questionnaire (SPSRQ) as a Measure of Gray's Anxiety and Impulsivity Dimensions [J]. Personality & Individual Differences, 2006, 31(6): 837-862.

[278] Tovar B, Wall A. Can Ports Increase Traffic While Reducing Inputs? Technical Efficiency of Spanish Port Authorities Using a Directional Distance Function Approach[J]. Transportation Research Part A, 2015, 71(71): 128-140.

[279] Tsai B H, LI Y. Cluster Evolution of IC Industry from Taiwan to China [J]. Technological Forecasting & Social Change, 2009, 76(8): 1092-1104.

[280] Tsohou A, Karyda M, Kokolakis S. Analyzing the Role of Cognitive and Cultural Biases in the Internalization of Information Security Policies [J]. Computers & Security, 2015 (52): 128-141.

[281] Vlek C, Stallen P J. Judging Risks and Benefits in the Small and in the Large[J]. Organizational Behavior & Human Performance, 1981, 28(2): 235-271.

[282] Wang C, Wang Q, Ren K, et al. Toward Secure and Dependable Storage Services in Cloud Computing[J]. IEEE Transactions on Services Computing. 2012, 5(2): 220-232.

[283] Wang W, Benbasat I. Trust in and Adoption of Online Recommendation Agents[J]. Journal of the AIS, 2005(6): 72-101.

[284] Wang Y L, Wallace S W, Shen B, et al. Service Supply Chain Management: A Review of Operational Models[J]. European Journal of Operational Research, Article in Press, 2015, 247(3): 685-698.

[285] Walden E A. Intellectual Property Rights and Cannibalization in Information Technology Outsourcing Contracts[J]. MIS Quarterly, 2005, 29(4): 699-720.

[286] Wehele K, Klehe U C, Kira M, et al. Can I come as I am? Refugees' Vocational Identity Threats, Coping, and Growth[J]. Journal of Vocational Behavior, 2018, 105(2): 83-101.

[287] Wei Z, Jasmine S L L. An Empirical Analysis of Maritime Cluster Evolution from the Port Development Perspective-Cases of London and Hong Kong[J]. Transportation Research Part A, 2017(105): 219-232.

[288] Weinstein N D. Unrealistic Optimism about Susceptibility to Health Problems: Conclusions from a Community-Wide Sample[J]. Journal of Behavioral Medicine, 1987, 10(5): 481-500.

[289] Weiner B. An Attributional Theory of Achievement Motivation and Emotion[J]. Psychological Review. 1985(92): 548-573.

[290] Weiner B. Reflections on the History of Attribution Theory and Research People, Personalities, Publications, Problems[J]. Social Psychology. 2008(39): 151-156.

[291] Weinstein N D, Klein W M. Unrealistic Optimism: Present and Future[J]. Journal of Social & Clinical Psychology, 1996, 15(1): 1-8.

[292] Weinstein N D. Unrealistic Optimism about Future Life Events[J]. Journal of Personality & Social Psychology, 1980, 39(5): 806-820.

[293] Wirtz P W, Rohrbeck C A. The Dynamic Role of Perceived Threat and Self-Efficacy in Motivating Terrorism Preparedness Behaviors[J]. International Journal of Disaster Risk Reduction, 2017, 27(3): 366-372.

[294] Wu W W. Developing an Explorative Model for SaaS Adoption[J]. Expert Systems with Applications, 2011, 38(12): 15057-15064.

[295] Xing W, Wu Z, Dou W C. Pricing as a Service: Personalized Pricing Strategy in Cloud Computing[C]. 2012 IEEE 12th International Conference on Computer and Information Technology, 2012.

[296] Yan J Y, Lu X M. Research on Cooperative Innovation in SaaS Service Supply Chain[J]. Advances in Information Sciences & Service Sciences, 2013, 5(8): 213-221.

[297] Yu Y, Yang Y, Jing F. The Role of the Third Party in Trust Repair Process[J]. Journal of Business Research, 2017(78): 233-241.

[298] Zahedi F M, Song J. Dynamics of Trust Revision: Using Health Infomediaries[J]. Journal of Management Information Systems, 2008(24): 225-24.

